アメリカ契約法

田島　裕

アメリカ契約法

法律学講座

信山社

はしがき

　日本の法学教育の中に法科大学院の制度が導入されたのは 2004 年であった．この制度は，主にアメリカのロー・スクールを参考にして構築されたものと思われる．新制度を導入する動機の1つは，弁護士の日本人人口に対する比率が余りにも低すぎるので，もう少し弁護士の人数を増やし，普通の日本人が気軽に弁護士に相談できる状況を生むべきである，という世論の高まりにあった．また，弁護士の人数を増やすことにより，弁護士間の競争を高めることによって，弁護士サービスの質の向上も期待されていたと思われる．さらに，法曹界にも国際化の波が押し寄せており，この流れに対応して，広い国際的な視野をもつことが必要になった．

　明治時代には，西洋法を早急に継受したいという希望があり，外国法の研究が盛んに行われていた．しかし，外国法への関心はいつの間にか希薄になってきた．司法試験においても，外国法はほとんど無関係な科目とされてきたため，法学部の学生は外国法に強い関心を示していない．このような状況のもとで，わたくしは，「外国法概論」と「アメリカ契約法」の講義を担当することになり，そのための教材を作ることになった．日本の判例のデータベースを使って，日本の判決の中で外国法を扱った判例を教材として使うことを考え，『外国法概論』の教科書を作成した．この教科書はケース・メソッドによる教育を念頭に置いて作られており，外国法を外国法として正しく理解するためのトレーニングをすることをその講義の主要目的とした．本書『アメリカ契約法』は，それとほぼ同一の方針で編纂されている．

　本書『アメリカ契約法』は，日本民法の学習に参考になるよう工夫してはいるが，むしろアメリカのケース・ブックに類似した書籍になっている．この著作は決して成熟したものであるとはいえないが，読者のご批判を参考にさせていただいて，今後，徐々に改良して行きたい．アメリカのケース・ブックで主に参考にしたのは Fuller and Eisenberg, Basic Contract Law (7th ed. 2001) である．また，わたくしは UCC の研究も行ってきたので，その

はしがき

研究とも関連づけた．本書はあくまで教材であり，いかなる部分においても，契約法の諸問題について，正解を示そうとしたものではない．議論を喚起するために，できる限り異なった見解を紹介するようにつとめた．

本書では，まず最初に3つの判例を紹介した．第1は，中古自動車の売買契約に関する紛争事例である．売買契約は，契約法の最も典型的な事例である．最初の教材事例は，個人間の契約事例であり，非常にシンプルな契約の事例である．第2は，知的財産権の専用実施権を設定する国際取引紛争の事例である．この事例では，商社が間接的にかかわっており，日本でしばしば起こり得る契約法の典型事例である．第3は，雇用契約に関する紛争事例である．雇用契約については，日米両国で統一するというよりは，むしろ地域性の強い契約であり，それぞれの国の法政策が反映される．ただし，本書では労働法を説明することは意図しておらず，むしろ日米友好通商条約の雇用問題との関係を説明するのみにとどめたつもりである．

特に Fuller and Eisenberg のケース・ブックを参考にしたのは，契約法の理論についての深い論理的考察が示されているためである．Fuller は有名な法哲学者でもあり，両著者共に意思形成の民主的なプロセスを重要視している．また，契約における意思形成（同意）に多くの紙面を割いており，真の意思の証明に大きな関心を示している．しかし，本書がそのケース・ブックをモデルとしてそのまま模倣したものではない．日本人が読者であるため，多くの点で特別な配慮をしている．第1に，本書では，専門用語はできる限り英語のままにした．また，引用判例も，アメリカのロー・スクールでの引用方法に従った．英文契約の書き方を解説した書籍で解説されているので，自分で翻訳することはそれほど困難ではない．また，§18.12 において銀行業務を英語のままリストにしたが，1つ1つのことばにどの訳語を当てるかは，実務上重要な意味をもつため，あえて英語のままにした．

本書では，標準的な契約条項や古典的書籍からの引用文をあえて英文のまま示しておいた．これらの英文は，ロー・スクールの教室では，当然，講義の中で詳しく解説される．また，法律の専門用語の使い方を理解させるのに適していると考えたものであり，将来，大学の大学院へ進学を希望する読者にとっては，自分で翻訳を試みることが入学試験の準備に役立つ．翻訳を添

はしがき

削してもらえる人が身近にいれば，さらに自分の実力を高めることができるであろう．本書第27章では，実際に英文の契約書の作成を練習することになるが，その英文を直接参考にすることができる．

　最後に，ケース・ブック『外国法概論』（2012年）と本書の2冊は，教材として使う判例等を探すのに大変な苦労をした．何度も原稿を書き直し，そのために索引の作成などの作業に大きな負担をかけてしまった．信山社の方々のご厚情がなければ本書を出版できなかったのであり，心から感謝の意を表したい．

　2013年10月1日

乃木坂の自宅にて

著　　者

目　次

はしがき

第1章　現代社会における契約の意義 …………………… 3

［教材事例］
1. 東京高等裁判所平成11年3月24日判決（ヴィンテージ・カー売買契約）
2. 東京高等裁判所平成2年9月26日判決（特許権実施契約）
3. 東京地方裁判所昭和42年7月9日判決（アメリカ雇用契約）

［講義概要］

§1.1　アメリカ契約法が日本で問題になる事例
　　　──［教材事例1］の分析検討 ……………………… 4

§1.2　アメリカ法の調査を必要とする契約交渉
　　　──［教材事例2］の分析検討 ……………………… 6

§1.3　準拠法としてのアメリカ契約法
　　　──［教材事例3］の分析検討 ……………………… 8

◆参考コラム　［ロス・アンジェルス，ニュージャージー州］(11)

第2章　アメリカ契約法の一般的考え方 …………………… 13

［参考教材］
1. 契約法のケース・ブックとして，Fuller and Eisenberg, Basic Contract Law (7th ed 2001)
2. モデル英文契約書について，山本孝夫『英文契約書の書き方（第2版）』（日本経済新聞，2006年）
3. 専門用語について，Black's Law Dictionary; Incoterms 2010

［講義概要］

§2.1　英米契約法の考え方 …………………………………… 13

アメリカ契約法

　　§2.2　アメリカ契約法の基本書……………………………………*16*
　　§2.3　アメリカの契約書のモデル様式……………………………*17*
　　§2.4　基本的な専門用語……………………………………………*20*
　　◆参考コラム　［ホームズ，ウィリストン，コービン］（*23*）

第3章　契約成立の要件：申込と承諾 ……………………………*25*

　［教材事例］
　　1　東京高等裁判所平成20年1月31日判決（オフィスビルの賃貸借契約が不成立とされた事例）
　　2　最高裁判所（3小）平成19年2月27日判決；東京高等裁判所平成17年1月26日判決；東京地方裁判所平成14年10月28日判決（カジノ用ゲーム機［麻雀］製作販売契約が不成立とされた事例）

　［講義概要］
　　§3.1　日本民法の契約類型……………………………………………*26*
　　§3.2　アメリカ法の契約理論…………………………………………*28*
　　§3.3　日米契約法の比較：契約意思の確定
　　　　　──［教材事例1］の分析検討 ………………………………*30*
　　§3.4　申込条件の不明確性──［教材事例2］の分析検討 …………*33*
　　§3.5　附合契約における承諾の意思表示……………………………*34*
　　§3.6　契約能力の欠如…………………………………………………*36*
　　◆参考コラム　［アダム・スミスの法学，契約法の古典的理論］（*38*）

第4章　契約成立の要件：約因 ……………………………………*39*

　［教材事例］
　　1　最高裁判所（3小）平成19年2月27日判決；東京高等裁判所平成17年1月26日判決；東京地方裁判所平成14年10月28日判決（カジノ用ゲーム機製作販売契約事件）
　　2　神戸地方裁判所平成14年7月3日判決（かぼちゃ売買事件）
　　3　東京高等裁判所昭和62年3月17日判決；東京地方裁判所昭和60年7月30日判決（マレーシア木材売買契約事件）

［講義概要］
§4.1　約因の類型 …………………………………………………… 39
§4.2　日本の判決との比較検討──［教材事例1］の分析検討 ……… 42
§4.3　日本の判決との比較検討──［教材事例2］の分析検討 ……… 44
§4.4　ジョイント・ベンチャー契約の不成立
　　　──［教材事例3］の分析検討 ………………………………… 45
　◆参考コラム　[DiMtteo & Dhooge, International Business Law,
　　　　　　　　代理法（law of agency），リステートメント（第2版）
　　　　　　　　契約法，マンスフィールド]（47）

第5章　詐欺防止法と口頭証拠の法理 ……………………………… 49

［教材事例］
　1　東京高等裁判所平成20年1月31日判決（賃貸借契約が不成立
　　　とされた事例）
　2　徳島地方裁判所昭和44年12月16日判決（ニューヨーク州弁
　　　護士報酬請求事件）

［講義概要］
§5.1　詐欺防止法 ……………………………………………………… 49
§5.2　UCC§2-201に関する指導的判例 …………………………… 51
§5.3　口頭証拠・外部証拠 …………………………………………… 54
§5.4　正式契約書（賃貸借契約）の締結式の意味
　　　──［教材事例1］の分析検討 ………………………………… 55
§5.5　契約の内容を証明する証拠──［教材事例2］の分析検討 …… 56
　◆参考コラム　[UCC§2-201に関する補足説明，ニュー・ヨーク州，
　　　　　　　　口頭証拠の法理]（57）

第6章　追加条項の効力 ……………………………………………… 59

［教材事例］
　1　東京高等裁判所昭和41年4月18日判決（保険約款の「海賊」
　　　「襲撃」条項）
　2　東京地方裁判所平成9年3月19日判決（ハワイ州ブランド商

アメリカ契約法

   品代理店契約）
  3 大阪高等裁判所平成 20 年 11 月 28 日判決；京都地方裁判所平成 20 年 4 月 30 日判決（定額補修分担金返還請求事件）

 ［講義概要］
 § 6.1 「様式戦争（battle of the forms）」 ··· 59
 § 6.2 コンピュータ・ソフトウエアの契約約款 ······································ 61
 § 6.3 保険契約約款の個別条項の修正
    ――［教材事例 1］の分析検討 ·· 62
 § 6.4 正式契約の締結に向けた準備段階で出された要求の効力
    ――［教材事例 2］の分析検討 ·· 64
 § 6.5 不公正契約条項の効力（比較法的考察）
    ――［教材事例 3］の分析検討 ·· 66
 ◆参考コラム ［標準契約における不公正条項の効力．ハワイ州］（68）

第 7 章 契約条件と明示的保証 ··· 69

 ［教材事例］
  1 最高裁判所（2 小）平成 17 年 9 月 16 日判決；東京高等裁判所平成 18 年 8 月 30 日判決（防火戸の電源スイッチが切られた状態でマンションの引渡が行われた事例）
  2 大阪地方裁判所平成 20 年 6 月 25 日判決（超高層マンションの高層階の専有部分の購入者が「眺望が悪くなった」ことを理由に損害賠償を求めた事例）
  3 最高裁判所平成 7 年 12 月 16 日判決（賃貸借契約の定額補修分担金特約は不公正で違法な契約条項である）
  4 東京地方裁判所平成 7 年 3 月 16 日判決（鉄鉱石の運送契約中の demise clause の解釈）

 ［講義概要］
 § 7.1 契約の条件 ··· 70
 § 7.2 明示の保証（express warranty）
    ――［教材事例 1］の分析検討 ·· 71
 § 7.3 見本売買とセールストーク――［教材事例 2］の分析検討 ········· 72
 § 7.4 標準契約条項の効力――［教材事例 3］の分析検討 ··················· 73

§7.5　国際売買契約における契約条件 ································· *75*
　　§7.6　契約条件——［教材事例4］の分析検討 ························· *76*
　　◆参考コラム　［明示的保証の判断基準，契約条件の書き方］（*78*）

第8章　黙示的保証 ··· *81*

　［教材事例］
　　1　大阪地方裁判所昭和61年2月14日判決（アーチェリー［玩具］の矢が子供の目に当たり，失明した事故に対する製造販売会社と小売店の債務不履行責任）
　　2　名古屋地方裁判所平成18年6月30日判決（美容室［エステテックサロン］脱毛機事件）

　［講義概要］
　　§8.1　安全性の保証——［教材事例1］の分析検討 ··················· *81*
　　§8.2　UCCの保証責任 ··· *82*
　　§8.3　アメリカ契約法と「製造物責任」······························· *84*
　　§8.4　保証責任と製造物責任の比較 ·································· *86*
　　§8.5　日本民法との比較 ·· *87*
　　◆参考コラム　［カードウゾ，トレーナー，「法と経済」学］（*90*）

第9章　損失の危険と検査義務 ··· *91*

　［教材事例］
　　1　札幌地方裁判所昭和49年3月29日判決（北海道の農協連合がアメリカの輸出入業者と締結した大豆の信用状付き売買契約）
　　2　東京地方裁判所昭和32年7月31日判決（大豆価格暴落事件）

　［講義概要］
　　§9.1　アメリカの指導的判例（フィリップス対ムーア事件）········· *91*
　　§9.2　UCCの「危険負担」に関する諸規定 ··························· *93*
　　§9.3　契約対象物件の検査——［教材事例1］の分析検討 ············· *94*
　　§9.4　事情変更の原則——［教材事例2］の分析検討 ················· *96*
　　◆参考コラム　［CIF約款（評釈論文），エクイティによるリスク負担の調整］（*99*）

第10章　抗弁事由と不可抗力 ……………………………… 101

［教材事例］

1　東京高等裁判所平成 16 年 11 月 16 日判決；東京地方裁判所平成 16 年 6 月 28 日判決（ガボン共和国大使館事件）
2　東京地方裁判所平成 17 年 10 月 31 日判決（変額保険契約）
3　京都地方裁判所平成 17 年 5 月 25 日判決（クーリングオフ事件）

［講義概要］

§10.1　詐欺防止法違反の抗弁 …………………………………… 101
§10.2　通謀虚偽表示 ……………………………………………… 103
§10.3　錯　　誤 …………………………………………………… 105
§10.4　非良心性 …………………………………………………… 107
§10.5　違法な契約 ………………………………………………… 109
§10.6　不可抗力 …………………………………………………… 112

◆参考コラム　［不可抗力条項の書き方，取引制限の法理（restraint of trade）］（114）

第11章　履行確約の請求と履行期前の履行拒絶 ……………… 115

［教材事例］

1　名古屋高等裁判所平成 19 年 4 月 5 日判決（ファーストリテイリング＝ユニクロ使用許諾契約）
2　東京高等裁判所昭和 61 年 6 月 25 日判決（履行期前の弁済と詐害行為）
3　最高裁判所平成 16 年 7 月 16 日（停止条件付集合財産譲渡担保契約）

［講義概要］

§11.1　履行確約請求権 …………………………………………… 115
§11.2　ライセンス契約の契約解除前の手続
　　　　──［教材事例 1］の分析検討 ………………………… 117
§11.3　履行期前の履行拒絶 ……………………………………… 119

§11.4　詐害行為取消訴訟の比較法的考察
　　　　　　――［教材事例2］および［教材事例3］の分析検討 ········· *120*
　　◆参考コラム　［ハンド，フランチャイズ契約，契約締結上の過失］(*123*)

第12章　債務不履行と信義誠実の原則 ····························· *125*

　［教材事例］
　　1　東京地方裁判所平成9年3月19日判決（ホテル［ロス・アンジェルス］買収契約）
　　2　東京地方裁判所平成15年9月26日判決（ハワイ衣料品・化粧品専属販売契約）

　［講義概要］
　　§12.1　債務不履行と信義誠実の意義 ···························· *125*
　　§12.2　コンサルティング契約およびマネージメント契約の債務不
　　　　　履行――［教材事例1］の分析検討 ························ *127*
　　§12.3　販売総代理店契約の基本合意の履行における信義誠実義務
　　　　　――［教材事例2］の分析検討 ···························· *128*
　　§12.4　双務契約における同時履行の抗弁権 ······················ *130*
　　◆参考コラム　［信義誠実とhardship条項］(*132*)

第13章　契約の解除と契約の終了 ································· *133*

　［教材事例］
　　1　最高裁判所(1小)昭和50年2月20日判決（ショッピング・センター賃貸借契約）
　　2　最高裁判所(3小)平成6年3月22日判決（手付け倍戻しによる契約の解除）

　［講義概要］
　　§13.1　契約の解除 ·· *134*
　　§13.2　不動産の賃貸借の解除――［教材事例1］の分析検討 ······· *136*
　　§13.3　確定額損害賠償と手付け――［教材事例2］の分析検討 ····· *136*
　　§13.4　長期継続契約の解除 ·································· *139*
　　§13.5　モデル契約2Bの起案 ·································· *141*

アメリカ契約法

　　§13.6　契約の終了 ·· *142*
　　　◆参考コラム　［ジョイント・ベンチャー，ノース・キャロライナ州，
　　　　　　　　　　ミズーリ州，ペンシルヴァニア州］(*145*)

第14章　担保権設定契約 ·· *147*

　　［教材事例］
　　　1　最高裁判所(3小)昭和62年11月10日判決（集合流動財産担
　　　　保権設定契約；占有改定による担保物権の移転に第三者が異
　　　　議を申し立てた事例）
　　　2　最高裁判所(1小)平成18年7月20日判決（ブリ，ハマチ等担
　　　　保権設定契約；いけす［倉庫］内の養殖魚の所有権の確認を
　　　　求めた事件）

　　［講義概要］
　　§14.1　担保権の設定 ·· *148*
　　§14.2　担保権の優先順位 ·· *149*
　　§14.3　債権譲渡と担保権 ·· *152*
　　§14.4　浮動担保権と相殺 ·· *153*
　　　◆参考コラム　［モーゲージ（mortgage），人的担保権（surety）］(*156*)

第15章　物品売買契約とリース契約 ·· *157*

　　［教材事例］
　　　1　最高裁判所(1小)昭和56年4月9日；大阪高等裁判所昭和53
　　　　年8月31日；大阪地方裁判所昭和51年3月26日（計算機の
　　　　リース契約）
　　　2　東京高等裁判所平成19年3月14日判決（ファイナンス・リー
　　　　ス契約の解除）
　　　3　最高裁判所(1小)平成5年11月25日判決（特別なソフトウエ
　　　　ア付きのコンピュータのリース契約）

　　［講義概要］
　　§15.1　物品売買契約とリース契約との比較 ······································ *158*
　　§15.2　UCCのリース契約──賃貸人の「債務不履行」 ················ *158*

§15.3　UCC のリース契約——賃借人の「債務不履行」……………… 160
§15.4　計算機のリース契約とリース料の計算
　　　　——［教材事例1］の分析検討 …………………………… 161
§15.5　不動産の賃貸借…………………………………………………… 162
§15.6　ファイナンス・リース契約の解除
　　　　——［教材事例2］の分析検討 …………………………… 163
　◆参考コラム　［ファイナンス・リース，サービスの売買契約（サービス提供契約）］（165）

第16章　信用貸付と消費者保護 ………………………………………… 167

［教材事例］
　1　東京地方裁判所平成7年3月17日判決（抗弁権の切断）
　2　最高裁判(3小)所平成19年7月17日判決（クレジット・カードと超過利息）
　3　東京地方裁判所平成5年3月29日判決（マルチまがい商法）

［講義概要］
§16.1　クーリング・オフと抗弁権の切断 …………………………… 167
§16.2　クレジット・カードと超過利息 ……………………………… 169
§16.3　マルチまがい商法……………………………………………… 170
§16.4　消費者信用法の理論 …………………………………………… 171
§16.5　支払保証契約…………………………………………………… 172

　◆参考コラム　［クレジット・カード］（174）

第17章　流通証券取引 …………………………………………………… 177

［教材事例］
　1　最高裁判所(1小)昭和43年12月12日判決（他人名義で手形を振り出した者の責任）
　2　大阪地方裁判所昭和63年4月25日判決（協和銀行の過失決済事件）

［講義概要］
§17.1　UCC の関連規定 ……………………………………………… 177

§17.2　小切手と約束手形 ·· *180*
　§17.2　手形振出人の責任──［教材事例１］の分析検討 ············ *180*
　§17.3　銀行決済における過失相殺──［教材事例２］の分析検討 ··· *181*
　§17.4　銀行の過失による決済──［教材文献３］の意義 ············ *182*
　◆参考コラム　［小切手・手形の由来］（*183*）

第18章　銀行取引契約と信用状 ·· *185*

　［教材事例］
　　1　最高裁判所（３小）平成15年４月８日判決（キャッシュ・カード偽造）
　　2　東京高等裁判所平成16年８月26日判決（盗難通帳による普通預金払戻し）
　　3　東京地方裁判所平成７年１月30日判決（スタンドバイ信用状）
　　4　大阪高等裁判所平成19年９月27日判決：最高裁判所（１小）平成18年６月12日判決（不適切な不動産取引）

　［参考書］　田島裕訳『UCC2001』（商事法務，2002年）第３編，第４編および第４A編

　［講義概要］
　§18.1　銀行の決済業務──［教材事例１］の分析検討 ················· *186*
　§18.2　銀行の契約責任の内容──［教材事例２］の分析検討 ········· *188*
　§18.3　銀行の注意義務違反に対する損害賠償責任
　　　　　──［教材事例３］および［教材事例４］の分析検討 ········· *190*
　§18.4　電子的取引 ·· *191*
　§18.5　電子資金移転 ·· *192*
　§18.6　信用状に関する法の起源 ·· *194*
　§18.7　日本の判例 ·· *196*
　§18.8　信用状の新しい利用方法 ·· *197*

　◆参考コラム　［銀行取引と預金者保護，契約の決済方法の選択］（*199*）

目　次

第 19 章　投 資 契 約 …………………………………………… 201

［教材事例］
1　東京地方裁判所平成 19 年 5 月 23 日判決（先物取引）
2　東京高等裁判所平成 12 年 10 月 26 日判決（外国投資銀行が発行した社債を販売会社の損害賠償責任）
3　東京地方裁判所平成 12 年 8 月 29 日判決（不動産投資）

［講義概要］
§ 19.1　UCC 第 8 編「投資契約」………………………………………… 202
§ 19.2　マネー・ゲームとしての「投資契約」………………………… 203
§ 19.3　違法な投資契約──連邦法による「投資証券」取引の規制…… 204
§ 19.4　日本の判例との比較 ……………………………………………… 205
§ 19.5　詐欺的取引の規制 ………………………………………………… 206
§ 19.6　投資契約としてのフランチャイズ ……………………………… 207
§ 19.7　「投資証券」取引の社会的背景 …………………………………… 209

◆参考コラム　［創業融資の方法，ヘッジ・ファンド，ルイジアナ州，プエルト・リコ準州］（212）

第 20 章　倉庫寄託契約と貨物運送契約 …………………… 213

［教材事例］
1　東京地方裁判所平成 10 年 5 月 13 日判決（引越家具紛失事件）
2　札幌高等裁判所昭和 42 年 3 月 23 日判決（倉庫に保管された茶の事件）

［講義概要］
§ 20.1　Coggs v. Bernard 判決 ……………………………………………… 213
§ 20.2　貨物証券および倉庫証券の使い方 ……………………………… 215
§ 20.3　運送中の物品の紛失──［教材事例 1］の分析検討 ………… 216
§ 20.4　倉庫に保管中の物品の劣化──［教材事例 2］の分析検討 … 218
§ 20.5　UCC の規定との比較 ……………………………………………… 219

◆参考コラム　［ブラックストーンの契約法，ロジスティクス（倉庫業と運送業）］（221）

xv

第21章　雇用契約・請負契約・委任契約 ………………………… 223

[教材事例]
1　東京地方裁判所平成15年3月31日判決（日本ポロライド退職事件）
2　札幌地裁小樽支部平成12年2月8日判決（請負代金請求事件）
3　最高裁判所(2小)平成19年7月6日判決（請負契約上の地位の譲受けを前提として瑕疵担保責任に基づく瑕疵修補費用又は損害賠償を請求した事件）
4　さいたま地方裁判所平成19年8月17日判決（弁護士委任契約）
5　最高裁判所(2小)昭和56年1月19日判決（不動産賃貸借事務委任契約）
6　大阪地方裁判所平成20年2月21日判決（医療過誤訴訟）

[講義概要]
§21.1　雇用契約──[教材事例1]の分析検討 …………………… 224
§21.2　請負契約
　　　　──[教材事例2]および[教材事例3]の分析検討 ……… 226
§21.3　委任契約の特徴 ……………………………………………… 230
§21.4　相続財産処分の弁護士への委任
　　　　──[教材事例4]の分析検討 ………………………………… 233
§21.5　不動産の管理・処分の委任──[教材事例5]の分析検討 … 233
§21.6　医師の医療過誤の責任──[教材事例6]の分析検討 ……… 234
　◆参考コラム　[専門家の契約上の義務]（236）

第22章　第三者の権利 ………………………………………………… 239

[教材事例]
1　東京地方裁判所平成15年3月25日判決（オーナーズ・システムに係わる不動産共有持分の競売）
2　最高裁判所(2小)平成24年6月29日判決（貸金業者から貸金債権を一括譲渡された親会社に対する、貸金業者の顧客債務者（第三者）による過払金の返還請求事件）

目　次

　　［講義概要］
　§22.1　契約関係の法理……………………………………………………*239*
　§22.2　三者関係の契約と抗弁権の切断
　　　　　──［教材事例1］の分析検討 ………………………………*240*
　§22.3　信託が擬制される契約の受益者（第三者）……………………*241*
　§22.4　債権譲渡を受けた譲受者（第三者）
　　　　　──［教材事例2］の分析検討 ………………………………*243*
　§22.5　履行債務の委任を受けた者（第三者）…………………………*244*
　　◆参考コラム　［nemo dat qui non habet の法理］（*246*）

第23章　紛争の解決──主に仲裁契約 ………………………………*247*

　　［教材事例］
　　　1　東京地方裁判所平成16年1月26日判決（アディダス代理店契約）
　　　2　東京高等裁判所平成22年12月21日判決（傭船契約に基づく賠償請求の仲裁による紛争解決）
　　　3　神戸地方裁判所平成5年9月29日判決（裸傭船契約をめぐる仲裁判断の取消を求めた事例）
　　　4　札幌地方裁判所平成15年5月16日判決（コスモ・フューチャーズ事件）
　　［講義概要］
　§23.1　アメリカの判例の説明 …………………………………………*247*
　§23.2　仲裁規定の選択……………………………………………………*250*
　§23.3　日本商事仲裁協会による仲裁事例
　　　　　──［教材事例1］の分析検討 ………………………………*251*
　§23.4　アメリカ仲裁協会の仲裁事例
　　　　　　［教材事例2］の分析検討 …………………………………*252*
　§23.5　個別仲裁の事例──［教材事例3］の分析検討 ……………*253*
　§23.6　和解契約の効力──［教材事例4］の分析検討 ……………*254*
　§23.7　代物弁済による契約の消滅 ……………………………………*256*
　　◆参考コラム　［UNCITRAL，ロンドン仲裁，ICC仲裁］（*258*）

xvii

第 24 章　紛争の解決──アメリカの訴訟 ……………………… 259

［教材事例］
1　東京地方裁判所平成 19 年 11 月 30 日判決（昇給システムとしては差別はない）
2　最高裁判所（1 小）平成 12 年 9 月 28 日判決（東京都観光汽船株主代表訴訟）

［講義概要］
§24.1　裁判管轄・準拠法・言語 ………………………………… 260
§24.2　アメリカの裁判所の仕組み ……………………………… 261
§24.3　連邦法と州法との関係 …………………………………… 262
§24.4　雇用契約訴訟──住友商事事件 ………………………… 263
§24.5　株主代表訴訟──クラス・アクションの一類型 ……… 264
　◆参考コラム 1　［連邦裁判所］（268）
　◆参考コラム 2　［州の裁判所］（269）

第 25 章　救済方法──金銭損害賠償 ……………………………… 271

［教材事例］
1　京都地方裁判所平成 19 年 10 月 9 日判決（いわゆる制裁的慰謝料の請求を認めなかった事例）
2　福岡高等裁判所平成 20 年 3 月 28 日判決（マンション売買契約において手付け倍戻しを相当な損害賠償額とした事例）
3　最高裁判所（2 小）平成 9 年 7 月 11 日判決（懲罰的損害賠償を認めたアメリカ判決の執行を認めなかった事例）

［講義概要］
§25.1　概　　説 …………………………………………………… 271
§25.2　アメリカ法における損害賠償額の算定 ………………… 273
§25.3　損害賠償の算定──［教材事例 1］の分析検討 ………… 275
§25.4　特別損害の算定 …………………………………………… 276
§25.5　確定額損害賠償（違約金条項）
　　　　──［教材事例 2］の分析検討 ……………………………… 277

§25.6　懲罰的損害賠償──［教材事例3］の分析検討 …………… 278
　　　§25.7　原状回復 ……………………………………………………… 279
　　　◆参考コラム　［懲罰的損害賠償とクラス・アクション，陪審による
　　　　　　　　　　裁判］（281）

第26章　エクイティの救済──州契約法と連邦法の関係 ………… 283

　　［教材事例］
　　　1　大阪地方裁判所平成1年9月14日判決（豊田商事の破産後の
　　　　財産処理）
　　　2　最高裁判所（2小）昭和53年12月15日判決（将来の給付請求
　　　　権を認めた事例）
　　［講義概要］
　　　§26.1　連邦法上のエクイティ ……………………………………… 283
　　　§26.2　連邦法の諸領域 ……………………………………………… 285
　　　§26.3　証券取引法 …………………………………………………… 285
　　　§26.4　エクイティの救済方法 ……………………………………… 288
　　　§26.5　代物弁済による決済 ………………………………………… 290
　　　§26.6　倒産手続におけるエクイティ ……………………………… 291
　　　◆参考コラム　［エクイティ裁判所］（294）

第27章　アメリカ法を準拠法とする契約書の作り方 ……… 295

　　［参考教材］
　　　1　絹巻康史『（新版）国際取引法』（同文舘，2004年）177-198頁
　　　　［第8章］，213-228頁［第10章］
　　　2　山田鐐一＝佐野寛『国際取引（第3版）』（有斐閣，2006年）
　　　　第3章
　　　3　小中信幸＝仲谷栄一郎『契約の英語2──売買・代理店・ライ
　　　　センス・合併』（日興企画，2011年）
　　［講義概要］
　　　§27.1　国際売買契約の作り方 ……………………………………… 295
　　　§27.2　単体商品の輸出入契約──［第1モデル契約］の作成 ……… 298

§27.3　プラント輸出契約……………………………………… *299*
§27.4　第1講の［教材事例2］の問題点
　　　　——ライセンス契約（知的財産権）…………………… *301*
§27.5　アメリカの雇用契約　……………………………………… *303*
　◆参考コラム　［プラント輸出入契約，モデル第1契約（中古自動車売買契約）］（*305*）

第28章　アメリカ契約法の現状と今後の展望（最終講義）… *307*

§28.1　国際統一法の制定とそのアメリカ契約法への影響………… *309*
§28.2　契約法における当事者主義の修正………………………… *309*
§28.3　アメリカ契約法の将来展望………………………………… *311*
　◆参考コラム　［アメリカの法と社会］（*312*）

［参考資料］物品売買契約のためのチェックリスト　……………………… *315*

判例索引……………………………………………………………………… *317*
法令索引……………………………………………………………………… *328*
事項索引……………………………………………………………………… *331*

アメリカ契約法

第 1 章

現代社会における契約の意義

［教材事例］
1 東京高等裁判所平成 11 年 3 月 24 日判決，判例時報 1700 号（2000 年）41 頁（**ヴィンテージ・カー売買契約**）
2 東京高等裁判所平成 2 年 9 月 26 日判決，判例時報 1384 号（1991 年）97 頁（**特許権実施契約**）
3 東京地方裁判所昭和 42 年 7 月 9 日判決，下級民集 20 巻 5・6 号 342 頁，判例タイムズ 210 号 174 頁（**アメリカ雇用契約**）

［講義概要］ 現代社会は契約によって成り立っている．資本主義社会では「もの」や「サービス」の売買なしに生活はできない．もし契約が裁判によって強制できないことになるならば，我々の社会秩序を維持することは困難になる．そして，今日の日本社会は，アメリカと密接な関係をもっており，アメリカの契約法は，実際上，身近なところで重要な意味をもっている．最初の講義では，単純な形式の売買契約，ノーハウ・ライセンス契約，およびアメリカ雇用契約が日本の裁判所で問題になった事例を紹介する．3 つの教材事例の判決の結論の適否は，ここでは問題ではない．日本人が作成した契約の甘さが，この事件を起こす主たる原因となっている．この事件に関与した日本人弁護士は，どのようなことに注意すべきであったかを考えてみよう．

§1.1 アメリカ契約法が日本で問題になる事例
―――［教材事例1］の分析検討

　§1.11　東京高等裁判所平成11年3月24日判決［**教材事例1**］の原告はクラシック・カーのコレクター（ポルシェカレラ）を会社の宣伝用に購入したいと考え，その友人（鈴木）に調査を依頼した．アメリカ合衆国キャリフォーニア州に住所をもつ被告が，希少価値のあるビンテージ・カー（ロン・キャメロン）をもっており，原告は被告から2台の自動車を買う約束をした．この約束は，原告と被告の間で直接なされたものではなく，上述の鈴木という人物（この人物が代理人か使者かについて争いがある）(1)が介在している．鈴木がロス・アンジェルスへ行き，英文の契約書を作成し，原告はその契約に従って7万8千ドルを被告の銀行口座に振り込んだ．これは第1の自動車の代金であるが，6万8千ドルに鈴木らの手数料を加算したものである．第2の自動車については，10万8千ドルの契約代金になっているが，まだ未払いになっている．これら2台の自動車は，いずれも専門家による修復が必要であるが，この修復が完全になされていないため，引渡しが行われていない．そこで原告は，契約解除の意思表示をし，原状回復（支払代金の返還）を求めた．

　§1.12　［**教材事例1**］の事件について，東京地方裁判所は，「被告が日本に住所を有しない場合であっても……わが国の国際裁判管轄を肯定すべき場合がある．」と述べ，「国際的に承認された一般的な準則が存在せず，国際的慣習法の成熟も十分ではないため，当事者間の公平や裁判の適正・迅速の理

---

(1) ちなみに，鈴木が代理人であれば，代理法（law of agency）により，鈴木の行為はすべて本人のためになされたものとみなされる．ちなみに，代理法も州法の領域のコモン・ローであり，州ごとに異なるが，AMERICAN LAW INSTITUTE, RESTATEMENT (THIRD) OF AGENCY (2006) を公表し，多くの州がこれに従っている．See, e.g., Jenkins v. Strauss, 931 A. 2d 1026, 1033 (D.C. 2007); Papa John's International, Inc. v. McCoy, 244 S.W. 3d 44, 51 (Ky. 2008).

念により条理により決定するのが相当である.」と判示した. 東京地方裁判所平成 10 年 3 月 19 日判決（判例タイムズ 997 号（1999 年）286 頁）参照. 一般的に, わが国で裁判を行うことが当事者間の公平や裁判の適正・迅速を期するという理念に反する特段の事情が認められる場合には, わが国の**国際裁判管轄**を否定すべきであるという. そして, 本件はアメリカの裁判所で争われるべき事件であると判示した. この判断に問題はないか, まず検討する必要がある.

§1.13 上記の立場にたち, 東京地方裁判所は,「わが国の裁判所で判断するとした場合の本件各契約の準拠法」はいずれの法律であるかを検討している. そして, 代金がドル建てで, 被告が住所をもつ州銀行へ送金される約束になっていることに注目し, キャリフォーニア州法ではなく,「米国が 1986 年 12 月 11 日に加盟した国際物品売買契約に関する国連条約[(2)]を含むアメリカ合衆国連邦法であると考えられないわけではない.」という. しかし,「日本に住所を有する鈴木が契約に関与していることから, 前示の事情のみに依拠して, 直ちに黙示の意思表示を認定することはやや困難である.」として, 日本の旧法例 7 条 2 項（法の適用に関する通則法第 8 条 1 項）[(3)]の行

---

(2) この条約の正式名称は, United Nations Convention on Contracts for The International Sale of Goods (1980)（本書では, 以下 CISG という）である. この条約は, 1980 年に国連がスポンサーとなって作成されたもので, Uniform Commercial Code (UCC) と大陸法を比較検討し, 両者の融合をはかった条約である. 商慣習法（law merchant）としての地位を取得しつつあるが, 完全な国際慣習法ではない. 田島裕『UCC コンメンタリーズ』第 3 巻（2008 年）参考資料 4 を見よ.

(3) 日本の法の適用に関する通則法第 8 条(1)は,「前条による選択がないときは, 法律行為の性質および効力は, 当該法律行為の当時において当該法律行為に最も密接な関係がある地の法による」と規定している. 同第 7 条は, 当事者主義の原則を規定している. ちなみに, American Law Institute, Restatement (Third) Foreign Relations Law §421 (1987) は, その条文に対応する規定であるが, 州が裁判管轄権を行使するのが合理的であるとする人的関係または物的関係がある場合, 州はその管轄権を行使できると規定しており, 同条(2)項の例示を参照しても, キャリフォーニア州法を準拠法とすることは十分あり得る.

アメリカ契約法

為地法の検討を行い,「本件の契約の準拠法は,被告が申込みを発した地の法律であるアメリカ法であるということとなる.」と結論する.

§1.14　東京地方裁判所は,かりに「準拠法によれば契約解除後の損害賠償の義務履行地が債権者の住所地であるとしても,本件の契約上の債務不履行に基づく損害賠償を求める訴えがわが国の裁判所に提起されることは,被告の予想の範囲を超えるものと言わざるを得ない.」と述べ,「わが国の国際裁判管轄を否定すべき特段の事情がある」と判決した.本件訴えは,裁判権の欠如を理由として却下されたが,このような事例においても,アメリカ法の調査は不可欠なものになっている.なお,そもそもこの事件が起こった主たる原因は,鈴木が作成した契約書が適切なものでなかったことにある.

§1.15　東京高等裁判所平成11年3月24日判決は,上記原判決を取り消し,本件は実体的審理が尽くされていることを理由として,自ら判決を下した.その判決は,被告(被控訴人)に対し,契約解除の意思表示は有効に成立していることを前提として,損害賠償の支払いを命じた.本件被告は,鎌倉市の両親の住所地に住所登録をしており,数年に1回程度帰国している日本人(アメリカ人と結婚し,アメリカの永住権をもつ)である.契約当事者間で裁判管轄および準拠法について合意された形跡がない.旧法例7条2項(法の適用に関する通則法8条1項)によれば,「当該法律行為に最も密接な関係がある地の法による」と規定されており,本件の場合,日本民法により損害賠償を認めることが適切であると判断している.

§1.2　アメリカ法の調査を必要とする契約交渉
―― [教材事例2] の分析検討

§1.21　次に,東京高等裁判所平成2年9月26日判決 [教材事例2] を見てみよう.この事件は特許権の**専用実施権設定契約の解釈**が争われた事件である[4].問題の契約は,液体燃料組成に関する発明により特許をもつ台湾

---

(4) 正確にいえば,特許権の専用実施権設定契約に基づく対価支払いの履行期に

第 1 章　現代社会における契約の意義

人，その実施権を買ったアメリカ人，日本で商品化することを企画するかばん，袋物等を扱う会社（日本人）が締結した契約である．全国農業組合連合会（JA）や大手商社も間接的にこの契約の締結に関わっている[5]．裁判所は，この事件の準拠法は日本法であると認めたが，英文の契約書の解釈が問題になっているので，アメリカ人弁護士が訴訟にも関与している．

§1.22　この事件では，原告アメリカ人と日本の企業が合弁事業としてプラントを建設し，原告のもつ特許権を含むノーハウの実施を新会社に実施させることを目的として契約が結ばれた[6]．その準備に当たるために，被告がとりあえず原告と専用実施権設定契約書を締結し，原告は最終的な実施に至るまでの手続に必要な委任状等を原告に渡した．この契約は，英文に翻訳されている．それによれば，被告は「誠実性の証」として，合計 200 万ドルを原告に渡すことが約束されており，その 30% を契約書作成時に，30% をプラント建設開始時に，残りの 40% を装置作動テスト終了時に支払われることになっていた．そして，当該契約書は，「1983 年 4 月 9 日より 90 日間有効」であると規定されていた．新会社が起動しはじめたときに，当該契約書は効力を失うものと理解されていた．

§1.23　被告は誠実に努力したが，特許の申請手続などに予想以上の時間がかかり，大幅に進行がおくれた．そこで原告は，ともかく 200 万ドルを支払うことを要求したが，被告は，「本件特許権を実施する意思も資力もなく」，

　　ついて，その特許を事業化する企業との間で再実施契約が締結され，あるいはその対価が支払われる時以後とする旨の合意の存在を認め，その履行期は未到来であるからその対価の不払を理由とするその契約の解除は効力を生じないなどとして，特許権者が専用実施権設定登録の抹消手続請求及び右登録を残存させたことによる損害賠償請求を棄却した事例である．
(5) 当事者たちは，日本の技術力に頼って日本に会社を設立し，大もうけを図ったものと思われる．後述第 27 章で説明する特許権実施契約を締結し，本格的な稼働を期待していたと思われるが，おそらく，日本の特許申請にかかる時間について，アメリカ人弁護士が無知であったために，準備段階でつまずいてしまったものと思われる．
(6) ノーハウについては，§13.53 で説明する．

プラントが始動しはじめた後に新会社が支払うと説明し，原告は了解したはずであると主張している[7]．ところが，被告は英語が分からず，原告は日本語が分からないため，両者の間の理解にはいくつかの点で離齬があった[8]．Sole and exclusive right とか exclusive use and execution patent right などの用語や実施地域の理解にも食い違いがあった[9]．原告は，事態のなりゆきをしばらく黙認していたが，その間に「特許庁から特許を受けた後20日以内に最初の契約が締結されたことにする」旨のテレックスや手紙が送達されている．原告は，しびれを切らして「200万ドル」の支払を求めて本件訴訟を提起したが，被告側は，契約が無効であり，その支払義務はないと抗弁している．

§1.24 本件判決の結論は，ここでは問題にしない．日本人が作成した契約の甘さが，この事件を起こす主たる原因となっている．この事件に関与した日本人弁護士は，どのようなことに注意すべきであったかを考えてみよう．第1に，最終的にどのような事業をしているか明白にする．第2に，その最終目標の実現のために，どのような準備が必要かを検討する．第3に，権利関係を明確にする（ロイヤルティの算定，支払等を含む）．第4に，本件で争われている，固定ロイヤルティ（誠実性の証）との関係を明確にする．

§1.3 準拠法としてのアメリカ契約法――［教材事例3］の分析検討

§1.31 東京地方裁判所昭和42年7月9日判決［教材事例3］は，準拠法としてアメリカの連邦法および州法が適用されることを認定し，日本の裁判所が，その適用において，日本法の「公序」に違反するか否かを検討して日

---

(7) 本件の被告は単なる善意の仲介人にすぎず，プラント始動に当たる本当の当事者には原告の意思は正確に伝わっていなかった．

(8) 九州地域には別人に専用実施権が付与されており，九州地区を除外する趣旨であったのを「本州」と規定されており，その後に日本全土とすることに了解が成立したのに，基本契約書（日本語）に反映されていなかった．

(9) これらの用語の意味については，§13.43，§13.54および§23.14の判決と関係して説明する．

第 1 章　現代社会における契約の意義

本法の適用を求める原告の訴えを却下した事件である．判決の内容の評価は別として，アメリカ法が日本法の「公序」に違反するか否かの審理のために，アメリカ法をどのように調査し，解釈しているかについて考えてみよう．

§1.32　[教材事例3] は，アメリカ合衆国ニュージャージ州法人[10]と東京に勤務するアメリカ人の間での雇用契約が争われた事件である．その契約によれば，ニュージャージ州法人の日本支社から34万円およびニューヨーク本社から604ドル17セントの報酬が毎月支払われることになっていた．それに加え，家具付き家屋および自動車1台が，会社の側で用意され，4人の子女の教育費用（授業料および通学費）が支払われることになっていた．雇用期間についての定めはなかった．この労働契約に従って原告は東京都港区麻布の支店で勤務をはじめたが，1年余りで本社は解雇を通告した．そこで，地位保全の仮処分を求めて原告が東京地方裁判所へ訴えを提起した．

§1.33　東京地方裁判所は，その判決の中で次のように述べている．

「外国法を準拠法に指定して，日本国内に支店を有する外国法人に雇用され，日本国内において勤務している外国人に対する解雇の効力につき，その外国法を適用した結果，いかなる場合にもわが国の労働法体系によって維持される社会秩序が直ちに破壊されるものとは解しえないから，わが国に独自の労働法秩序が存在するというだけで，法例7条第1項[11]の準拠法選定自

---

(10) 東京地方裁判所は次のように説明している．
　「申請人（以下，「会社」ともいう．）はアメリカ合衆国（以下，「アメリカ」という．）ニュージャーセー[ママ]州法により設立され，同州ユニオン区エリザベス市に本店を置いてシンガーミシン機械等の販売等を業とする外国会社であつて，東京都港区麻布市兵衛町にシンガー日本支社（以下，「日本支社」と略す．）」
　東京地方裁判所が検討したアメリカ法は，NLRB v. Isis Plumbing & Heating Co., 322 F. 2d 913 (1963); National Labor Relations Act, sec.8(3); Martin v. New York Life Ins. Co., 148 N.Y. 117 (1895); Watson v. Gugino, 204 N.Y. 535 (1912) である．

(11) この規定は前掲注(3)に示した法の適用に関する通則法8条1項により改正されている．

アメリカ契約法

由の原則の適用まで一挙に排除すべきいわれはなく，その指定された外国法適用の結果を普遍的立場から考慮しても，なおかつ，わが国の労働法秩序を強行すべき具体的場合においてのみ，その外国法の適用を排除すべきものと解する．」

§1.34　上の判決が述べていることを簡単に要約すれば，たとえ本件の解雇が日本では不当解雇または解雇権の濫用に当たる場合であっても，このアメリカ法の解雇により日本の法秩序が乱されることはないから，日本の裁判所は干渉しない，ということである．もし原告が日本人であると仮定したとき，同じ結論になるかどうか，検討しよう．全く同じ事例ではないが，Lipsit v. Leonard, 64 N.J. 276, 315 A.2d 25 (1974) は参考になる事件である．脚注(9)で引用されている事件は，連邦の不当労働行為に関する事件であり，解雇の「正当事由」の接点はあるが，契約法の理論としては，役立つところはない．Lipsit 事件は同じニュージャージー州のコモン・ロー上の雇用契約の事件である．この判決が使っている center of gravity[12] の概念は，準拠法の選定についても重要な意味を持っている．

[ディスカッションの論点]

　1　[教材事例1] を前提として，作成されるべきであったと思われる契約を本書ではモデル契約1とよぶ．東京地方裁判所の判決のように，キャリフォーニア州に裁判管轄権があり，アメリカ法によって審理が行われることを想定すれば，このモデル契約の中にその旨を規定することは，原告にとって不利になるかどうか検討せよ．

　2　[教材事例2] を前提として，作成されるべきであったと思われる契約を本書ではモデル契約2とよぶ．この事例では，ノーハウ専用実施権契約が基本契約であり，「誠実性の証」として支払われる200万ドルを支払う約束は，付随契約であると思われる．本契約は有効に成立しているだろうか．

---

　(12) 労働関係の訴訟において，生活の重心がある土地の裁判所で裁判を許すために使われる概念．例えば，労働者が長期に渡り勤務している場所で起こす訴訟．

被告に 200 万ドルを支払う義務があるかどうか議論しなさい．

3 ［教材事例 3］を前提として，作成されるべきであったと思われる契約を本書ではモデル契約 3 とよぶ．脚注(10)で引用したアメリカの判例は，だれが，どのように，調査したものか考えなさい．日本の裁判でなぜこの調査が必要であったかについて，議論しなさい．

> ［参考コラム］
> - 2007 年度の日本の貿易額を調べてみると，輸出が約 929,533 百万ドルであり，輸入が約 709,570 百万ドルとなっている．貿易黒字額は 219,963 百万ドルである．貿易の内容を商品別に調べてみると，機械類の輸出が圧倒的に多く，それに続いて自動車，鉄鋼，船舶が輸出されている．輸入については，機械類，石油，魚介類，衣類，木材，液化ガス，肉類，自動車の順となっている．国別に調べてみると，輸出については，アメリカ合衆国，香港，台湾，中国，韓国，タイの順となっている．輸入については，アメリカ合衆国，中国，韓国，オーストラリア，マレーシア，サウジアラビアの順となっている．本書で取り上げた事例のほとんど全部が，これらに関係するものである．
> - ロスアンゼルス　ニューヨークに続くアメリカ第 2 の大都市で，西海岸にあることもあって，日本企業と強い関係のある都市である．もともとは温暖で裕福な農村地帯であったため，北のサンフランシスコと比べ，きわめて保守的な地域であった．今日では石油産業およびコンピュータ産業が近くにあり，またハリウッドがあるため，裕福な商人や芸能人が多数住んでおり，教材事例 1 で問題になった最高級自動車は，ロスアンゼルスに多い．サンタ・モニカなど多くのビーチがあるが，その美しさと裏腹に危険な地域でもある，と言われている．
> - ニュージャージー州　アメリカ東部の大西洋岸の州で，ニュー・ヨークと首都ワシントンの中間にある工業地帯．日本企業に勤務する日本人が多く住んでおり，教材事例 3 の雇用契約がニュージャージー州という地域文化から生まれたもの，あるいはそういう情況を背景に起こっている，と思われる．

第 2 章

アメリカ契約法の一般的考え方

［参考教材］
1 契約法のケース・ブックとして，Fuller and Eisenberg, Basic Contract Law (7th ed. 2001)
2 モデル英文契約書について，山本孝夫『英文契約書の書き方（第 2 版）』（日本経済新聞，2006 年）
3 専門用語について，Black's Law Dictionary; Incoterms 2010

［講義概要］ アメリカ契約法各論の具体的諸問題を議論する前に，一般的な考え方を説明しておこう．裁判所によって強制され得る約束を契約と呼ぶ．約束は 2 当事者間の合意（意思の合致）によってなされるが，約束が拘束力をもつか否かは，当事者の意思と深い関わりをもつ．日本民法では 13 の典型契約について規定し，それぞれの契約類型について具体的な規定を定めているが，アメリカ契約法では，契約法の基本理論は 1 つだけである．その理論は，次章で詳しく説明するが，本章では，法律用語の重要性を説明する．前章で取り上げた 3 つの教材事例は，いずれも契約において不適切なことばが用いられたことが，紛争の原因となっているように思われる．

§2.1　英米契約法の考え方

§2.11　アメリカ契約法は，イギリスのコモン・ローを継受した法であり，その理解のためにイギリスの判例法を参照することがある．とくにブラッ

アメリカ契約法

クストンに対する信頼は高く，アメリカ契約法の基礎的な論理枠は，イギリス法である[1]．ホームズの契約法がアメリカ契約法の基礎になっていると言われている．しかし，ホームズの研究に引用されている文献は，イギリスの判例が多くあり，アメリカ契約法の理解のために，イギリス法を調べる必要性がしばしば生じる．ちなみに，その目的のために，Anson, Cheshire, Trietel は古典的書籍であるといってよい[2]．これらの古典的書籍とならぶアメリカの書籍として，ホームズの『ザ・コモン・ロー』(1881年) をあげることができる[3]．

§2.12　ホームズの契約理論は，古典的な意思主義（客観主義）をとるものであるといわれるが，『法律の小道』と題する講演の中で，次のように述べている[4]．

---

(1) 契約の問題は，合衆国憲法の解釈として，州法の問題とされている．アメリカの州憲法の多くは，「州法はイギリス法（主にコモン・ロー）である」と規定している．また，この規定がない州においても，判例法がイギリスのコモン・ローを法源として扱っている．

(2) 契約法の理論は，大学教授によって判例法の分析検討がなされ，整理された理論である．このように大学教授によって整理された法律は学識法と呼ばれることがあるが，契約法では，Chitty および Anson が最も注目されてきた．これらの著作は，後継者によって改訂が重ねられ，今日でも利用されている．Chitty の初版は 1826 年に出版されたが，その著作は GENERAL PRINCIPLES と SPECIFIC CONTRACTS の 2 巻に分冊され，GENERAL PRINCIPLES (21 版) が 2004 年に，また SPECIFIC CONTRACTS (30 版) が 2008 年に出版されている．Anson の初版は 1877 年に出版され，その 29 版が 2010 年に出版されている．Fifoot の初版は 1945 年であるが，現在，2007 年に出版された CHISHIRE, FIFOOT AND FURMSTON'S LAW OF CONTRACT (15th ed. 2007) が出版されている．Trietel の著作は，1962 年に初版が出版され，G.H. Treitel, The Law of Contract (11th ed. 2003) が最後の版である．但し，Edwin Peel による改訂版が，その第 12 版としてペーパー・バックの形で 2007 年に出版されている．

(3) O.W. HOLMES, THE COMMON LAW (1881). 1991 年に復刻版が出版されている．ただし，この著作は契約法だけでなく，コモン・ローの諸領域全体にわたって説明した概説書である．前掲(2)に引用した諸文献に並ぶアメリカ契約法の権威的書籍としては，E. A. FARNSWORTH, CONTRACTS (4th ed. 2004) をあげることができる．

第 2 章 アメリカ契約法の一般的考え方

「申込みをしていると一般人が考えるように意識的に誘導することと，申込みをするということは，同一のことである．Brauer v. Shaw, 168 Mass. 198, 200, 46 N.E. 617, 617 (1897). 法律は，当事者の現実の心理状態とはまったく関係しない．契約法においては，他の領域と同じように，外部行為によって［判断を］進めなければならず，その行動によって当事者の意思を判断しなければならない．」

つまり，裁判官には人の本当の心は知り得ないのであり，証拠として示される外部行為を経験的に評価し，契約意思が確定されるというのである．この客観説はルイジアナ州では採用されていない．第 10 章参考コラムで説明するように，同州は大陸法の影響を受けており，意思主義（主観主義）をとっているからである．

§2.13　Boston Inc Co. v. Potter, 123 Mass 28 (1877) では，Potter は Boston Ice Co. のサービスに不満があり，継続的サービス契約を解除した．その後，Citizen's Ice Co. と新しい継続的サービス契約を締結した．この会社はビジネス全体を一括して Boston Ice Co. に譲渡したが，そのために Boston Ice Co. が引き続いてサービス提供をした．Potter は当然受領を拒絶した．マサチューセッツ州裁判所は，契約を第三者に被告の同意なしに移譲することはコモン・ロー上禁止されていると判示したが，同意を得て譲渡できると判決した．原告は準契約（quasi-contract）の関係が生じており，既に提供したサービスに対する報酬請求権が生じていると主張したが，本件では Potter に契約の意思がないことは明白であり，請求権はないと判決した[5]．

§2.14　比較的最近になって，リアリズムの影響のもとで，かなりアメリカ法は変わっている．内田貴は，『契約の再生』（弘文堂，1990 年）という小著を上梓しているが，この著書がギルモアのミッションを意識したものであ

---

(4) O.W. Holmes, *The Path of The Law*, 10 Harv. L. Rev. 457, 464 (1897), *reprinted in* Collected Legal Papers 167, 178 (1921).

(5) Note, *The Doctrine of Boston Ice Company v. Potter*, 7 Colum. L. Rev. 32 (1907) および F.C. Woodward, *Assignability of Contract*, 18 Harv. L. Rev. 23 (1904) は批判的な評釈をしている．

ることは明らかである．ギルモアは，「古典的な契約理論はことごとく戦死したので，若い研究者は再生に向けた新しい研究に励まなければならない」という趣旨のことばで『契約の死』と題する講演を結んでいる[6]．しかし，内田貴の研究は，ダンカン・ケネディを中心とする批判的法律学の評価へとつながり，アメリカ法の動向を正しく伝えていないように思われる．アメリカ契約法は，リアリズムの強い影響を受けたことは事実であるが，フラーの流れをくむアイゼンバーグの研究が注目されており，この研究は意思主義の流れを支援している[7]．

§2.2 アメリカ契約法の基本書

§2.21 アメリカ契約法について，日本の六法全書のような役割を果たし得る基本書は，RESTATEMENT, SECOND, CONTRACT（Tentative ed. 1964）である．この書籍は，アメリカ契約法の諸法理を網羅的に説明している．しかし，RESTATEMENT, SECOND, TORTS（1977）に比べ，この文献はあまり高い信頼を得ておらず，全州で採択されているわけではない．そのことはともかく，その起草に指導的役割を果たしたWillistonとCorbinの著作は注目されるべきである[8]．Willistonはイギリスのコモン・ローを比較的すなおに継受しているのに対し，Corbinはリアリズムを明確に打ち出し，アメリカ的な合理主義による理論を展開している．両教授とも数巻に及ぶ膨大な契約法

---

(6) GRANT GILMORE, THE DEATH OF CONTRACT (1974) at 87.「契約の死」とは，今日では消費者保護などを目的として規制されており，完全な契約の自由は存在せず，旧来の過失理論で問題を解決することを意味している．

(7) L. L. FULLER & M. A. EISENBERG, BASIC CONTRACT LAW (6th ed. 1996). ちなみに，Lon L. Fuller (1902-1982) は，ハーバード・ロー・スクールの法哲学（法実証主義）の教授で，契約理論をモデル論として説明した．Melvin Eisenberg (1934-) は，その後継者であり，コーポレートガバナンスに関する研究も注目されている．

(8) S. WILLISTON, TREATISE ON THE LAW OF CONTRACTS (1st ed. 1920) [in 4 vols.]; A. COBIN, CORBIN ON CONTRACT (1950-1960) [in 13 vols.]. これらの著作は，後継者たちによって受け継がれ，今日でも版を重ねている．

の著作を著しており，必要に応じて随時参照されるべきである．

§2.22 アメリカでは，民法と商法の明確な区別はなく，契約法について，統一商事法典（Uniform Commercial Code）（以下，UCCという）も非常に重要な法源である．このUCCは，筆者が『UCC2001』（商事法務，2002年）という形で全訳したが，その後改正されているので，翻訳の改訂作業を進めている．『UCCコンメンタリーズ』全3巻（商事法務，2006年‐2008年）は，その後の改正をフォローアップし，重要な諸規定を詳細に解説した．このUCCが起草され，今日に至るまで何度も改訂されてきた歴史について，同書末尾に付された「解説」を見よ．本書でも，UCCの重要な規定については，随所で言及した．

§2.23 アメリカの大学ではケース・ブックが教科書として使われ，本書では FULLER AND EISENBERG, BASIC CONTRACT LAW (7th ed. 2001) を参考書として示したが，ケース・ブックは外にも幾つかある．E. ALLAN FARNSWORTH, CONTRACTS (4th ed. 2004); B. A.BLUM, CONTRACTS (4th ed. 2007); CALAMARI AND PERILLO, THE LAW OF CONTRACTS (4th ed. 1998); DAWSON, HARVEY AND HENDERSON, CONTRACTS (8th ed. 2003); WHITE AND SUMMERS, UNIFORM COMMERCIAL CODE (5th ed. 2000) は，現在でもロー・スクールの教科書として使われている．

§2.3 アメリカの契約書のモデル様式

§2.31 さて，当事者の契約意思は，当事者の行動から推測されることもあるが，一般的には当事者が表示したことばの解釈によって認定される．アメリカは多民族社会であり，紛争をさけるために，契約書を作成することが多くある．契約書が作成されている場合には，「最良証拠」としてその契約書が参照され，訴訟はその文言の解釈に集中することになる．典型的な契約のスタイルが用いられることが多いが，それは多数の判例により効果が明確にされているからであり，将来の紛争を回避するのに便利だからである．そこで，アメリカで使われているモデル様式をまず見ておくことにしよう．

アメリカ契約法

　第1章で検討した3つの事件について，アメリカの弁護士事務所が契約書を作成するとすれば，まず表題が付けられる．第1の契約は Automobile Sales Agreement，第2の契約は Exclusive Licensing Agreement（場合によっては，Agency Agreement），第3の契約は Employment Agreement という表題が付されると思われる．

　§2.32　アメリカの弁護士が契約書を作成するときには，かなり確立されたモデル様式に従うことが多い．上のいずれの契約書であれ，最初の部分は次のような文言で始まるものになるであろう．

> 　Agreement, made on this [　] day of [　], 2013, by and between [　] and [　].
> 　　　　　　　　　Witnesseth:
> 　Whereas [　]
> 　Whereas [　]
> Now, therefore, in consideration of the premises, and of their mutual promises, covenants and undertakings, the parties hereto have agreed as follows:

上の英文を翻訳すれば，次のようなものになる．

> 　本契約は [　] と [　] の間で2013年 [　] 月 [　] 日に締結された．
> 　　　　　　　　　証
> 　[　　] である．
> 　[　　] である．
> 　従って，上記の前提，および当事者相互の約束，約定および引受行為を約因として，両当事者は以下のように合意する．

　§2.33　この契約書の冒頭の書き方は，かなり儀式化されているために，Witnesseth や Whereas など，古い英語がそのまま使われている．Witnesseth の後の下線の部分には，両当事者が契約を締結したときの前提

18

第 2 章 アメリカ契約法の一般的考え方

となった了解事項が記載される．アメリカでは，「証（witnesseth）」の代わりに，「事実記載（recitals）」という表現が使われることもある．「〜を約因として（in consideration of 〜）」の部分は，英米法における契約の成立要件と関係する部分であるが，これについては第 4 章で詳しく説明する．

§2.34　契約書の終わりの部分も，かなり定型化されている．例えば，次のような書き方がなされる．

> Intending to be legally bound, the parties have executed this agreement on the date first above written.
> （法的に拘束される意思をもって，両当事者は，最初に記載した日に本契約を締結した．）

この文章に続き，各当事者が署名する．もし当事者が法人であるならば，署名者の資格を明記して，個人の署名が行われる．本人の特定が可能であれば，イニシャルなどでもよい．最近では，インターネット上で契約が締結される場合もあるが，この場合には Federal Electronic Signatures in Global and National Commerce Act, 15 U.S.C. §7001（2000）に従って署名がなされなければならない[9]．

§2.35　本章のための参考書として，山本孝夫『英文契約書の書き方（第 2 版）』（日本経済新聞，2006 年）を挙げておきたい．この書籍は文庫版の小冊子でありながら，通常の契約で使われる一般条項を網羅的に例示し，注意すべき点について解説をした簡便な書籍である．もちろん，英文契約書の書き方を示した書籍はこれ以外にも数冊あり，例文は大方同じようなものである[10]．しかし，契約書は法律文書であり，1 字の間違いが大問題になる

---

(9) Note, *The E-Sign Act of 2000: The Triumph of Function over Form in American Contract Law*, 76 NOTRE DAME L. REV. 1183（2001）．また，後述 §18.21 および §18.42 参照．
(10) 大崎正瑠『英文契約書を読みこなす』（丸善，1999 年）の末尾に参照書のリストが付されている．

アメリカ契約法

ことがしばしばある．山本の著書は，実務経験にもとづいて説明がなされており，他の書籍に比べて非常に注意深く書かれているように思われる．

§2.36　山本の著書には，第1章の3つの教材事例に関係する，Sales Agreement, Exclusive Licensing Agreement, Employment Agreement（または Agency Agreement）のモデル条項が示されている．これを参考にすれば，第1章で取り上げた取引のために，どのような契約書が作成されるべきであったか，理解することができる．その契約書の書き方については，後の講義の中で解説するが，一般的に注意すべきことは，次のことである．

1　当事者がだれであるかを明記し，それぞれの権利義務をはっきりさせる．
2　契約の対象となることがら（物品の特定など）を明確に定義する．
3　何が「債務不履行」であるかについての定義を定め，その義務違反に対し担保権を設定する可能性を含め，どのような措置をするべきか，明瞭に定める．

§2.4　基本的な専門用語

§2.41　第1章の [教材事例3] では，そもそも雇用契約の内容がはっきりしていないことに主要な問題があった．その事件の原告は，日本人と結婚し，すべての財産を現金化して，東京都港区麻布に住居を移した．その数ヶ月後に本社から解雇され，将来の見込みが立たなくなった．このような事態を回避するために，労働契約の中に「月給34万円プラス604ドル」などと記載されていても意味がない．契約期間についての契約条項，解雇事由を特定する契約条項，紛争解決に関する契約条項などを規定すべきである．さらに，「全体合意（entire agreement）」条項[11]や「分離可能性（severability）」

---

(11) Entire agreement は，当事者間の「全部の合意」がこの契約書に含まれるという趣旨の条項であり，parole evidence（口頭証拠）を排除することを意図したものである．This agreement shall constitute and contain the entire agreement between the parties という書き方をする．

条項(12)を含めることについても熟慮すべきであろう．

§2.42　契約条項の書き方でとくに注意すべきことは，数量を正確に記述することが重要である，ということである．第6章で説明するように，契約書の中で最も重要な条項は数量を記載する条項である．数量や期日の表現には日本語と英語との間に相違があるので，注意深く，正確に記載しなければならない．例えば，「毎月100箱以上購入する．」という条項は，100 boxes or more と書くべきで，more than 100 boxes と書いた場合には，「101箱以上」を意味するので注意を要する．この例は not less than 100 boxes と書いてもよい．期日の記載の例として，「契約締結後 7 calender days」という表現を取り上げよう．「契約締結後歴日」と訳されるが，これはカレンダーの上で日数を数え，7日ということを意味する．また，7日の計算において，24時間に満たない日が含まれていれば，その日は計算に算入されない(13)．

---

(12) Severability は，「分離可能性」とか「分割可能性」と訳されるが，この規定は，契約の一部が無効とされた場合，全体が無効とされるおそれがあるので，無効な部分を切り離した残りは有効であるとする規定である．例えば，Should any provision of this Agreement be declared to be invalid, any of the remaining terms shall be deemed to be valid and the parties shall meet in order to agree to any arrangement that may become necessary.：「万一この契約の一部が無効であると宣言された場合，残りの契約の諸条項は有効であると見なされ，契約当事者は，必要があれば，取り決めに合意するために，協議をしなければならない．」

(13) 日数の数え方などについて，アメリカ法は日本法と異なっているので注意を要する．例えば，期間を表現するために，from November 18 という記載がある場合，11月18日は除外される．Before February 8 という記載がある場合，同じように2月8日は含まれない．つまり，アメリカ法では24時間に満たない日は1日でなく，計算から除外される．しかし，until, till, または to February 8 という表現は，2月8日を含み得る．2月8日が日曜日または祝日であれば，その翌日を意味する．なお，アメリカ法で認められるクーリング・オフの期間は「3営業日（three business days）」であるが，契約締結日が木曜日であれば，金曜日は1日に計算されるが，土曜日（たとえ半日営業している場合でも），日曜日は計算に含まれず，月曜日と火曜日の2日が終了した時点（午前0時）までを意味する．

21

§2.43　品質についても，明確な定義を定めておいた方がよい．たとえば，「エビ1箱」が契約の対象になっていても，そのエビが一流の料亭で使えるようなものか否かは大問題である．買主が「債務不履行」を主張する根拠が明瞭に判断できるような基準を契約書の中に定めておくべきである．その他，契約作成のときに考慮すべき一般条項としては，契約解除，救済方法，不可抗力と危険負担，決済，仲裁などに関する条項がある．紛争が生じた場合の紛争解決のための準拠法や裁判管轄についても，258頁に示す3つの契約条項のいずれかを選択することになる．

§2.44　さらに，契約の中で用いられる法律用語は，厳密に使わなければならない．そこで，専門辞書として，BLACK'S LAW DICTIONARYを紹介しておこう．この辞書は，アメリカのロー・スクールで最も多く利用されており，ほとんど毎年改訂版が出されている．この辞書は安価であるという利点はあるが，用語の解説はしばしば不十分であることがあるので，その他の辞書も参照すべきである．また，同じ英語といっても，米語は英語とはちがっており，アメリカ英語を選択することが好ましい．R. HAIGH, LEGAL ENGLISH (2d. ed. 2009) の第7章は，その米語と英語の違いを詳しく説明している．例えば，イギリスでは called to the bar, competition law, articles of association などというところ，アメリカでは admitted to the bar, antitrust law, bylaws などという．また，イギリスでは labor, skilfully, wilfully, advice, offence などと書くが，アメリカでは labour, skillfully, willfully, advise, offense などと書く．

[ディスカッションの論点]

1　第1章の［教材事例1］のモデル契約1を作成するために，どのような調査が必要か，またどのような参考書があるか，議論しなさい．

2　第1章の［教材事例2］のモデル契約2を作成するために，どのような調査が必要か，またどのような参考書があるか，議論しなさい．同教材事例2では，ノーハウ専用実施権設定契約が問題になっているが，これにより

継続的事業を行うことが予定されている．そこで，事業を開始する前に「誠実性の証」として支払われるロイヤルティの支払いについて，別個の契約を作成し，継続的事業契約とを切り離す方法を採る場合，どのような点に注意を払うべきか，論じなさい．

3　第1章の［教材事例3］のモデル契約3を作成するために，どのような調査が必要か，またどのような参考書があるか，議論しなさい．

［参考コラム］

- ホームズ（Oliver Wendell Holmes, Jr., 1841–1935）　ホームズはアメリカの代表的な法律家である．O. W. HOLMES, THE COMMON LAW (Howe ed. 1963) は，古典的書籍として現在でも読まれている．グラント・ギルモア『契約法の死』[G. GILMORE, THE DEATH OF CONTRACT]（1974年）は，アメリカ契約法の発展のプロセスを概説している．それによれば，ラングデル（ハーバード・ロー・スクール）はケース・メソッド教育の唱道者であるが，イギリス法を厳密に承継する方針を強調した．この方針に従って契約法を体系的に教えたのがホームズである．そのハーバード・カレッジでの講義が上述の名著となっている．

  ホームズは，約因（consideration）を取引（bargain）であると説明したため，マンスフィールド（Mansfield）のような主観主義（本書第4章参照）と識別され，客観主義の契約理論と呼ばれている．表題の著作は古典的な書籍であるが，「当事者は契約を破棄する権利をもつ」(p. 236) というリアリズムの立場に立った理論を唱え，論理や概念操作よりも，経験に基づく現実主義の理論を説明している．リステイトメントだけでなく，Uniform Commercial Code にも現実主義の影響が見られる．リステイトメントや Uniform Commercial Code については，後に本書の関連部分で説明する．

- ウィリストン（Samuel Williston, 1861–1963）　1890年にハーバード・ロー・スクールの教授となり，統一法典の編纂に関わった．UCC 第2編の基礎となる統一売買法典（1906年）は，ウィ

リストンが起草した．また，リステイトメント（契約法）のReporterでもあった．
- コービン（Arthur Linton Corbin, 1874-1967）　コロラド州で弁護士実務を経験した後，イエール・ロー・スクールの教授となり，主に契約法を講義した．リステイトメント（契約法）の救済方法（Remedies）の部分は，コービンがReporterとなった．

第 3 章

契約成立の要件：申込と承諾

[教材事例]
1 東京高等裁判所平成 20 年 1 月 31 日判決，金融・商事判例 1287 号 28 頁 (**オフィスビルの賃貸借契約が不成立とされた事例**)
2 最高裁判所(3 小)平成 19 年 2 月 27 日判決，最高裁判所裁判集 223 号 343 頁，判例時報 1964 号（2007 年）45 頁，判例タイムズ 1237 号（2007 年）170 頁；東京高等裁判所平成 17 年 1 月 26 日判決；東京地方裁判所平成 14 年 10 月 28 日判決（**カジノ用ゲーム機［麻雀］製作販売契約が不成立とされた事例**）

[講義概要] 裁判所によって強制され得る約束が契約である．日本民法では，裁判所が強制する契約として 13 の典型的契約類型について，成立要件およびその効果について規定している．もっとも，無名契約でも同じ契約としての効力が認められるので，契約の概念に含まれる内容に大きな相違があるわけではない．アメリカ法上の契約成立要件は，2 つにすぎない．その 1 つは，「申込み」と「承諾」の意思の合致が見られるという要件である．他の 1 つは，「約因」が存在することである．第 3 章では，まず前者について，日本民法と比較しながら講義する．第 4 章では「約因」を講義する．

本章で取り上げる諸判例の結論の部分だけを比較すると，日米間に大きな相違があるとはいえないように思われるが，契約形成のプロセスには大きな相違がある．本章の主題である「契約の申込」と「契約の承諾」が何であるかを考えながら，それぞれの具体的な事例において契約が成立しているか否かを検討することにしよう．ちなみに，「契約能力」の概念は未成年者の能

アメリカ契約法

力などと関係し，抗弁の1つとして第10章で説明するが，ここでも契約の一般理論の説明と関係する限りで，1節を当てて議論することにしたい．

§3.1　日本民法の契約類型

§3.11　契約法は，19世紀の合理主義の影響を受けている．19世紀の産業革命の完成期において，人間の理性による判断を尊重し，意思の合致によってなされた約束を裁判所が強制するようになった．現代の契約法は，約束の当事者間に争いが生じたときに，裁判官がその約束を強制するかどうか判断する基準を示す法である（来栖三郎『契約法』（有斐閣，1974年）737頁）．

§3.12　本書はアメリカ契約法の研究を目的として書かれているが，本書の読者は日本法を勉強していると思われるので，比較検討の便宜のため，日本法のレファレンスをここで整理しておこう．この日本法の論理を随所で利用することになる．日本法との比較検討により，アメリカ契約法の理解を深めることができる．日本民法は，典型契約として，つぎの13類型を規定している（カッコ内の引用は，本書におけるアメリカ法へのクロス・レファランス）．
(1) 財産権の移転を目的とするもの
　　1　売買契約（§1，§9.41，§18.61），2　贈与契約（§3.22，§22.31），
　　3　交換契約（§23.7）
(2) 利用を目的とするもの
　　4　消費貸借契約（§22.48），5　賃貸借契約（§3.31，§5.41，§15.52），
　　6　使用貸借契約（§593）
(3) サービスの提供を目的とするもの
　　7　雇用契約（§13.14，§21.11），8　請負契約（§3.34，§21.2），
　　9　委任契約（§8.34，§12.34，§21.3），10　寄託契約（第20章）
(4) その他（§12.42）
　　11　組合契約（§19.11，§19.53），12　終身定期金契約，
　　13　和解（§23.6）

§3.13　日本民法の下でも，上記の13類型以外の非典型契約も有効である．1　テレビ，映画等出演契約（§10.63, §22.53），2　ホテル宿泊契約（§10.63, §26.63），3　運送契約（§7.62, 第20章），4　代理店契約（§6.41, §23.14），5　その他（§12.2）

§3.14　日本民法は，契約の法的性質について，次のような理論的整理を試みている．
(1) 片務契約・双務契約（§12.4），(2) 要物契約・諾成契約，(3) 無償契約（§22.32）・有償契約（§20.11, §21.33），(4) 規制契約（ガス・電気・水供給契約など）（§18.62），(5) 要式契約（§3.16, §5.31）

§3.15　日本民法は，契約の効力について，次のような理論的整理を試みている．
(1) 任意規定・強行規定（§10.5）
(2) 無効な契約
　　1　公序良俗違反（§10.4）
　　2　消費者契約法違反（§10.42）
　　3　通謀虚偽表示（§10.2），錯誤による契約（§10.31）
(3) 契約締結上の瑕疵（§19.13）
(4) 詐欺・強迫による契約（§26.32）

§3.16　そもそも契約とは何だろうか．来栖三郎は，契約法について，イギリス法，フランス法，ドイツ法と比較し，日本では契約が諾成契約であるとされているが，必ずしも意思主義を守ってはおらず，英米法の関係理論に類似した側面をもっているという．これについて，来栖は次のようにいう[1]．

「もちろん，契約方式自由の原則を採用したからとて，世間においてすべて契約が無方式で行われるというわけではない．殊に我が国では，両当事者の意思の合致があった以上履行しなければならぬという意識は強くなく，手

---

(1) 来栖三郎『契約法』（有斐閣，1974年）21-2頁．

金を打つとか担保を差出していないまでも証書があればともかく，口約束だけでは余り拘束されているのだという気持ちがないといわれる．とはいっても，契約の種類によって一様ではないし，同じ売買取引でも従来から継続的な取引関係のある相手方とは正式の契約書など作成せず，注文書とそれに対する請書だけですますことも多い．ときには電話一本で締結される（そして目的物の引渡と共に，あるいは後から，納品書又は請求書のみを交付する）ことさえある．しかし，普通，不動産売買なり，その他少なくともはじめての相手方と重要な取引をするとすれば，証書を作成するだろう．」

§3.2　アメリカ法の契約理論

§3.21　これまでの研究では，アメリカ契約法と日本契約法とを本格的に比較したものはほとんどない．日米比較研究は，相違点を強調してきたように思われる．しかし，少なくとも，上に引用した来栖の記述に関する限りでは本質的な相違はあまりない．実際上，この講義を通じて示されるように，UCC の考え方は，日本の民法でも受け入れられ得るように思われる．このことは後に説明することにして，まずアメリカ契約法における学説としての契約理論を整理しておこう．ここでは，「利益 (benefit)／不利益 (detriment)」理論；「取引 (bargain)」理論；「強制要件 (enforceable factor)」理論の3つに注目する．

§3.22　「利益 (benefit)／不利益 (detriment)」理論

履行によって利益を受ける当事者と履行することによる不利益を被る者が存在する場合に約束は強制できるとする理論である．この理論は古いコモン・ローがとっていたもので，現在ではほとんど採用されることはない．例えば，Hamer v. Sidway, 124 N.Y. 538 (1891) では，叔父が甥に対して「もし21歳になるまで酒とたばこを断ち，ビリヤードなどの遊びを止めたならば，5,000ドル与える」と約束した．甥はこの約束を守り，21歳になったときに，叔父の遺産管財人に対し5,000ドルの支払いを求めた．遺産管財人は，この約束を守ることは甥自身に利益を与えるが，何ら不利益となっておらず，

「約因」が存在しないと主張した．第一審裁判所はこれを認めたが，上訴審裁判所は，原審判決を破棄し，約束の強制力を認めた[2]．

§3.23 「取引（bargain）」理論

上の先例の判断基準のあいまいさを取り除き，契約は取引の結果であり，相互の債務は対価関係にあるはずである，と考える理論である．例えば，トムが塀にペンキを塗ってくれたならば500ドル支払うとベッキーが約束した場合，この500ドルとペンキを塗るというサービスは対価関係にある．従って，この約束は強制される．しかし，トムが好意で塀にペンキを塗り，後になってベッキーが500ドルあげると言った場合，両者は対価関係にはなく，500ドル支払うという約束は強制できない，とする理論である．リステートメントは，この理論を採用している[3]．

§3.24 「強制要件（enforceable factor）」理論

取引の対価関係による説明は明解ではあるが，実際上，いくつかの不都合が生じる．そこで，約束を強制できるものにする要素は，判例法の蓄積によりいくつかの類型に整理できるが，取引の対価関係はその1つである，とする理論である．アメリカ契約法では，この考えが有力な通説となっており，本章でもこれに従って説明を進める．ただし，この通説は，他の理論を完全に排斥するほど強力なものではないので，他の理論もいちおう理解しておく

---

[2] Hamer事件は贈与に関する事件であり，契約法理論の基本的な考え方にかかわる判例である．アメリカ法には第三者のための契約は一般的には効力を認められないが，贈与と贈与の約束とは異なった性質のものであり，贈与の約束は片務的なものであるとはいえ，双務契約の約束と同じように，その約束に対する信頼利益が生まれており，法的保護を受ける．Eisenberg, *The Reponsive Model of Contract Law*, 36 STAN, L, REV, 1107, 1112 (1984) および Weiner v. McGraw-Hill, 443 N.E.2d 441 (N.Y. 1982) 参照．

[3] Restatement (2d) Contract, §71 (1979) は，「(1) 約因（consideration）となるためには，履行または約束の返答が取引されなければならない．」と規定し，「(2) 履行または約束の返答は，約束者による約束と交換に約束者によって求められ，約束を受けた者が当該の約束と交換になした約束である場合，取引がなされている．」と規定している．

必要がある.

§3.25　最後にいわゆる「関係的契約法理論」についても言及しておこう. 日本の若干の研究者がこの理論に注目したが, この議論のきっかけは伊藤正己がその東京大学での講義において, ロスコー・パウンドの『英米法の精神』に言及したことにあった. コモン・ローでは, 労働法といわずに「雇用者・被雇用者」法というように, 人間関係に注目する特徴があるとすることばである. アメリカの契約法学界において, マクニール (Macneil) が関係的契約論を唱え, とくにドイツ系の研究者のあいだで議論がなされた[4]. アメリカ契約法の「合意に関する客観説」と呼ばれる理論があるが, これは「関係的契約法理論」と類似している. 本書16頁注(6)で引用したギルモアの理論と同じように, 意思主義の契約理論を否定する[5].

§3.3　日米契約法の比較：契約意思の確定
　　　　——［教材事例1］の分析検討

§3.31　東京高等裁判所平成20年1月31日判決［教材事例1］は, 住友不動産とフィデリティ証券との間で争われた事件である. フィデリティ証券が日本に進出するにあたり, 赤坂の一等地のビルの14階および15階を賃貸借する目的で, 両者の間で交渉が進められた. その結果, 賃借条件検討申込書, 貸室申込書, 賃貸人側の承諾書などが作成された. ほとんどすべての検討が終わり, 賃貸借契約書を調印するところまで到達していた. この段階でフィデリティ証券の会長が来日し, 同会長は現場を見て, 直ちにその交渉を破棄した. 住友不動産側は, 賃貸借契約はすでに成立しており, 契約金の支払いを求める訴訟を起こした. フィデリティ証券側は, 契約は成立していな

---

(4) この理論の評価について, 中田裕康『継続的売買の解消』(1994年) 453-458頁を見よ.

(5) Hotchkiss v. National City Bank, 200 F. 287, 293 (S. D. N. Y. 1911) において, ラーニッド・ハンド裁判官が, 「契約は当事者の一定の行為の裁判官による客観的評価」であると述べ, 契約当事者の主観的意思にわずらわされない理論を述べている.

第 3 章　契約成立の要件：申込と承諾

いと主張し，支払を拒絶した．

　東京高等裁判所は，契約の成立を認めなかったが，住友不動産側は14階および15階を賃借人募集対象からはずすなどの措置をとっており，信義則上，賃貸借契約を締結する強い期待があったと判示した．フィデリティ証券は，正当な理由もなくこの信義則上の注意義務に違反したので，「契約締結上の過失」が認められると判決した．そして，約1億円余りの金員の支払を命じた．つまり，フィデリティ証券は賃貸借契約を締結する約束はあったが，この約束（予約契約）は破棄されたと判示した．

　§3.32　東京地方裁判所は，フィデリティ証券（被告）の主張を認め，本件では契約は成立していないと判決した．本件ではもともと最終契約書を作成する約束になっており，しかもその調印のためにアメリカから社長が来日することになっていた．従って，その調印が行われる前には契約は成立しておらず，被告社長が問題の物件を見てそこで営業することはできないと判断するのであれば，契約の申込みは撤回されたと解釈できると判決した．むろんアメリカ法においても，letter of intent（⇨§6.21および§10.1）などの書面を作成し，このようなことが起こらないようにする工夫があり，本件の関連書面がそれに当たるか否か検討する余地がある．しかし，社長の来日が明瞭に原告側に伝えられているのであれば，東京地方裁判所の判決にはそれなりの説得力がある．

　§3.33　東京高等裁判所は，その判決を破棄し，「契約締結上の過失」を理由として，被告に対し1億900万円の損害賠償を命じた．原審原告から要求された書面を原審被告は提出し，原告はこれを契約締結の意思と判断し，社内手続きとしては各の新規募集を禁止した．被告はこれを知りながら，最後の署名といういわゆるセレモニーの段階で突然に契約締結を拒否したことに正当な理由を示す証拠はない[6]．東京高等裁判所は，このことに注目して，「被告には契約準備段階における信義則上の注意義務違反があり，これ

---

(6) アメリカ人は，当事者には契約しない自由がある，と考えると思われる．「契約締結上の過失」の理論については，多少の説明を要するが，本書では，後述128頁「参考コラム」で改めて説明する．

によって原告に生じた損害を賠償する責任があるということができる（最高裁第3小法廷平成19年2月27日判決裁判集民事232号345頁参照）.」と判決した．しかし，被告は社長の決裁が済んでいないことは繰り返し述べており，アメリカの裁判所でこの事件が争われていれば，第1審の判決が肯定される可能性が高い[7].

§3.34 ［教材事例1］の判決で契約は不成立であると判示したことは，一応アメリカ法の考え方に従っていると言える．しかし，判決理由として「信義則上の注意義務違反」があったと述べている部分には，日本法の考え方が表れているように思われる．アメリカとは関係のない事件であるが，上の判決と東京地方裁判所平成6年1月24日判決（「ダイヤ建設事件」という）と比較してみよう．ダイヤ建設事件では，原告と被告は共に不動産業者である．両者の間で「土地付区分建物売買協定」が締結され，原告が9階建てマンションを建設し，そのマンションを被告が総額約15億円で買い取る約束が規定された．その契約を進める段取りとして，原告が建築確認申請を平成2年8月15日までに行うことになっていた．また，原告が工事着工後2週間以内に，両社は協定に基づく売買契約を締結することになっていた．代金はその契約締結時に手付金3億円および中間金3億2,316万3千円を支払い，その後，工事着工時に第2中間金，上棟確認時に第3中間金，完成引渡時に残金を決済することになっていた．被告は，建築確認が当初の予定より遅れて平成3年1月になされたため，売買契約の締結を拒否した．

§3.35 東京地方裁判所は，「売買契約を締結することを目的として，売買契約締結の準備段階においてなされた合意であって，これにより，当事者としては，売買契約の成立に向けて誠実に努力し，交渉すべき信義則上の義務を負うに至ったというべきである」，と判決した．「一方の当事者が，正当な事由もないのに売買契約の締結を拒否した場合には，信義則上の義務違反

---

[7] 教材事例と類似の事例において，さまざまな当事者の意思解釈を展開した判決において，フレンドリ（Friendly）裁判官は，契約の存在を証明する clear and convincing proof が必要であると述べている. International Telemeter Corp. v. Telepropmter Corp., 592 F.2d 49, 57-8 (1979).

を理由として相手方の被った損害につき賠償すべき責任を負うものと解するのが相当である」と判示して，原告が主張する損害賠償の一部を認めた．損害賠償の認定において，建設設計の作成にかかった費用から2割を減額した額を損害額と認定した[8]．原告が主張した「売買契約の予約」の理論は，認めていない．

§3.4　申込条件の不明確性——［教材事例2］の分析検討

§3.41　契約条件の明確性と関連して，最高裁判所（3小）平成19年2月27日判決［教材事例2］を分析し，検討しよう．この事件では，被告がカジノで使う商品（自動配置マージャン機）の開発を依頼し，原告は第1号試作機を完成させた．被告は作動時間の短縮などいくつかの注文をつけ，第2号機の試作を依頼した．しかし，商品の開発費に費用がかかりすぎることを理由として，継続的な製造・販売契約を事前に作成することを原告が要求した．これに対し，被告は，契約書の作成は拒絶したが，一定数の商品の注文を約束した[9]．この注文を信頼し，第2号機を開発・生産したが，被告はその受領を拒絶した．東京地方裁判所は，被告が売買契約書の作成に反対していたことに注目し，契約は成立しておらず，「契約締結上の過失」もなかったと判決した．東京高等裁判所もこれを肯定したが，最高裁判所は，被告は商品の開発を指示した代表者が時宜に遅れて改良を要求したことに注意義務違反を認め，被告には損害賠償責任があると判決した[10]．

---

(8) 原告は，土地の取得の際にトラブルが生じた費用および第三者（ユニヴァーサルコンサルタント）に転売したときの逸失利益も損害額としたが，裁判所はこれを否定した．

(9) 契約書の作成の拒否は，契約の不成立の証拠であるが，アメリカ法では，それにもかかわらず「注文を約束したこと」は，第2号機の開発・生産の請負契約が成立している証拠となり得る．

(10) 結論はアメリカの訴訟の場合と同じものになっているが，前掲注(9)で述べたように，アメリカで訴訟が行われていたとすれば，「契約書の作成を拒絶したが，一定数の商品の注文を約束したこと」が，原告側に商品開発を決意をさせた原因であり，これが約因として認められ，被告側の契約違反を理由として損害賠償が命じられたと思われる．

§3.5　附合契約における承諾の意思表示

§3.51　日常生活に関係する普通の契約において，いちいち契約書を作成することはなく，附合契約であることが多い．われわれは，毎日鉄道を使って通勤しているが，われわれは切符を買うだけで，旅客運送契約を締結したものとみなされる．また，Specht v. Netscape, 150 F.Supp.2d 585, *aff'd*, 306 F. 3d 17（2d Cir. 2002）では，ソフトウエアをダウンロードしただけ利用契約約款が有効でありえると判決された[11]．道路に倒れている人があり，通りがかった医師が，善意で介抱して命が救われたとしよう．この場合，契約の申込みの意思表示も承諾の意思表示も存在していないが，アメリカ法では，有効な契約が存在したものとして，医師は通常の治療費を請求することができる．

§3.52　ところで，私立大学の入学試験と授業料の納入について，同じような契約上の問題がある．東京地方裁判所平成15年10月23日判決，判例時報1846号29頁（2003年）を検討しておこう．この事件では，大学入試に合格したときに，入学時納付金を支払った後，入学を辞退した者が，その納付金の返還請求をした．東京地方裁判所は，一定限度で大学側の主張を認めた．この裁判において，大学側は，入学試験関係の書類の中に，納付金は辞退した場合でも返還はできないことを明確に説明しており，受験生はそれを理解した上で納付金を払ったはずであり，契約上，返還する義務はまったくないと主張した[12]．しかし，受験生と個別的な契約交渉をして，受験生が「承諾」をしたものではなく，授業のサービスを受理していない学生が授業料を支払う義務はないと判決した[13]．

---

(11) しかし，すべての契約条項が拘束力をもつわけではない．これについては，§6.21で説明する．
(12) Lake Ridge Academy v. Carney, 66 Ohio St. 3d 376, 613 N.E. 2d 183（1999）は，ほぼこれに近い判決理由を述べている．但し，反対意見は，この契約は非良心的であると述べている．

第 3 章　契約成立の要件：申込と承諾

§3.53　契約の申込みの効力と撤回　懸賞広告は，契約法上，契約の申込みであるとされる．大学生の募集も同じ性質をもつ．東京高等裁判所昭和52年10月6日判決，判例時報1846号29頁（1977年）を検討しよう．

　この事件は，青山学院大学が神学部修士課程入学試験を行うことを公表していたのに，大学の都合で入学試験をしなかった場合に，受験を予定していた学生が，大学には入学試験の実施義務があることの確認を求めた事件である．東京地方裁判所は，入学試験の実施義務の存在は否定したが，大学に対し30万円の支払を命じた．当該学生は，さらに東京高等裁判所へ控訴したが，同裁判所は，控訴を棄却し，判決は確定した．しかし，この30万円はいわば信義則違反に対する慰謝料であり，その根拠はきわめて不明瞭である．この事件と関連して，懸賞広告に関する英米のコモン・ローと比較検討しよう[14]．

§3.54　承諾の効果　承諾の効果は，承諾の発信時に発生する．したがって，注文に対し納入を約束する返事を書き，これを郵便ポストに投函すれば，その時点で承諾の効果が発生する（mailbox rule）．この効果が発生すれば契約は有効に発生したことになり，契約上の義務に従わなければ，債務不履行となり，損害賠償責任が生じる．申込者は承諾の方法などの条件を付けることができ，承諾の効果が発生するまでは，いつでも申込みを撤回できる．しかし，脚注[14]のカーリル（Carlill）事件のように，新聞広告の形で申込みがなされて場合には，取消不能の申込みとされ，option contract と同等なものとされる．

---

[13] Drucker v. New York Univ., 59 Misc. 2d 789, 300 N.Y.S. 2d 749（1969）は，ほぼこれに近い判決を書いている．アメリカ諸州の判例法を要約した，20 A.L.R.4th 303（1983）も見よ．

[14] Carlill v. Carbolic Smoke Ball Co. [1893] 1 Q. B. 256. この事件は，英米の大学生が楽しんで議論する事件であり，その内容については，ディスカッションの論点3で説明する．

§3.6 契約能力の欠如

§3.61 これまで契約が有効に成立するために必要とされる要件を説明してきた．これまでの説明では，当事者に判断能力があり，熟慮したうえで約束がなされたものとみなしてきた．しかし，もし当事者にその判断能力が欠けていたと思われる場合には，そもそも契約が有効に成立することはない．minors（18歳以下の者：未成年者）による契約は取り消すことができる．私人間の約束が裁判所によって強制されるのは，「理性による判断」が市民社会の形成にもっとも役立つと考えられるが，未成年者の場合，その理性が未成熟であるとフィクションされるからである[15]．

§3.62 アイゼンバーグは，このことを次のように説明している[16]．
「契約は将来に関係する．そして，それ故に，常に不確定性の諸条件のもとにおかれている．選択肢の標準モデルに従って，不確定性に直面して選択しなければならない行為者は，その者が主観的に期待した効用を最大にする選択肢を選択する．」
「例えば，契約能力の欠如という伝統的な抗弁について考えてみよう．幼児や成年被後見人（精神障害者など）のように，自分の行為の性質と結果を理解する能力を当事者がもたないとき，契約能力の欠如が起こる．もし自分の行為の性質と結果を理解する能力をもたない場合，その当事者は自分の効用に関する適切な判断をできない．」

---

[15] カントなど啓蒙主義者は，神により人間理性が賦与されており，これを使うことにより正しい判断ができると考えた．アメリカではリアリズムが強く，純粋な意思主義が貫かれているわけではない．Dodson v. Shrader, 824 S.W. 2d 545（Tenn. 1992）（18歳の少年が $4,900をガール・フレンドの叔母から借りて pick-up truck を買った事例）．但し，文盲で契約書を読めないということは，契約の効力に影響を与えない．Mitchell Nissan, Inc. v. Foster, 775 So.2d 138（Ala. 2000）．

[16] Eisenberg, *The Limits of Cognition and the Limits of Contract*, 47 STAN. L. REV. 211, 212-213（1995）．

能力に欠ける者の契約を強制すれば，正義に反する結果が生まれるのであり，その者を法律で保護する必要があるという(17)．未成年者による契約は取り消し得るものであっても，生活必需品の売買契約など，取り消されては困る場合もあり，コモン・ローは，否認（disaffirmance）または追認（affirmance）の手続きを認めている(18)．

[ディスカッションの論点]

1 ［教材事例1］および［教材事例2］において，どのような内容の契約の申込みがなされ，どのような承諾がなされているか，整理しよう．それぞれの事例において，契約は成立しているか．

2 ［教材事例2］において，裁判所は「売買契約の成立に向けて誠実に努力し，協力する義務がある」と言っているが，マンション市場が悪化しており，販売の可能性が低いときに，当初の予定通りマンションを建設させることが合理的であるか，議論せよ．

3 Carlill v. Carbolic Smoke Ball Co., [1893] 1 Q.B. 256 は，医薬品ののど飴の製造会社が新聞に次のような新聞広告を出した事件である：「毎日このど飴をなめた患者で，1週間なめ続け，それでも風邪を引いた人がいれば，100ポンドを差し上げます．」この通りにのど飴をなめ，風邪を引いた老婆が，100ポンドの支払いを請求した事件であるが，どのような契約が存在しているか，議論しなさい．

---

(17) J. D. CALAMARI & J. M. PERILO, CONTRACTS 326 (3rd ed. 1987) を引用している．
(18) Turner v. Caither, 83 N. C. 357, 361 (1879)（未成年者の保護者）．*Cf.* COKE ON LITTLETON 259 (1628). ちなみに，ここでいう未成年者は，コモン・ローでは21歳を意味するが，多くの州では制定法により18歳と定めている．N. Y. Gen. Obligations L. §3-101; N. C. Gen. Stat. §48A-2 など参照．

[参考コラム]

- **アダム・スミスの法学**　ADAM SMITH, AN INQUIRY INTO THE NATURE AND CAUSES OF THE WEALTH OF NATIONS 19 (1888).

  アダム・スミスは法学の講義をし，契約法の意思理論を説明した．見えざる手による自然調和が最善の結果をもたらす（自由放任思想）を唱え，契約の自由を保護することの重要性を説いた．産業革命の時代では，この理論は重要な役割を果たした．しかし，意思主義の説明では無理がある場合がある．

  アダム・スミスは自由競争の重要性を説き，意思主義の契約理論を唱えた．これと関連して，学説で問題となる争点は，(1)約因の類型（とくに道徳的約因（moral consideration）），(2)代物弁済（accord and satisfaction）の約束，(3)権利放棄（waiver）の約束，(4)贈与契約（donative contract），(5)実在しない約束である．

- **契約法の古典的理論**　比較法学では，英米法と大陸法を対比し，両者の相違点が強調されるが，契約法の領域では，フランスのポチエ（R.J.Pothier, 1699-1772）の契約理論は，英米法に強い影響を与えており，むしろ類似点が多い．英米でも，グローチウス（Hugo Grotius, 1583-1645）やプーフェンドルフ（Samuel von Pufendorf, 1632-1694）の理論もよく知られている．とくに，エディンバラのステア（Viscount Stair, 1618-1695）は，スコットランド法の体系的権威書を完成させた学者であるが，ローマ法研究の権威でもあり，この研究がイングランド法に影響を与えている．なお，契約の自由の神聖性については，Printing and Numerical Registering Co. v. Sampson (1875) L.R. 19 Eq. at 465 で，ジェセル（Sir George Jessel）裁判官は，「自由にかつ自己の意思で契約が締結されたときは，その契約は神聖なものと考えられ，司法裁判所によって強制されるべきものである．」と述べている．この事件では，ナンバリング機器の発明者が会社を設立し，その会社と発明者との契約において，[まだ実在しない]将来の発明に対しても当該会社が独占権をもつと規定されていた．

第 4 章

契約成立の要件：約因

[教材事例]
1 最高裁判所(3小)平成19年2月27日判決，最高裁判所裁判集223号343頁；判例時報1964号（2007年）45頁，判例タイムズ1237号（2007年）170頁；東京高等裁判所平成17年1月26日判決；東京地方裁判所平成14年10月28日判決（**カジノ用ゲーム機製作販売契約事件**）
2 神戸地方裁判所平成14年7月3日判決，裁判所ウェブサイト28072570（**かぼちゃ売買事件**）
3 東京高等裁判所昭和62年3月17日判決，判例タイムズ632号155頁；東京地方裁判所昭和60年7月30日判決（**マレーシア木材売買契約事件**）

[講義概要] すべての約束が契約として裁判所により強制されるわけではない．第3章で説明したように申込みの意思と承諾の意思が合致していれば，契約は成立しているが，裁判所によって強制してもらうためには，「約因（consideration）」の要件が満たされていなければならない．「約因」の定義については，意見が分かれているが，いずれの見解を採るとしても，日本の契約法理論とは著しく異なっている．本章では，代表的な見解を説明し，日本の判例と比較検討することにしたい．

§4.1 約因の類型

§4.11 約因としての「取引」 アメリカ法で「約因」が問題になった事例を紹介しよう．Batsakis v. Demotsis, 226 S.W.2d 673 (Texas 1949) では，

アメリカ契約法

　第2次世界大戦中にアメリカでギリシャ人が25ドル程度の借金をし，借用証書（ギリシャ語）を作成したが，この証書には2,000ドル借用されたと記載され，利息は年率8％と定められていた．テキサス州裁判所は，「対価である約因の額には関係なく，借用証書に証される約束が文言通り強制される．」と判示した．両当事者間で相互に負う債権債務は，対価関係にある必要はない⁽¹⁾．リステートメントは，bargain 理論をとっている⁽²⁾．ちなみに，イギリスでは，Midland Bank Trust Co. Ltd. v. Green [1981] A.C. 513 at 531 に説明されているように，約束者に対する利益，または被約束者に対する不利益，が「約因」であると考えられている⁽³⁾．

　§4.12　名目的約因　取引の形がとられており，約因が存在しているように見えるけれども，実質的には約因が存在しない約束がある．例えば，父親が娘に対し1ドルの約因を払うならば住宅を建ててやると約束した場合，この約束は裁判所によって強制されるものではない⁽⁴⁾．しかし，名目的な

---

(1) これは戦時中の特別な情況のもとで締結された契約であり，契約の効力は有効であると判決されたが，普通の情況のもとで締結された契約ならば，「非良心的な契約」とされた可能性はある．「非良心性」については，第10章で詳しく説明する．

(2) RESTATEMENT CONTRACTS 2d (1981) §17(1) は，"the formation of a contract requires a bargain in which there is a manifestation of mutual assent to the exchange and a consideration." と規定している．ただし，(2)項では，special rules により，bargain がなくても契約が成立する場合があることを規定している．

(3) Midland Bank 事件では，父親が自分の所有する農地を息子に与えるつもりでその農地を耕作させていた．この息子に買取権（option）を設定したが登記はしなかった．6年後に父親は考えを変え，息子の選択権を消滅させる意図をもって母親に名義を書き換え，その登記をした．当時の地価は4万ポンドであったが，実際には500ポンドの売買契約になっていた．下級審裁判所は，この契約の約因が不十分であると判決したが，貴族院は，約因は名目的なもので良く，契約は有効であると判決した．指導的先例として Currier v. Misa (1875) L.R. 10 Ex. 153 at 162 を引用している．

(4) RESTATEMENT OF CONTRACTS §84 illustration 1 (1932). *Cf.* Thomas v. Thomas, 2 Q. B. 851, 114 E. R. 330 (1842).

第 4 章 契約成立の要件：約因

約因であっても強制される場合がある．例えば，UCC §2-205（確定的申込み）は，「書面に記載された期間中，または（記載のない場合）合理的期間中，約因の欠如を理由として，申込みは取り消すことができない」と規定している．この条文が想定している契約は，相手方に選択権を与えるまたは保証を与える契約である[5]．

§4.13 道徳的約因（moral consideration）　強制力の認められない約因は「道徳的約因」と呼ばれ，日本民法でいう自然債務に類似した性質のものとして扱われる．Mills v. Wyman, 3 Pick. 207（Mass. 1825）では，被告は海の冒険中に災害にみまわれ，遭難してHartfordにたどり着き，善意の住民の手厚い手当を受け，救われた．被告はその費用を弁済するという約束を残したが，実際に支払われることはなかった．マサチューセッツ州裁判所は，「約因」の欠如を理由として，この約束は強制できないと判決した．この判決の中で法源とされたPillans and Rose v. Van Mierop and Hopkins,（1765）Burr. 1663, 97 E.R. 1035 は，マンスフィールド卿による「約因」の説明を含む判決であるが，その説明によれば，相手方を拘束する意思を示す何らかの証拠を意味する[6]．

§4.14 UCC上の「約因」　第2章で説明したように，「アメリカ契約法」は基本的にはイギリス契約法と同一であるが，統一商事法典（以下，UCCという）では，現実主義の立場にたち，修正を加えている場合がある．「約因」に関する規定（UCC §3-303 や §5-105 など）があるが，銀行取引については，「約因」は必要ないと規定されている．売買契約についても，§2-205 は，「合理的な期間中，約因の欠如を理由として約束を取り消すことはできない．」と規定している．また，§2-209 は，「契約を修正する合意には約因は必要

---

[5] 後掲注[7]の代物弁済の場合のように，コモン・ローは，取消しの約因を必要としたが，本条によりことコモン・ローは廃棄された．

[6] 3つの例外がある．第1に，Bractonを引用し，ローマ法を参照している．ちなみに，この事件では，手形の支払保証を強制できるかどうかが争われている．マンスフィールド裁判官の見解について，Hawkes v. Saunders (1782) 1 Cowp. 289 at 290; Pillans v. Van Mierop (1765) 3 Burr. 1664 参照．

41

アメリカ契約法

ではない」と規定している[7].しかし,§2-201 の詐欺防止法の書面の要件は「約因」に類似した機能をはたしているように思われる.

§4.15 リステートメント上の「約因」　リステートメント（第2版）79条は,約束による禁反言の法理を規定している.被約束者が勧誘を受け,その勧誘を信頼して約束をした者に対し,その法理により信頼利益の保護を認めている.合理的な信頼（期待）を保護することを考えており,贈与についても,同じ法理により,裁判所は保護を与えることになる.（イギリス法では約束による禁反言はまだ確立した法理ではない）.E. J. Baehr and Another v. Penn-O-Tex Oil Corp., 258 Minn. 533, 104 N.W. 2d 661 (1960) は,大陸法と比較しながら,この法理を説明している[8].

§4.2　日本の判決との比較検討──［教材事例1］の分析検討

§4.21　最高裁判所（3小）平成19年2月27日判決（**教材事例1**）の詳細はすでに第3章で説明したが,ここでは,「約因」に相当するものがこの事件に含まれているかどうか検討したい.本件では,アメリカのカジノ経営者の代理人と思われる日本人が,ゲーム機の試作品の製造を注文した.この試作品は完成し,アメリカ人経営者が訪日したが,その時に製品の注文はしなかった.その後しばらくして,アメリカ人経営者が改良を申し入れた.製造会社は,経費がかかりすぎることから,開発の継続に難色を示した.そこで,アメリカ人経営者は,「平成10年7月から平成11年4月までの10か月

---

(7) コモン・ロー上,修正された契約（例えば,代物弁済の合意）は,新しい契約であると考え,この契約についての「約因」が必要とされるが,この要件が免除されている.ただし,UCC §2-209 条の正式コメントは,信義誠実でない修正については,この免除が認められないと述べている.

(8) HOMLES, THE COMMON LAW 292 (Howe ed. 1963) を引用している.また,consideration thus insures that the promise forced as a contract, is not accidental, causal, or gratuitous, but has been uttered intentionally as the result of some deliberation, manifested by reciprocal bargaining or…… negotiation と述べている.

第 4 章 契約成立の要件：約因

間，本件装置を毎月 30 台発注すること，その単価を 30 万円とする」ことなどを内容とする提案をした．単価を 40 万円とする反対提案をすると同時に，日本人代理人との口頭の約束により，100 台分のゲーム機の生産をはじめた．

§4.22 試作品が完成し，製品製造の契約が結ばれなかったので，契約はむしろ否定されたものと考えられる．試作品第 2 号の制作は，一定数量の生産が保証されることを条件として，作成された．この第 2 号が完成しているので，もしこの事件がアメリカの裁判所で争われていたとすれば，その完成は契約の約因であり，契約が存在しなかったことを被告側が証明する義務を負うことになる．日本の訴訟では，§3.41 で述べたように，原告に対する契約準備時の注意義務違反を問題にするが，アメリカではこの問題は争われない．なぜ試作品が作られたかが問題とされ，その結果，両当事者の合意が推定される．被告は契約違反の責任を問われ，日本の判決と同じように，損害賠償を命じられることになると思われる．

§4.23 「約因」は契約の内容を確定する重要なファクターであり，上述の事例のように，約因がはっきりしない事例では，不確定性の法理によって契約は不成立であると判決されることがある．例えば，Kleinschmidt Div. of SCM Corp. v. Futuronics, 363 N.E. 2d 701（N.Y. 1977）では，lot 1 の契約の合意がなされ，上述の事例の場合のように，lot 2 および lot 3 へと改良が加えられて行った．しかし，この注文は米軍からの teletypewriters の注文であり，試作品の製作が行われたことは明瞭であるが，交渉がほとんどすべて口頭で行われており，契約内容の確定が困難であった．ニューヨーク州裁判所は，UCC2-204(3)[9] の規定に従って，lot 1 を基本契約として lot 2 および lot 3 の契約の内容を確定しようとしたが，本件では合意の推定はできないと判示し，契約は不成立であると判決した．

---

(9) UCC§2-204: such an agreement might come about through "offer and acceptance", …the parties might also reach agreement through "conduct …which recognizes the existence of such a contract."

アメリカ契約法

§4.3 日本の判決との比較検討——［教材事例2］の分析検討

§4.31 神戸地方裁判所平成14年7月3日判決［教材事例2］では，神戸地方裁判所は，約束に拘束力を認めなかった．この事件では，メキシコで栽培されたかぼちゃの売買契約が成立したか否かが争われている．この事件では，原告が栽培したかぼちゃをFOBノガレス（アメリカ合衆国）[(10)] で受け取ることになっていた．平成8年から平成10年まで，6月ころに交渉が行われ，指定された土地で栽培されたかぼちゃを被告が全部買い取った．平成11年になり，6月頃に同じように交渉が行われたが，被告はその年には買取りを拒絶した．かぼちゃの値段が暴落したことが原因であるが，過去2年にわたり一定の価格で取引が終了している場合，被告側が明示的に契約しない意思を表示していなければ，自動的に契約が成立すると原告は主張した．しかし，神戸地方裁判所は，本件の契約はせいぜい契約の予約に過ぎず，被告は契約をしない権利をもつといわなければならないと判決した．

§4.32 本件では原告が敗訴し，控訴しなかったようであり，事件は確定したと思われるのであるが，外国人の論理を理解するために，原告の主張に注目することにしよう．日本の業者は，過去2年にわたりかぼちゃを買い取っており，3年目にも同じような状態が存在しているので，同じように買い取ってもらえるという期待を原告はもっている．契約書が作成されていれば，当然，契約は有効に成立している．契約書がなければ，原告は「前年と同じ扱いにする」旨を被告に通知し，商品の発送予定日を知らせているので，契約は有効に成立していたとみなされる．Russell v. Texas Co., 238 F. 2d 636 (9th Cir. 1956) では，鉄道会社に対し土地の利用について，「1日150ドルとする．事実上使用されれば，この契約に同意したものとみなす」という趣旨の手紙が送付された．この事例では，鉄道会社が時宜にかなうと返事

---

(10) FOBは free on board の略語．インコタームズ（⇒§27.15）の1つで，売主が商品を鉄道，トラック，または船舶（または飛行機）に荷積みするまで責任を負う契約．ちなみに，商品の「所有権」は delivery の時に移転する．

第 4 章　契約成立の要件：約因

をださず，継続的に土地を使用したため，その契約は有効に成立していると判決された．

§4.4　ジョイント・ベンチャー契約の不成立
──［教材事例3］の分析検討

　§4.41　東京高等裁判所昭和62年3月17日判決［教材事例3］では，完全な契約締結権のない者が締結した契約について，その成立が争われた．インドネシアの有力実業家（原告）が日本の総合商社（三井物産）とインドネシアの林業開発計画を立てた．この計画を実現するために，両者はシンガポールで会議を開き，共同開発を目的とした協定を口頭で結んだ．この協定により，三井物産は原告がもつ木材採取権を間接的に買い取る約束になっていた．しかし，木材の価格が下落したため，三井物産はその計画をあきらめ，「資金繰りが困難」であることを理由として，協定の実施を拒絶した．訴訟では，被告三井物産は，契約が成立していないことを主張し，損害賠償請求を拒絶した．裁判所は，被告三井物産に「契約締結上の過失」があったと認定し，約656万5千円余りの賠償金の支払いを命じた(11)．

　§4.42　本訴訟の争点は多岐にわたるが，その争点の1つは，被告が負う責任は契約責任か，不法行為責任か，である．この事件の準拠法は，契約責任であればシンガポール（合意形成地）の法律［アメリカ法に類似した法律］であり，不法行為責任であれば日本法である．判決は契約交渉における注意義務違反を問題としており，「過失責任」を認めた．しかし，「売買契約は諾成契約であるとはいえ，合弁事業に関連した金額も高額になる重要な契約については，契約書を作成するのが通常であり，本件においても，売買契約書，合弁事業契約書，及び株主間契約書を作成すべく努力が重ねられていた．」と認定した．信義則上，原告は「契約締結についての期待すなわち契約締結

---

(11) どの点に被告の注意義務があったと認定しているか，必ずしも明瞭ではないが，「契約締結の期待が生じているのに誠実に締結させなかった」ことがそれであると認定しているように思われる．

の利益を有するに至っているので，誠実に契約を成立させる義務の違反があるというのである．

§4.43 この事件で争われているもう1つの争点は，契約交渉の代理権の問題である．三井物産の代表者は，General Manager という肩書きの付いた名詞を相手方に渡している．アメリカで類似の交渉が行われるならば，アメリカ側代表は完全な契約締結権をもっているが，三井物産では General Manager には完全な契約締結権が与えられていない．そのために，契約は成立していないと主張した．本件判決では，日本の裁判所が原告（外国人）の請求をある程度認めて損害賠償を命じたので，この問題は曖昧なまま残された．しかし，[参考コラム]（次頁）で述べたように，ここには日本の取引の1つのパターンが示されている[12]．

§4.44 本書では東京高等裁判所の判決を [教材事例3] としたが，被告はさらに最高裁判所へ上告し，最高裁判所は平成2年7月5日に判決（最高裁判所裁判集160号187頁）を下している．同判決は，契約準備段階における信義則上の義務違反を認容した原審の判断を肯定し，上告を棄却した．この判決に対し，いくつかの判例評釈がだされているが，日本の取引方法を考慮し，判決の結論に賛成している．しかし，アメリカの取引交渉とは異なっており，日米間の取引ならば，契約の成立を認めた事例であると思われる．

[ディスカッションの論点]
1 [教材事例1] と関連して，被告（ゲーム機の製造の注文者）はどのようなことを目的としてこの契約を締結しようとしているか．そもそも，明確な契約締結の意思をもっているか．Kleinschmidt Div. of SCM Corp. v. Futuronics, 363 N.E. 2d 701 (N.Y. 1977) (teletypewriters); UCC §2-204 参照．
2 [教材事例2] について，原告が勝訴する前提として，どのような「約

---

(12) この代理権の問題は law of agency（代理法）の問題であり，ここでは深く論じないが，重要な問題ではある．

因」を残しておくことが必要であったと思われるか．

3　あなたは三井物産の顧問弁護士であったと仮定しよう．［教材事例3］の事件について，どのような助言をするか．General Manager は英語で何を意味するか，検討しよう．

4　本章注(7)で引用したホームズの英文を日本語に訳して，疑問点を議論しよう．

[参考コラム]

- DiMtteo & Dhooge, International Business Law（2d ed. 2006）pp.216-7 は，交渉による紛争の解決について説明している．この著書は，日本における交渉についても説明しており，交渉による解決は非常に時間がかかると述べている．第1に，交渉に当たる代表者は，その場で最終的な決定を下す権限は与えられていないため，相手の話を聞いた後に実際の決定権をもつ人と相談しなければならない．しかも，特に企業が当事者である場合には，その権限をだれがもっているかは明確でなく，企業内での権力闘争とも関係し，意思決定ができないことがしばしばある，と説明している（Eliot Hahn, *Negotiating Contracts with the Japanese*, 14 Case Western Rescrve Journal International Law 377（1982）も見よ）．

　　上記の著書は，日本法の契約の特徴として，次の8点を指摘している．第1に，契約交渉において対立するよりも，締結を目的として協力的な姿勢で交渉に臨む．第2に，契約の内容よりも良好な人間関係を強くしようとする．第3に，形式的な厳格さを嫌い，弾力的に事情に応じた変更を加えることができるようにする．第4に，事情変更があった場合，信義誠実義務を負わせる．第5に，契約書は単純で，主要な条項のみを記載しようとする．第6に，履行に関しても，契約書の文言どおりの履行より，leniently に適用する．第7に，紛争が生じた場合，相互の互譲精神で解決に臨む．最後に，交渉を終了させて解決することは，日本では良い人間関係を作ることを意味し，厳密な契約書の作成を意味しない．
- 代理法（law of agency）　§4.32で説明した Manager の契約締

アメリカ契約法

結権の問題は，代理法により論じられて問題である．もし［**教材事例3**］の契約がシンガポールで成立しているとすれば，シンガポール法を準拠法とすると思われるが，アメリカの代理法を参考にして，manager には会社の代理権が付与されており，そこでなされた約束には拘束力があると思われる．ちなみに，代理法は本書の範囲を超える法領域であるが，§1.23 で論じた契約が実施に移されていれば，一括販売契約とか合弁事業契約が改めて準備されることになり，代理法が問題になる．後述§23.14 も見よ．

- リステートメント（第2版）契約法　リステートメント（第1版）契約法は，ウィリストンが Chief Reporter となり，コービンが特別アドバイザー（救済方法の編は Reporter）となり，1932 年に完成した．同書の第2版は，前半はブラウカが座長となり，後半はファンズワースが引き継ぎ，1964 年に編纂作業が開始され，1979 年 5 月 17 日に完成した．3 巻 16 章からなるモデル法典であり，同日に採択され，公布された．重要な規定は，本書の関連部分で引用して，説明を付している．次の3巻からなる．

　　第1巻 – 第1章（用語の意味）［§§ 1-8］，第2章（契約の成立 – 当事者および能力）［§§ 9-16］，第3章（契約の成立 – 相互の同意）［§§ 17-70］，第4章（契約の成立 – 約因）［§§ 71-109］，第5章（詐欺防止法）［§§ 110-150］，第6章（錯誤）［§§ 151-158］，第7章（不実表示）［§§ 159-177］

　　第2巻 – 第8章（公序を理由とする強制可能性）［§§ 178-199］，第9章（契約上の債務の範囲）［§§ 200-230］，第10章（履行および不履行）［§§ 231-260］，第11章（履行の実行不可能および目的の挫折）［§§ 261-272］，第12章（同意による免責または更新）［§§ 273-287］，第13章（共同連帯の約束当事者）［§§ 288-301］，第14章（契約の受益者）［§§ 302-315］

　　第3巻 – 第15章（債権譲渡および委任）［§§ 316-343］，第16章（救済方法）［§§ 344-385］

- マンスフィールド（**Mansfield or William Marray, 1705-1793**）　スコットランド出身の裁判官で，1756 年から 1788 年まで，英国首席裁判官であった．奴隷制を違法とする判決をくだしたことで良く知られているが，商法（契約法を含む）の近代化に貢献した．

第 5 章

詐欺防止法と口頭証拠の法理

［教材事例］
1 東京高等裁判所平成 20 年 1 月 31 日判決，金融・商事判例 1287 号 28 頁（賃貸借契約が不成立とされた事例）
2 徳島地方裁判所昭和 44 年 12 月 16 日判決，判例タイムズ 254 号 209 頁（ニューヨーク州弁護士報酬請求事件）

［講義概要］　第 3 章および第 4 章では契約の成立の要件を詳しく説明した．本章では，一応契約が存在していると考えられる場合に，契約を否認するアメリカ法の法理を説明する．本章の法理は，抗弁としても使うことができるが，「抗弁一般」については，第 10 章で説明する．本章で取り上げる詐欺防止法は，アメリカ契約法の重要な法理であり，ロー・スクールでは数時間をかけて講義されている．詐欺防止法の「書面」は，契約が締結されたかどうかを証明する文書であるが，最良証拠（best evidence）の契約書は，契約の内容を証明する文書である．ここで UCC の関連条文をきちんと読んでおきたい．ちなみに，第 10 章で説明する抗弁は，共謀虚偽表示，錯誤，非良心性，契約能力の欠如，違法な契約などである．

§5.1　詐欺防止法

§5.11　詐欺防止法は，契約成立の主張だけでなくその抗弁としても，しばしば使われる．UCC §2-201 は，いわゆる詐欺防止法の原則を規定する．第 2-201 条（形式の要件；詐欺防止法）[1]

アメリカ契約法

(1) 価格が5,000ドル以上の物品の売買契約は，売買契約がその当事者間で締結されたことを示すのに十分であって，強制が求められた相手方当事者によるまたはその者が授権した代理人もしくは仲立人による署名がなされた何らかの書面がない場合には，訴訟または抗弁の手段によって強制することはできない．合意された条項に書き落としていたり，不正確に記載していることを理由として，書面が不十分であるとされることはないが，当該の書面に記載された物品の数量を超えて，その契約が本条により強制されることはない．

(2) 商人間では，もし契約を追認する書面であって発信人に対し義務づけるのに十分なものであるものが受理され，それを受理した当事者がその内容を知るべき理由があるならば，その書面は，当該の当事者に対しては(1)項の要件を満たしている．ただし，その内容に対する異議を申し立てる通知書が，それを受理した後10日以内に与えられる場合は，その限りではない．

(3) (1)項の要件を満たす契約ではないが，その他の点で有効であるならば，以下の違反の場合には，それを強制することができる．

　(a) 物品が買主のために特別に製造され，売主の営業の通常の過程において，他の者に販売するのには適しておらず，かつ，売主が解約の通知を受理する前に，当該の物品が買主のためのものであることを合理的に示す情況のもとで，その物品の製造を実質的に開始したか，またはその資材を購入してしまった場合；または

　(b) 強制が求められた相手方当事者が，その者の弁論，証言，その他の裁判所の手続において，売買契約がなされたことを認める場合，但し，その契約は，自認された物品の数量を超えて本条文により強制されることはない；または

　(c) 支払が既になされて受領された物品，または受理され，かつ，受領された物品に関する場合（第2-606条）．

---

(1) 現在では，全州がUCCを採択しているが，この詐欺防止法の規定については，ルイジアナ州，メリーランド州，ニュー・メキシコ州の3州は留保を付している．このことは，これらの3州には大陸法の影響が残っていることを示している．

(4) 本条により強制できる契約は，その締結後 1 年以内，またはその他の期間内にそれを履行することができないというだけの理由で，強制できないものとはならない．

§5.12 この規定はイギリスの詐欺防止法（Statute of Frauds, 29 Car. c. 3 [1677]）に由来するものである．口頭の約束を強制することを求められる場合，陪審による裁判では，しばしば当事者が陪審を騙そうとすることがあり，裁判の出発点として，約束があったと推定せしめる何らかの根拠が存在することを要求するようになった．5,000 ドル以下の取引については，連邦の消費者保護法[2]の適用があり，州法である UCC は，§2-201 条の適用を免除している．ただし，消費者保護法の適用のある契約の多くは規制契約であり，書面の作成を要求しているので，たいていは本条の要件が当然に満たされている．2003 年改正以前の UCC を採択した州法では，「本条により強制できる契約は，その締結後 1 年以内またはその他の期間内にそれを履行することができないというだけの理由で，強制できないものとはならない．」という(4)項の規定が置かれているが，実務上，大きな意味をもつものではない[3]．

§5.2　UCC §2-201 に関する指導的判例

§5.21　PMC Corporation v. Houston Wire & Cable Co., 147 N.H. 685, 797 A.2d 125（2002）は，統一商事法典第 2-201 条の「数量」の要件は確定する方法が書面に示されていれば満たされると判示した[4]．この事件の原告

---

(2) Truth-in-Lending Act 1968 に始まる一連の連邦法（15 U.S.C. §§1601 et seq.）であるが，これらの連邦法（Consumer Credit Protection Act）については，第 16 章 §16.41 で説明する．この法律は，厳格な様式の書面を要求している．

(3) この規定は，イギリスの Statute of Frauds, 29 Car. C. 3（1677）を継受したものであるが，Smith v. Westall, 1 Lord Raymond 317（1697）でホールト（Holt）裁判官が「1 年以上経ってから契約の存在を証人に証言させても，その証言は信頼できない」と判示し，イギリスでは，契約履行が 1 年以上経った後になされる契約は不確実な契約として排除された．

PMC は，熱伝導線・ケーブルの製造会社であり，被告はその製品の卸売商である．

1990年前後から両者の関係は極めて良好であり，1994年には，製造者側は被告の技術的なサービスの面（技術者の教育，買主の名前での設置などを含む）で支援し，他方，被告は原告から原則として排他的に製品を買う，という一般的な合意ができた．原告は，年間買取目標額（80万ドル）を設定し，被告はその目標を実現する努力をするという趣旨の案を提示した．この書面を作成すれば，銀行の原告に対する評価が高まるというので，被告はその合意書を作成した．その書面には，letter of intent という表題が付けられている．

1995年から被告の購入額はむしろ減っていった．原告が事情を調べたところ，被告は第三者から製品を購入していることが分かった．そこで，合意の違反があったことを理由に，被告の在庫および関連期間中の取引額を損害として，賠償を請求した．これに対し，被告は，当該の合意書には「数量」が書かれておらず，UCC §2-201 の要件を満たしていないから強制できないと抗弁した．ニュー・ハンプシャー州の最高裁判所は，被告の全取引額から，被告が第三者から購入することを正当化できる取引額を差し引くという計算式が示されているので，UCC §2-201 の要件は満たされていると判決した．

§5.22　Victoria Lockwood v. Bob Smigel, 18 Cal.App.3d 800, 96 Cal. Rptr. 289 (1971) は，口頭の契約であっても，一部の弁済がなされておれば，UCC §2-201 条により契約の強制が拒絶されることはないと判決した．この事件では，自動車の売買契約が有効に成立しているかどうかが争点となっている．この事件の原告は，1万1千4百ドルで自動車を購入した買主であるが，100ドルを手付として現金で支払い，売主は後にその自動車を引渡す

---

(4) UCC §2-201 の「書面」の要件は，当事者の特定と契約の数量の確定が書面で出来れば満たされる．例えば，電話の注文がメモに残されていて，その2点が記載されていればよい．ちなみに，継続契約では「数量」が明記されていなくても UCC §2-201 の要件は満たされる．Gestetner Corp. v. Case Equipment Co., 815 F. 2d 806 (1st Cir. 1987)

第 5 章　詐欺防止法と口頭証拠の法理

約束になっていた．しかし，売主は，同じ自動車を第三者に転売してしまった．UCC §2-201 条は，契約の強制を求めるために取引を証する「何らかの書面」を提出することを要求している．本件の契約は，口頭で結ばれており，そのような書面は存在しなかった．

　第一審は，ロス・アンジェルス市裁判所が審理に当たり，本件の契約は有効に成立していないと判決した．買主は上訴し，この上訴を特別に認めたキャリフォーニア州上訴裁判所は，その判決を破棄・差戻した．判決は，イギリスの詐欺防止法を参考にし，それに基いて制定された UCC §2-201 条は現実には存在しない契約を間違って強制することのないようにすることを目的とした条文であると解釈した．この事件では，UCC §2-201 条(3)項(c)号により，「契約代金の支払いがすでになされている場合（一部弁済を含む）には」口頭の契約も強制できるというルールを採用している．

　§5.23　Riegel Fiber Corp. v. Anderson Gin Co., 512 F. 2d 784 (5th Cir. 1975) は，先物商品取引に関する判決である．この事件では，「書面」の要件が免除された．第 1 に，UCC §201(2) は，「商人間」の取引では，一方当事者が口頭でなされた契約を追認する書面を作成し，相手方当事者に送付した場合，10 日以内に異議申立がなされないならば，口頭の契約は有効に成立したものとされる．第 2 に，先物契約では，取引の数量の記載がなくても，UCC §2-201(3) により，取引慣行のため強制力が認められる場合がある．

　§5.24　コモン・ロー上の禁反言の原則が，詐欺防止法の要件を回避する法理として使われた事例がある．UCC はコモン・ローを尊重しており，§2-201 は明示的にこの原則を排除していないから，たとえ §2-201 の「書面」の要件が満たされていない場合であっても，約束を信頼して契約履行の準備が完了しているようなときは，契約は成立していないとする判決がそれである．例えば　Warder & Lee Elevator v. Britten, 274 N.W.2d 339 (Iowa 1979) では，詐欺防止法と約束による禁反言 (promissory estoppel) の関係が論じられている．この事件は，契約の履行を求める請求に対する抗弁と関連して，詳しく説明しているので（§10.12），これと関連して第 10 章で「約束による禁反言 (promissory estoppels)」の法理の使い方を説明する．

§5.3　口頭証拠・外部証拠

§5.31　§3.17で述べたように，日本の契約でも通常は何らかの書面を作成すると思われる．しかし，その書面の証拠としての使い方に日米間の相違が見られる．それと関連してUCC §2-202は，口頭証拠・外部証拠について次のように規定する．

第2-202条（記録の中の最終的表現；口頭証拠または外部証拠）
(1) 両当事者の意思確認の覚書により合意された条項，および，当該文書に含まれるものと他の方法によって規定し，両当事者の合意の最終的表現とする意図が書面に書かれた条項は，先行する合意の証拠または同時になされた口頭の合意によって，否認することはできないが，次の証拠により補足することはできる．
　(a) 履行の過程，取引交渉の過程，または取引慣例（第1-303条），および
　(b) 裁判所が，当該書面を完全で，かつ排他的に，合意の条項を説明する書面として作成することを意図したと認ない限りで，矛盾のない追加条項．
(2) 使われている文言が曖昧であるという裁判所による予備的な決定なしに，記録の条項は，履行の過程，取引交渉の過程，または取引慣例によって，説明され得る．

§5.32（最良証拠法則と口頭証拠）　上に引用した規定が意味することは，契約の内容が契約書に明記されていない場合には，第1に，「履行の過程，取引交渉の過程，または取引慣例」を参考にして内容を確定するということである．第2に，もしそれを参考にしても確定できない場合には，証人を喚問して口頭の証拠を参考にすることになる．ひるがえって<u>最良証拠（正式の契約書）</u>がある場合には，この書面に当事者の意思がすべて表現されていると擬制されるので，それ以外の証拠はすべて排除される．これを2つの教材事例に当て嵌めるならば，どのような結論になるか．具体的に検討しよう．（口頭証拠の法理について，後述［参考コラム］参照）

§5.4 正式契約書（賃貸借契約）の締結式の意味
―― ［教材事例1］の分析検討

§5.41 東京高等裁判所平成20年1月31日判決［教材事例1］は，すでに§3.31で説明した住友不動産とフィデリティ証券との間で争われた事件である．この事件において，正式契約書の締結式が予定されていたことの意味について，改めて考えてみよう．フィデリティ証券が日本に進出するに当たり，赤坂の一等地のビルの14階および15階を賃貸借する目的で，両者の間で交渉が進められた．その結果，賃借条件検討申込書，貸室申込書，賃貸人側の承諾書などが作成された．ほとんどすべての検討が終わり，賃貸借契約書を調印するところまで到達していた．この段階でフィデリティ証券の会長が来日し，同会長は現場を見て，直ちにその交渉を破棄した．住友不動産側は，賃貸借契約はすでに成立しており，契約金の支払を求める訴訟を起こした．フィデリティ証券側は，契約は成立していないと主張し，支払を拒絶した．東京高等裁判所は，契約の成立を認めなかったが，住友不動産側は14階および15階を賃借人募集対象からはずすなどの措置をとっており，信義則上，賃貸借契約を締結する強い期待があったと判示した．フィデリティ証券は，正当な理由なくこの信義則上の注意義務に違反したので，「契約締結上の過失」が認められると判決した[5]．

§5.42 ［教材事例1］の判決において注目すべき部分は，両当事者が最終的契約書の締結（書名）を予定していたが，これが行われなかったということである．この事実は，最終的意思の確認がなされておらず，正式の契約はまだ締結されていないことを意味する．もしこの事件が，日本人の業者間

---

(5) 東京高等裁判所は，損害賠償として約1億円余りの支払を被告に命じたが，これは新しい賃貸借契約が締結されるまで得ることのできなかった賃料分であり，期待利益（⇒第25章§25.12）を保護したものと思われる．ちなみに，この損害額の算定は，契約が締結されると期待したことに基づいて計算されており，契約が成立していないのになぜ賃料の支払いがなされなければならないか，という疑問に答えていない．

で起きていたならば，判決は同じになっただろうか．

　正式契約書は，当事者の意思がすべてこれに凝縮されていると理解されるので，当事者の意思を証明する最良証拠であり，アメリカ人の常識からすれば，これが作成されるまでは，契約は成立していないと考えられる．したがって，署名がなされる時点までは，当事者は，これまでの交渉にもかかわらず，契約を締結しない自由をもつと考える．§5.31の外部証拠（とくに口頭証拠）を裁判で問題にする余地のない事件である．

§5.5　契約の内容を証明する証拠──［教材事例２］の分析検討

　§5.51　徳島地方裁判所昭和44年12月16日判決［教材事例２］は第22章で取り上げる「委任契約」の事例である．ここでは，委任契約の内容には深く立ち入らず，(1)どのような契約が成立しているか，(2)その契約はどのように強制されるか，の２点を論点をしぼることにしたい．その事件は，徳島市に住所をもつ会社が，ニューヨーク州の弁護士に契約の作成および相手方との交渉を委任した．その際，弁護士報酬は１時間50ドル，約50時間の仕事であると見積もり，仕事の終了後に2,500ドル，プラス立替実費が支払われることになった．同弁護士は，1964年10月14日に書簡によって2,155.52ドル（500ドルを好意で割引いている）を請求した．被告会社はその支払いをしなかったので，アメリカの弁護士は1968年８月１日に本件訴訟を提起した．これに対し，被告側は，1,200ドルの支払いが既になされており，その支払いによって債務は完済された，また，たとえ債務が残っているとしても，短期消滅時効によりその支払義務は消滅していると主張した．

　§5.52　徳島地方裁判所は，原告と被告との契約についていかなる書面も残されていないことから，被告が1,200ドルを支払ったとする主張は認めなかった．ニューヨーク州弁護士の報酬請求については，当時の弁護士報酬基準が１時間50ドルであったことを確認し，実際に49.5時間働いたことを示す事務所の記録を信頼し，原告の請求額に６％の利息（ニューヨーク州法）を加算した金額の債務を認定した[1]．消滅時効については，委任はニュー

第 5 章　詐欺防止法と口頭証拠の法理

ヨークで行われており，本件契約の準拠法はニューヨーク州法であり，時効についてそれ以外の法律を準拠法とする理由はないと判決し，6 年の時効期間はまだ渡過していないと結論した．日本法例 30 条（法の適用に関する通則法第 42 条）の「公序」により，ニューヨーク州法を適用すべきでないとする被告の主張も，容認しなかった．

§5.53　もしこの事件がニューヨーク州の裁判所で争われていたならば，実質的な審理に入ることなく，略式の手続で事件が却下されたものと思われる．アメリカ人弁護士の報酬請求は，普通の弁護士慣行に従っているからである．本件では，契約書が作成されておらず，UCC §2-202 条(1)(b)に従って「履行の過程，取引交渉の過程，または取引慣行」を参考にされることになる．アメリカでは，成功報酬契約が結ばれることもあるが，一般的には，依頼人のためにかかったリーガル・サービスの時間の基づいて報酬が算定される．

[ディスカッションの論点]

1　口頭証拠の原則は，日本法では確立されたルールとはなっておらず，この原則が適用される事例では，アメリカ法と日本法との間に相違が生じる．それぞれの長所・短所を論ぜよ．

2　日本においても，弁護士が委任を受けるときは，委任の範囲や弁護士報酬を説明する義務がある．東京地方裁判所平成 2 年 3 月 2 日判決，判例時報 1364 号 60 頁参照．アメリカ人弁護士は，徳島県の依頼人に対し，委任の範囲や弁護士報酬について，どのような形で説明すべきであったか，日米双方の立場に立って議論しなさい．

　　［参考コラム］
　　・UCC §2-201 に関する補足説明
　　　1　UCC §2-201 は「ソフトウェア（知的財産権）にも適用がある．Advent Systems v. Unisys, 925 F.2d 670 (3rd Cir. 1991).
　　　2　(4)項は 2003 年の改正のときに追加された規定であるが，旧法のもとでは各州の法律の出訴期限が異なっていたため，争いが生じたので，これに対する手当を規定したものである．公式コ

メントは，C.R. Klewin, Inc. v. Flagship Properties, Inc., 600 A.2d 772 (Conn. 1991) を例として紹介しているが，この事件では「1年」の除斥期限が問題になっている．ちなみに，本条はStatute of Frauds, 29 Car. c. 3 (1677)［イギリス法］に由来するものであり，「1年」はイギリス法の要件である．

　3　UCC§2-201関連判例．E-mailと書面の要件の関係：詐欺防止法の「何らかの書面」にはe-mailの交渉を含まない．

　4　詐欺防止法の「何らかの書面」にはe-mailの交渉を含まない．Cliff Dumas v. Infinity Broadcasting Corp., 416 F.3d 671 (7th Cir. 2004), General Trading International, Inc. v. Wal-Mart Stores, Inc., 320 F.3d 831 (8th Cir. 2003)

- **ニュー・ヨーク州**　アメリカ合衆国の最大の都市である．世界の金融・経済の中心都市であり，国際連合本部がここにある．古くから世界の貿易の中心地であり，マンハッタンやウォール・ストリートは，金融機関が立ち並び，多くの弁護士がここで活躍している．ニュー・ヨーク仲裁法はもちろんのこと，ニュー・ヨーク法はとくに西部の諸州のモデルとなっている．

- **口頭証拠の法理**　Federal Dep. Ins. Corp. v. W.P.R. Grace & Co., 877 F.2d 614 (7th Cir. 1989) において，ポズナー裁判官は，the older view, sometimes called the "four corners" rule, which excludes extrinsic evidence, if the contract is clear "on its face" is not ridiculous と述べて，口頭証拠の法理の存在理由を説明している．主たる理由は，コモン・ロー裁判所が契約の事件に関わりたくないと考えていたこと，書面審理だけに限定すれば比較的簡略に処理できることである．書面そのものに曖昧なことばがあれば，そのことばの意味を明らかにするため，情況証拠の審理が行われるが，客観的証拠による立証責任を，通常の意味でない読み方を主張する当事者が負う．しかし，口頭証拠の法理には本質的な欠陥があり，この欠陥をトレイナー裁判官は次のように説明している．Some courts have expressed the opinion that contractual obligations are created by the mere use of certain words, whether or not there was any intention to incur such obligations. Under this view, contractual obligations flow, not from the intention of the parties, but from the fact that they used certain magic words. Evidence of the parties' intention therefore becomes irrelevant. Pacific Gas & Elec. Co. v. G.W. Thomas Drayage & Rigging Co., 69 Cal.2d 33, 442 P.2d 641 (1968).

第 6 章

追加条項の効力

［教材事例］
1 東京高等裁判所昭和 41 年 4 月 18 日判決，最高裁判所民事判例集 24 巻 13 号 2223 頁，判例時報 454 号 55 頁（**保険約款の「海賊」「襲撃」条項**）
2 東京地方裁判所平成 9 年 3 月 19 日判決，判例タイムズ 961 号 204 頁（**ハワイ州ブランド商品代理店契約**）
3 大阪高等裁判所平成 20 年 11 月 28 日判決，判例時報 2052 号 93 頁，京都地方裁判所平成 20 年 4 月 30 日判決（**定額補修分担金返還請求事件**）

［講義概要］ 契約交渉のプロセスでいろいろな交渉がなされるが，最終的な契約書が作成されていない場合，両当事者の合意の内容がはっきり確定することができないことがある．手紙だけのやりとりで交渉が進められる場合でも，契約の「申込」と相手方の「承諾」との間に齟齬（そご）が見られることがあり，契約の効力が争われる．附合契約に印刷された文字の上に両当事者の合意の元書き込まれた文字は，どのような効力をもつか．これらの場合に，当事者の意思の確定の仕方を本章では講義する．

§6.1 「様式戦争（battle of the forms）」

§6.11 UCC §2-206 は，契約締結時における「申込と承諾」を規定する．この規定の解釈として，もし承諾書に申込と牴触する文言が含まれていれば，新しい追加条項と見なされる．この追加条項について，UCC §2-207 は次のように規定している．ちなみに，本章で扱う「追加条項の効力」の問題は

アメリカ契約法

アメリカ法の問題（例えば，UCC§2-206）であって，日本法の問題ではない．アメリカでこのような論理の立て方がなされるのは，契約の成立についての考え方が違うためであろう．日本の教科書では，「追加条項」だけを別個なキーワードとは扱わないので，オンライン・データベースを使って「追加条項」の検索をしたところ，［教材事例1］および［教材事例2］が見つかった．これら2つの事件はアメリカ法で示される事例とは大きく異なるが，契約についての理解の違いを示す意味で，参考になる判例であると思う．この違いについては，オンライン・データベースを使って「追加条項」という項目の判例を調べ出した［教材事例1］および［教材事例2］と関連して比較検討する．

§6.12　上記のUCC§2-206は，2011年に廃棄され，次のような規定に書き換えられた．

第2-207条（承諾または追認の中の追加条項）

(1) 明瞭かつ時宜にかなった承諾の表現または合理的期間内に送付された追認は，たとえその書面に申込みまたは合意された条項に追加する条項，またはそれと異なる条項が記載されていても，承諾として効力を有する．但し，その追加的または異なる条項に同意が得られることが条件であると明記して承諾がなされた場合は，この限りでない．

(2)および(3)［省略］

この改正条項は，些細な相違点を指摘して契約を不成立と主張する可能性をできるだけ排除し，契約の成立する場合を明瞭にする目的で，2つの典型的な情況を検討した結果であると思われる[1]．この事件では，カーペットの小売店が輸入業者からカーペットを購入する取引を55回行ったが，小売店が被告輸入業者の詐欺を疑い，45万ドルの損害賠償を請求する訴えを起こした．これに対し，被告輸入業者は，注文を受けるたびに送付していた

---

(1) 第1の情況は，口頭で一応の合意が成立し，その合意を確認する書面が作成されたときに，合意のなされていないことが含まれている場合である．第2の情況は，申込に対する承諾が電報や速達でなされたが，「火曜日までに発送せよ」などの新しい条件がついている場合である．

第 6 章　追加条項の効力

承諾書（acknowledgement）の中に,「紛争は仲裁により解決する」という条項が含まれていたことから,仲裁を申し立てた. 第 1 審の陪審は原告の請求を認める評決を下したが,第 6 連邦上訴裁判所は,基礎となる契約がいずれも電話による口頭契約であり,「仲裁条項」の合意があったか否かは不明瞭であり,この点についての審理がなされるべきであると判示して,事件を差し戻した. Dorton v. Collins & Aikman Corp., 453 F.2d 1161 (6th Cir. 1972)は重要な判例である. また,これと対比して批判される判決として,Roto-Lith Ltd. v. F.P. Barlett & Co., 297 F. 2d 497 (1st Cir. 1962) が,しばしば引用される. この判決は,mirror image rule または last shot doctrine を述べたものと理解されている. この事件では,ほうれん草を包むパラフィンの袋を貼るノリが低品質のものであったが,送り状に免責条項が印刷されており,免責が認められた.

§6.2　コンピュータ・ソフトウエアの契約約款

§6.21　ソフトウエアを使用するにあたり,画面上,「同意します」という欄をクリックの効果が,契約の成立の要件とされる「承諾」とみなされるかどうかを考えてみよう. クリックしなければ使用できないようになっている場合に,クラス・アクションの認定の前提条件として,仲裁条項は拘束力をもつと判決した. FARNSWORTH, CONTRACTS (2d ed. 2000) [2006 年に市販されている版は 4 版（2004 年）] の契約理論を参照し,ソフトウエアの click-wrap, shrink-wrap, および browse-wrap の合意の効力を検討している. もし争われる条項が免責条項であったならば,「承諾」ではないと判示される可能性が高い[2].

---

(2) Hill v. Gateway 2000, 105 F. 3d 1147 (7th Cir. 1997) では,コンピュータ・ソフトウエアを使い始める前に「同意」を強制的に求めるシステムは,契約を成立させる効果をもつかどうかが問題になっている. この事件はクラス・アクションであり,「仲裁条項」§23.23 が争点となっている. Mitchell Nissan, Inc. v. Foster, 775 So.2d 138 (Ala. 2000) では,トランスミッションに欠陥のある中古自動車を買わされた原告が,ディラーを相手に訴えたところ,被告ディ

§6.22　コンピュータ上の「無選択権承諾」契約の効力などに関する判例を読んでみよう．第1に，Step-Saver Data Systems, Inc. v. Wyse Technology, 939 F.2d 91（3rd Cir. 1991）を取り上げる．この事件の原告は，IBM ATのコンピュータに組み込まれたシステムの制作会社である．被告は，そのシステムの基礎となるターミナルおよびソフトウェアを提供した会社である．そのシステムに不具合があり，客（主に法律事務所と病院）から訴えられる始末で，これに応じて技術的に解決できなかったため，責任をだれがとるべきかについて仲間の間で訴訟が起きた．ソフトウェアに同梱されていた書面だけでは，黙示的保証の内容を決定できないと判示した．

§6.23　もう1つ Klocek v. Gateway, Inc., 104 F.Supp. 2d 1332（D. Kan. 2000）を読むことにしよう．この事件では，商品（コンピュータ）の梱包箱の中に入れられていた説明書の最初の頁に「標準契約約款によることに同意したものとみなします．」という趣旨のことが印刷されており，個人買主が売主を相手に訴訟を起こした場合，その標準契約約款は有効かどうかが争われている．部分的にその効力を否定したが，仲裁条項の効力に関する評決を求めて，審理を進めることを判決した．

§6.3　保険契約約款の個別条項の修正——［教材事例1］の分析検討

§6.31　オンライン・データベースが見つけ出した最初の事件は，東京高等裁判所昭和41年4月18日判決［教材事例1］である．［教材事例1］は，ビルマ国法人と保険会社（日本法人）の間で船舶海上保険契約が締結され，その免責条項の解釈が争われた事件である．この契約を締結するにあたり，免責条項中に含まれていた「海賊ニ依ル場合ハ之ヲ除ク」という文言が二重線を引いて抹消された．この約款により傭船された船舶が，凶器を所持した約30人のビルマ人浮浪者の衝撃を受け，放火沈没せしめられた．そこで保

ラーは仲裁の申立てをした．原告買主は，文盲で契約書を読めないので，「仲裁条項」に同意するはずがないと訴えたが，裁判所は，連邦仲裁法が仲裁による紛争解決を奨励しているとして，原告の訴えを認めなかった．

険金の支払請求がなされたのであるが，保険会社は，免責を主張した．東京地方裁判所は，被告保険会社の主張を認めたが，東京高等裁判所は原判決を取り消した．「この種の契約はいわゆる附合契約（contrat d'adhésion）[3]と称せられ，普通保険契約約款は，この場合，概括的同意があると解する余地はあるが」，主務大臣が一般公衆を守るために認可したものであるから，変更することができない，という．

§6.32 最高裁判所昭和38年2月26日判決，判例タイムズ144号42頁は，電信為替取引の普通契約約款の解釈に関する一連の判決のうちの1つである．この事件では，契約約款に「……相当ノ保証人ヲタテザルトキハ被仕向店ハ委託金ノ支払ヲ拒絶スルコトアルベシ」という文言があったため，指定受取人に支払を拒絶した．しかし，この条項だけで支払義務を否定する根拠にならない，と判決した．

§6.33 ついでに，東京地方裁判所平成7年3月17日判決，判例時報1569号83頁も見ておこう．この事件は，定期契約された貨物船が事故により沈没した場合に，誰が損失のリスクを負うかが争われた事件である．この事件の事実関係は複雑であるが，普通余り意識せずに使っていた船荷証券に「東京地方裁判所に裁判管轄を認める規定」が含まれていたことから，同裁判所の国際裁判管轄権を承認した．これでこの事件は一件落着したのであるが，日本の裁判所が使う論理の中には，UCC§2-206の論理に類似するものはないように思われる．大阪高等裁判所平成21年9月11日判決や名古屋地方裁判所平成19年12月25日判決においても，追加条項の解釈が問題になっているが，それを時系列的に並べて切り離すことはせず，全体の契約の矛盾のない解釈を求めているように思われる[4]．

---

(3) adhesion contract という用語は，リレイユ（仏）の contrat adhésion に由来する．アメリカ法上の効力について，後述，本章参考コラム参照．
(4) 大阪高等裁判所平成21年9月11日判決，判例時報2070号141頁は，生産物責任保険の保険約款の「瑕疵」ということばの解釈と関連して，「仕事の瑕疵」は含まれないとした．名古屋地方裁判所平成19年12月25日判決，金融・商事判例1300号42頁は，設計図書に誤りがあった事件である．

§6.4 正式契約の締結に向けた準備段階で出された要求の効力
—— ［教材事例2］の分析検討

§6.41 オンライン・データベースが見つけ出した第2の事件は，東京地方裁判所平成9年3月19日判決［教材事例2］である．この事件は，ハワイ州の衣料品・化粧品の製造販売会社が，そのブランド・ネームを使って日本で大規模の販売活動を展開しようとした事件である．日本の販売店が非常に熱心で，「販売総代理店契約」を結ぶ目的で，とりあえず「基本契約」を締結した[5]．この基本契約に基づいて，有楽町の西部百貨店および阪急百貨店でバーゲンを準備したり，いくつかの企画を実行した．しかし，ハワイの販売店側には十分に説明がなされていなかったようで，日本の販売店の要望に応える対応ができなかった．ハワイの販売店には，日本側の要求は「基本契約」の枠外にある追加の契約条件と見えたものと思われる．

§6.42 この食い違いは後に訴訟へと発展した．訴訟において争われているのは，主に「契約締結上の過失」[6]の問題と「信義誠実義務」違反である．「基本契約」には準拠法についての規定があり，準拠法はハワイ法であると規定されていた．後に説明するように，「契約締結上の過失」の法理は，アメリカ法では一般的には否定されており，争点は主に「信義誠実義務」違反に置かれた．この争いについては，信義誠実に関する章で詳細に検討することにしたい[7]．

§6.43 ここでは，準拠法の問題だけに言及しておきたい．本件判決は，「前記のとおり，本件前払金は，本件基本合意書及び本件契約書案において

---

(5) 2001年から2005年までの5年間に合計460万ドルの取引が予定されていた．1年目は30万ドル，2年目は40万ドル，3年目は50万ドル，4年目は120万ドル，5年目も120万ドルとなっている．総額220万ドルが最初の3年間の最低購入額として義務づけられる．
(6) 「契約締結上の過失」については，本書136頁§12.32で改めて議論する．
(7) 本書第12章，とくに§12.3および［参考コラム］参照．

定められた本件基本合意書及び本件契約書案の付随的な内容とみるべきものであるから，本件返還合意及び保証契約の準拠法は，アメリカ合衆国ハワイ州の法律となるものというべきであり，同州の裁判所において審理することが最も合理的である．」と結論した．また，被告は日本に住所をもっておらず，「応訴することを被告らに強いることは，当事者間の公平，裁判の適正・迅速を期するという理念に反するものというべきであり」，「国際社会における裁判機能の分配の観点からみても」，「我が国の国際裁判管轄を否定すべき特段の事情があると認めるのが相当である．」とも判示している．このような理由により，東京地方裁判所は，事件を却下した．

§6.44　［教材事例2］は事件を却下したため，原告日本企業は，東京地方裁判所で訴訟を起こすことができなかったので，改めてアメリカ合衆国ハワイ州の裁判所に提訴しなければならない．そこで，同日本企業は，ハワイ州でどのように裁判を進めるか検討することが必要になる．第1に，第5章で学んだように，UCC §2-201は取引の存在を示す「何らかの書面」の存在を示さなければならないが，本件の場合，その書面は「基本合意書」である．しかし，これは，上記判決の中で説明されているように，レター・オブ・インテントと呼ばれるもの[8]であって，審理を進めていく過程において，両当事者の契約意思認定してもらわなければならない．これをするに当たり，UCC §2-202が定める「口頭証拠・外部証拠」の原則に従うことになる．

---

[8] letter of understanding しか memorandum agreement とも呼ばれる．この文書は，将来，そこに記載された内容の契約を締結することを約束した覚え書きであって，信義誠実にその目的に向かって努力する責務を負わせる効果はあるが，契約としての拘束力は持たない．これについて，詳しくは，則定隆明『契約成立とレター・オブ・インテント』（東京布井出版，1991年）を見よ．note もほぼ同義．

§6.5 不公正契約条項の効力（比較法的考察）
―― ［教材事例3］の分析検討

§6.51 アメリカ法で「追加条項の効力」の問題として論じられている事例は，日本では「不公正契約条項の効力」として議論されている事例である．この議論は，フランス法の影響を受けていると思われるが，本章で取り上げた諸判例で問題になった契約は，「附合契約」とよばれ，不公正な契約条項は無効とされる．その理由は，必ずしも明瞭ではないが，権利濫用の理論が関係しているように思われる[9]．例えば，京都地方裁判所平成20年4月30日判決［**教材事例3**］では，マンションの賃貸借契約の更改時に家主が「定額補修分担金」と「更新料」を自動的に取り立てた．賃貸借契約書には，室内の改装を行うための費用の分担金であることが説明されていた．借家人は，通常損耗の補償費までも借家人に負担させられることになるので，その契約条項は不公正であり，無効であると争った．京都地方裁判所は，消費者契約法第10条に該当すると判示し，「定額補修分担金」契約は無効であると判決した．

§6.52 不公正契約条項は，同じようにコモン・ローの国であるイギリス法でも，無効とされるが，アメリカ法では「不公正契約」という用語は使われていない[10]．アメリカ契約法では，本書第10章で取り上げる「非良心性（unconsionability）」という概念がそれに近いが，手続的視点から見て不公正であるという意味であり，イギリス民法や日本民法にいう「不公正契約」とは多少異なるニュアンスがある．本章で取り上げた諸事件の多くがいわゆる「附合契約」に関するものであることから，［**教材事例3**］もここで言及

---

(9) 英米法では権利濫用の理論はない．H.C. Gutteridge, *Abuse of Rights*（1933-35），5 C.L.J. 22 参照．

(10) 本書第26章で説明する．連邦法による契約のコントロールの用語として使われることがある．しかし，§26.21で説明するように，不公正な取引方法に関連する観念であり，多少異なる次元の問題である．

したが,「不公正契約」の問題は追加条項だけに関係する問題ではない. ちなみに, 1993年4月5日にヨーロッパ共同体 (ヨーロッパ連合) は,「消費者契約における不公正条項に関する指令 (Council Directive on unfair terms in consumer contracts)」を制定した. そこで整理されている「消費者保護」の視点から, 改めて検討されるべき問題である. ところで, [教材事例3] において, 大阪高等裁判所は,「本件補修分担金相当額は, 賃借人が本来負担しなくてもよい通常損耗部分の原状回復の負担を強いるものといわざるをえず, 民法の任意規定に比して消費者の義務を加重する特約」であると判決した(11).

[ディスカッションの論点]

1 [教材事例1] において, 保険契約約款の「海賊」「襲撃」等に関する条項が削除されていた場合, 東京高等裁判所は, その約款は公的な審査を経たものであり, 当事者の意思で変更できないと判示しているように思われる. この考え方は, 契約法一般の問題として, どの程度まで適用できると考えられるか.

2 東京高等裁判所は, 保険契約約款は契約ではなく, 広義の法律であると判示したものと理解してよいか. 労働組合が締結する労働協約は, 個人の労働者との雇用契約を制約するものであるとすれば, 法律上, 同種のものと理解すべきか.

3 [教材事例2] について, 日本の業者の側に同情すべき点が多々見られるが, 外国法についての無知もさらけ出しているように思われる. ハワイの業者は, 東京見物をすることは「不誠実」であるといえるか. また, 招待者以外の企業と接触をもったことは信義則違反か. 新作の発表会に遅刻したことは, 基本契約の効力に影響を与えるか.

---

(11) 同裁判所は, さらに「同特約は, 民法1条2項に規定する基本原則に反して消費者の利益を一方的に害する」ともいう. この民法1条2項は「信義誠実」の原則を定めた規定である

アメリカ契約法

> [参考コラム]
>
> - **標準契約における不公正条項の効力**
>   毎日多数の契約を扱う企業は，その契約を定型化し，単純なフォームに若干の文字を記載するだけで，処理できるように工夫した．鉄道の旅客運送契約では，切符を買うためにボタンを押すだけで，契約できるようにした．そして，契約についてトラブルが生じたときには，別途用意された標準契約（standard contract; adhesion contract）によって解決が図られるようになった．このような仕組みは，客（消費者）にとっても便利であり，コストや時間の節約にもなり，その意味で利益を得ることになる．しかし，その標準契約は，企業の側で一方的に作成されるため，客（消費者）は，それを選択するか，しないか，いずれかの選択権しか与えられていない．このような条項の効力について，次のようなルールがある．
>   (1) 一方当事者が用意した契約であり，客（消費者）の側で不同意の意思表示がある場合には，企業側は同意が得られたことを証明する必要がある．例えば，印刷された契約書の文言が手書きで訂正されている場合．
>   (2) 特に消費者取引においては，厳格な縮小解釈が原則．例えば，
>   (3) 標準契約が，保険，労働協約，電気ガス等の公共契約，傭船契約などについては，時間をかけて利害調整がなされているので，一般的に法規に類似した扱いになる．
> - **ハワイ州**　太平洋上のいくつかの島々からなるポロネシア人の（カメハメハ王が作った）王国であったが，1900年にアメリカ合衆国の準州となった．さらに，1959年に50番目の州となった．産業は観光業が中心であるが，日本との関係の強い州である．白人の居住者の数は少なく，古い慣習法が残っており，ハワイ州法は他の州とは異なる特徴を持っている．とくに土地法や労働法などの領域については，アメリカ法の一般的な理解からハワイ法を推測することは危険である．

第 7 章

契約条件と明示的保証

［教材事例］
1 最高裁判所（2小）平成17年9月16日判決，判例時報1912号8頁，判例タイムズ1192号256頁；東京高等裁判所平成18年8月30日判決 **（防火戸の電源スイッチが切られた状態でマンションの引渡が行われた事例）**
2 大阪地方裁判所平成20年6月25日判決，判例時報2024号48頁，判例タイムズ1287号192頁**（超高層マンションの高層階の専有部分の購入者が「眺望が悪くなった」ことを理由に損害賠償を求めた事例）**
3 最高裁判所平成17年12月16日判決，最高裁判所裁判集218号8頁，判例時報1921号61頁**（賃貸借契約の定額補修分担金特約は不公正で違法な契約条項である）**
4 東京地方裁判所平成7年3月17日判決，判例時報1569号83頁**（鉄鉱石の運送契約中の demise clause の解釈）**

［講義概要］ 基本契約と付随して条件が付されることが通常である．国際売買契約ではインコタームが使われるが，これは契約条件の1つである．また，交渉の過程で契約者が明示的に約束し，一定のことを保証したとされる場合がある．この明示の保証（express warranty）も，契約の条件である．保証（warranty）は条件（condition）とは異なる．この2つの場合について説明する．契約書に記載された契約条項は，規制を受けることがあるが，規制違反の契約条項は，契約それ自体を無効にする効果は，かならずしも生じるとは限らない．

69

§7.1 契約の条件

§7.11 契約条件は契約の内容を構成するものであり,その違反があれば「債務不履行」となる[1].自動車の新車展示場で1つの自動車にふれながら売買契約がまとまったと仮定しよう.売主が定型の契約書を使って,代金の欄に3,000ドル,車種の欄に57-Jモデルと記載したとしよう.買主は展示場で見ていた57-Vモデルで契約したと信じており,新車(57-Jモデル)を受け取ったときに,契約違反を主張して受領を拒否したとしよう.この拒否は許されるであろうか.アメリカ法では許されない.

§7.12 アメリカの古い判例は,Chandelor v. Lopus, Cro.Jac. 4, 1 Rolle Rep. 5, 5 Dyer 75a. 79 Eng. Rep. 3 (1625)[2]にならって「買主に注意させよ(caveat emptor)」の原則を採用していた.例えば,Seixas v. Woods, 2 Caines 48 (1804)[3]では,木材の商人が高級木材の広告を出し,これを見て契約をした買主が売買契約を締結したが,実際に引き渡された商品は粗悪なものであり,契約違反を訴えたが,買主は敗訴した.しかし,最近では,一方で,次章で説明する「黙示的保証」の法理により,他方,非良心性(unconscionability)の法理により,買主を救済するようになっている.非良

---

(1) 約束の内容が守られなかったことを意味するが,その内容は約束毎に異なるのであるため,当事者主義の原則に任されている.但し,RESTATEMENT, SECOND, CONTRACT §224C はもう少し広く定義している.条件とは,「起こるかどうか分からない出来事で,契約の履行が満期となる前に,起こらなくてもよいと合意されない限り,起こらなければならないこと」を意味する.
(2) この事件は漢方薬(牛黄)の売買契約の事件であるが,原告は説明された効力がないことを理由に訴えた.ちなみに,ハーバード・ロー・レビューの研究ノート(*Note*, 8 Harv. L. Rev. 282-4 [1894])では,幸運の石の売買(第二の事件)を紹介しているが,この事件でも同じく詐欺が訴えられている.Caveat emptor の法理の理論的説明を試みた論文として,W.H. Hamilton, *The Ancient Maxim Caveat Emptor*, 40 YALE L.J. 1165 (1931) 参照.
(3) 高級木材の銘柄が braziletto と明示的に表示されていたならば,この事件でも原告の「債務不履行」の主張は認められたものと思われる.

第 7 章　契約条件と明示的保証

心性（unconsionability）の法理については，第10章で抗弁の1類型として説明する．

§7.2　明示の保証（express warranty）──［教材事例1］の分析検討

§7.21　東京高等裁判所平成18年8月30日判決［教材事例1］をアメリカ法の考えに従って検討しよう．この事例では，マンション新築販売が行われ，当該マンションは買主に引き渡された．買主が住み始めてからしばらくして，隣家に火災が発生し，その買主の居住部分にも火が拡がり，買主は死亡した．調査の結果，防火戸の電源スイッチが切られた状態でマンションの引渡が行われたことが死亡に至った重要な原因であることが分かった．そこで，相続人は，「電源スイッチの位置や操作方法の説明義務違反」があったと主張し，不法行為に基づく損害賠償として約2億7千6百万円余りの支払を請求した．これに対し，第1審では原告が敗訴したが，東京高等裁判所は，その判決を取り消し，瑕疵担保責任として894万5,684円の支払いを命じた[4]．アメリカ法では，注意を払うことを要求されるのは買主の側であり，このような損害賠償責任が認められる可能性はない．

§7.22　ここで保証責任というのは日本民法の瑕疵担保責任に類似した概念である[5]．UCCでは，この保証責任は，明示的保証の場合と黙示的保証の場合に分けて規定されている．まず，黙示的保証について，UCC§2-313が，明示的保証責任が生じる場合として，次の3つを規定している．
(1)　売主が買主に対してなした事実の確認または約束であって，物品に関係があり，その交渉の基礎の一部となるもの．
(2)　交渉の基礎の一部とされた物品の説明．
(3)　交渉の基礎の一部とされた物品の見本またはモデル．

---

(4) この損害額の算定については，本書第25章で検討する．
(5) 保証（warranty）は条件（condition）とは異なる．条件の違反があれば，契約は解除できるが，保証違反の場合には，契約はなお一応有効であり，その上で，損害賠償または補完が問題になる．

明示された事実（確認または約束），説明，見本またはモデルについて相互の錯誤があれば，コモン・ローの一般原則に従って無効とされる（UCC §1-103）．

§7.23　契約書には，「数量」が明示的に記載されなければならない．明示的保証の違反は，同時に不実表示（innocent misrepresentation）であり得る．また，明示の表示が「騙す」意思をもってなされた場合には，詐欺（fraud）が問題となり得る[6]．さらに，連邦法である Magnuson-Moss Warranty Act of 1975, 15 U.S.C. §§ 2301 *et seq.* (2006) の適用がある場合がある．この連邦法は，不公正取引を禁止する目的のために立法された法律であり，これについては後述 §26.22 で説明する．

§7.3　見本売買とセールストーク──［教材事例2］の分析検討

§7.31　広告やパンフレットなどでなされた表示は契約の内容とされるか．大阪地方裁判所平成20年6月20日判決［教材事例2］は，超高層マンション（難波駅近く）の高層階の専有部分の購入者が「眺望が悪くなった」ことを理由に損害賠償を求めた事例である．セールス・トークでは，「眺望の良さ」が売りであることが強調された．しかし，マンション売買契約書には，「眺望などに変化が生じる場合があること，売主（近鉄不動産）および関係者に対しなんら異議を申し立てないことなど」が記載されていた．原告買主は，眺望が悪くなった原因は被告の関連会社が別の高層ビルを建設したことにあり，説明が不十分であったと主張した．大阪地方裁判所は，原告の請求を棄却した．本件では，パンフレットなどの記述は法的効力を生むものではないと判示された．この判決は，アメリカ法の考え方と一致する．

§7.32　売主が買主に事実の確認または約束をした場合，買主がこれに信頼を置いて契約を結んだ場合には，それに適合することの明示的保証を生

---

[6] これについては，Restatement, Second, Torts §§ 525, 526, 552C (1977) 参照．

む．物品の説明がなされた場合には，その説明に適合することの明示的保証を生む（UCC §2-313）．また，見本またはモデルが使われた場合には，それに適合することの明示的保証を生む．本条の公式コメントは，買主の信頼利益を保護することは目的ではないと説明している．しばしば問題になるのは，セールス・トークである．例えば，「オードリ・ヘップバーンもこの商品を使っていました．」と説明し，契約が成立した場合，この説明はいかなる効果も生むものではない[7]．

§7.33 Royal Business Machines v. Lorraine Corp., 633 F.2d 34 (7th Cir. 1980) では，コピー機の売買契約が問題になっている．この事件で，業者は，(1)最高の機械である，(2)品質は長期のテストに合格した高級品である，(3)部品は十分に準備してあるので，トラブルには迅速に対応できる，(4)コピーの早さは他の機械とは比較にならないほど迅速である，などと説明した．これらの説明において，業者の「意見（opinion）」と思われる部分はセールス・トークであって法的効力をもたない．明示の保証として拘束力が認められるのは，経験的に実証が可能な部分である[8]．

§7.4 標準契約条項の効力──［教材事例3］の分析検討

§7.41 「契約の自由」がアメリカ法の大原則であるといっても，すべての契約書の特約が常に有効であるというわけではない[9]．しばしば契約書

---

(7) しかし，契約者がヘップバーンのファンで，このことに重要な意味があり，この点についての合意が証明できれば，契約解除の事由となり得る．JOHN HONNOLD, CASES AND MATERIALS ON THE LAW OF SALES AND SALES FINANCING (5th ed. 1984) に設例として使われた事例を引用した．

(8) Stearns v. Select Comfort Retail Corp., 2009 WL 1635931 (Cal. 2009); Boud v. SDNCO Inc., 54 P.3d 1131 (Utah 2002) は，to qualify as an affirmation of fact, a statement must be objective in nature, i.e., verifiable or capable of being proven true or false と説明している．

(9) Furguson v. Phoenix Assurance Co., 370 P.2d 379 (Kansas 1962)（盗難保険約款の visible marks clause を単なる証拠ルールにすぎないとして，免責を認めなかった）．

の中に免責条項が入れられているが，明示的保証の制限は，合理的な限度でのみ有効である．例えば，「書面に記載されたことを超えていかなる保証も存在しない．」という契約条項は，合理的な適用がなされる限り，有効である．また，Magnuson-Moss Warranty Act（連邦法）は，連邦取引委員会が作成したモデル要式に従ってなされた保証表示は，不公正な取引となるものではなく，一応有効とされる[(10)]．しかし，この行政規則は不公正取引に関するものであり，契約法上の不公正契約条項に関する議論は，それとは異なる側面をもつ．契約書に「保証（guaranty）」などの表記があり，その法律の規制に服する意思が表れている場合には，この連邦法により規律されることになる．

§7.42 契約条件の効力が争われた事例として最高裁判所平成7年12月16日判決［教材事例3］を検討しよう．この事件では，特定優良賃貸借住宅の供給の促進に関する法律による賃貸借契約が問題になったが，その契約に「定額補修分担金特約」が付随していた．最高裁判所（第2小法廷）平成17年12月16日判決は，住宅の賃貸借において，契約終了時における原状回復義務を特約により定めることは「契約の自由」であると判示した．しかし，その特約の内容が明確でなく，通常損耗も「定額補修分担金」に含まれることを賃借人に説明し，その内容を理解したうえで書面により合意していない場合には，消費者契約法第10条の規定により，不公正な契約条項として無効とされると判決した．

§7.43 本件「定額補修分担金特約」が不公正であるとされる理由は，つぎのようなことである．民法の原則は，通常損耗について賃借人は原状回復義務を負わないと理解されている．通常損耗分の補修を賃借人に負担させる規定は賃借人に不利となる規定であり，このような規定が有効であるためには，賃借人がその不利になる部分を正確に理解し，書面により明確に同意をしたことが示されなければならない．この解釈はヨーロッパ共同体法（2003

[(10)] 15 U.S.C. §2304(a)-(b). この法律は，契約条件または明示的保証に関する州法を補完する連邦法である．⇒§26.22

第 7 章　契約条件と明示的保証

年指令 13 号）が定めていることであるし，アメリカ法，イギリス法，フランス法の実務慣行にも合致する．

§7.5　国際売買契約における契約条件

§7.51　ところで，日本人がアメリカ契約法を準拠法として締結する契約は，ほとんどすべて国際取引の形で行われる．今日の国際法は，「モノ」と「ヒト」の移動の自由を保障している．とくに「モノ」の移動の自由については，国境を越えて世界中，どこへでも移動できる時代が来ている．原子力とか麻薬とか，一定の物品の取引については，この自由は制限されているけれども，「商品」は「ヒト」の移動以上に世界を自由にかけまわっている．これについての国際的ルールが存在しないと不便であり，そのルールの作成作業が進んでいる．特に重要な条約は 1980 年に作成された国際物品売買条約（ウィーン条約）であるが，アメリカ合衆国はこの条約を 1988 年に批准している[11]．

§7.52　ここで国際取引契約について，一般的に説明しておこう．絹巻康史『（新版）国際取引法』（同文舘，2004 年）177-198 頁（第 8 章）および 213-228 頁（第 10 章）によれば，国際取引の主要なものとして，「単体商品の輸出入契約」と「プラント輸出契約」がある．前者については，同書は CIF 契約と FOB 契約を説明している．まず CIF 契約は，価格の総額中に「物品の費用，指定地までの保険料，および運送料が含まれている契約」を意味する．C＆F という契約もこれと類似の契約であるが，保険料が含まれていないものである．絹巻の著作では，CIF New York US$ 190 per Metric Ton という例が示されているが，これは，New York 港を仕向港とし，その港に到着するまでの海上運送料および保険料込みで 1 トンにつき 190 ドルの条件で売買契約がなされたことを意味する．CIF や FOB などはインコタームと呼ばれ，国際商業会議所が統一定義を与えている[12]．

---

(11) ウイーン条約はアメリカ人の大学教授が座長となって作られた条約であり，基本的に UCC の考え方に近いものである．

アメリカ契約法

§7.53　国際物品売買の流れは通常つぎのようになっている．売主（アメリカ人）の側は，日本の買主の側からその取引銀行が発行した信用状を受理したときに，運送業者と契約を締結し，貨物（例えば，鉄鉱石）を船積みする．船積後，運送業者が船荷証券を発行するので，その証券を買主に送付する．一方，保険業者と保険契約を締結し，保険証券を受け取る．信用状発行銀行を荷為替手形の支払人に指定して，荷為替手形を振り出す．自己の取引銀行（またはその指定銀行）に，信用状が必要とする船積書類一式（送り状，船荷証券，保険証券など）と一緒に，手形に対する支払い，引受け，または買取りを求めて，その手形を呈示する．取引銀行は，支払い，引受け，または買取りをし，信用状発行銀行から代金の回収をする．買主の側は，信用状発行銀行へ代金を支払うと上述の船舶貨物書類一式を受け取ることができる．指定仕向港に貨物が到着すると運送業者から連絡があるので，貨物の検査をしてから船荷証券と交換に貨物を受け取る．

§7.6　契 約 条 件——［教材事例4］の分析検討

§7.61　東京地方裁判所平成7年3月17日判決（教材事例4）の事件では，鉄鋼石の売買契約に関係する運送契約が問題になっている．住友金属工業が鉄鉱石の買主であり，三井物産が代理人として取引を進め，三井物産は海上運送の手配を第一中央汽船に依頼した．同社のオーストラリアの代理店が傭船契約を締結し，船荷証券5通を作成し，貨物の荷送り人に送付した．貨物はパシテア号に積載されて東京湾に到着した．しかし，天災のため鹿島灘で沈没し，貨物は消失した．この事故について保険金を支払った保険会社が原告となり，上記第一中央汽船に対し傭船契約上の責任を追及した．その契約には demise clause が含まれており，同汽船の責任の免責が認められた．

---

(12) インコタームは，ときどき改訂される．なお，インコターム2000年は，定型取引条件の13の用語を定義していたが，同2010年は，DAF, DES, DEQ, DDU を DAT (delivered at terminal) と DAP (delivered at place) に代えたので，11に減った．

第 7 章　契約条件と明示的保証

§7.62　上の事件で問題になっている demise clause とは，海上運送契約約款で通常使われている特約条項であり，定期傭船者が，船荷証券を発行する場合に，運送人である船舶所有者を表示して，傭船者自身は運送契約上の責任を負わないことを明記した契約条項を意味する．この契約条項は，アメリカの海上物品運送法を脱法する意図があると解釈されるならば，無効とされる可能性がある．この条項に関する問題は，§20.33 で説明する．これは契約条件の1つであり，国際取引の領域で実務を行う弁護士ならば，その意味を明確に理解しておくべきものである．

§7.63　本書では，国際契約法についてはほとんど注目することはしていない．しかし，日本との取引に関する事例は，しばしば国際取引法にも関係することが多いので，その場合の基本的なリーディング・ケースの1つとして，MCC-Marble Ceramic Center, Inc. v. Ceramica Nuova D'Agostino, 144 F.3d 1384（7th Cir. 1998）を紹介しておこう．この事件では，一定数を超えるセラミックを D'Agostino が購入するならば，割引料金で MCC がそれを売却する合意がなされた．この合意は，国際見本市において，通訳を通じてなされ，MCC が用意した契約書に D'Agostino が署名する形でなされた．その署名のすぐ下に，「裏面に記載された 1-2-3-4-5-6-7-8 の諸条項に明示的に合意する」と記載されていた．連邦地方裁判所は，裏面のその諸条項が契約条件であると理解し，略式手続により MCC 勝訴の判決を下した．しかし，第七巡回区連邦上訴裁判所は，この契約は CISG（国際物品売買条約）に従う契約であり，同条約は「当事者の主観的意思（subjective intent）[13]を尊重しているので，略式判決は同条約に反すると判決した．

───────────────
[13] アメリカ法では，「外部に表現された意思」を客観的意思（objective intent）と呼んでおり，ラーニッド・ハンド裁判官やウィリストンは，厳格な客観主義をとっているが，客観主義と主観主義の間にどのような相違が生じるかは，厳密な検討を必要とする．Hotchkiss v. National City Bank, 200 F. 287, 293-94（N.Y. 1911），aff'd, 201 F. 664（2nd Cir. 1912），aff'd, 231 U.S. 50（1913）参照．形式的には，破棄された下級審の判決は口頭証拠の法理を適用したもので，第 7 巡回区連邦上訴裁判所判決は，裏面の諸条項を否定する意思表示があったのに，この事実を無視してはならないと判示したものと理解できる．

[ディスカッションの論点]

1　次の事例について，契約条件が満たされていないことを理由にして契約を解除できるかどうか議論しなさい．

(a)　注文通りの自動車が引き渡されたが，色が自分の考えていたものとは違っていた．

(b)　プリンターを注文したところ，性能は注文したものよりすぐれているが，形態が異なっているため，予定の場所に設置できない．

(c)　マンションを購入したが，自分の部屋から見えるはずの景色が見えない．

2　ウイーン条約8条とユニドロワ2.19～2.22条との間にどのような違いがあるかを確かめ，その違いがどのような意味をもつか検討せよ．

3　伊豆急電鉄の「スーパービュー踊り子号」の展望室グリーン席の最後尾は，進行方向の後ろ向きに固定されており，他の座席に比べて快適でないといわれている．「景観を楽しむ」ことが売りになっているので，その座席を販売した鉄道会社は，契約条件ないし明示的保証に違反しており，債務不履行の責任を負うか議論しなさい．東京地方裁判所平成17年10月4日判決，判例時報1944号113頁（2006年）参照．

[参考コラム]

- 明示的保証の判断基準　　Hawkins v. McGee, 146 A. 641 (N.H. 1929)

　子供が火傷をして病院に担ぎ込まれたとき，父親が「治療にどれくらいかかりますか」という質問に対し，外科医は「せいぜい3，4日の入院で済むでしょう．4日以上かかることはなく，その数日後には普通の生活ができますよ．」と答えた．さらに，「100％完全な手に戻ることを保証しましょう．」といった．しかし，後遺症が残り，父親は医療過誤および契約責任を主張した．裁判所は，skin-grafting operationをするのがよいという医師の

意見を表現したに過ぎず（陪審による判断），明示的保証ではないと判示した．明示的保証として拘束力をもつことばは，反証可能な事実を述べたものでなければならない．

- **契約条件の書き方**　契約を作成するに当たり，さまざまな細かい条件が付けられることが多い．この条件の書き方が不正確であり，それが原因で訴訟がしばしば起こっている．筆者の経験から，トラブルを起こしやすい英語の表現をここで説明しておこう．

If　これに続く節で書かれた内容が起こることが，当該契約条項の義務が発生する前提となる．停止条件と解除条件のいずれの場合でも使うことができる．

Subject to　Subject to section 2-301, ～ という表現は，「第2-301条の場合を除き，～である．」と訳す．英米法では，慣用句として subject to contract とか subject to details という表現があるが，契約を履行する過程において生じ得る状況に応じて，そのつど当事者間で交渉をして，進めて行くということを意味する．

Unless otherwise provided in ～　「～に別段の規定がある場合は別として，[sentence]」と訳す．

Provided, however, that ～　この表現は，only if ～とほとんど同じ意味で使われる．

Expect where ～ ; Except as provided in section ～　「～の場合は除外して，[sentence]」；「第～条に規定される場合は除外して，[sentence]」と訳す．

第 8 章

黙示的保証

［教材事例］
1 大阪地方裁判所昭和61年2月14日判決，判例時報1196号132頁，判例タイムズ597号58頁（アーチェリー［玩具］の矢が子供の目に当たり，失明した事故に対する製造販売会社と小売店の債務不履行責任）
2 名古屋地方裁判所平成18年6月30日判決，判例時報1977号111頁，判例タイムズ123号262頁（美容室［エステテックサロン］脱毛機事件）

［講義概要］ 契約の中に明示的に規定されていない場合であっても，契約の性質上，契約の内容であるとフィクションされることがしばしばある．契約の内容が不確定な部分は，保証責任という形で補完されることもある．UCC §2-314 および §2-315 は黙示的に契約の条件とされる保証について規定している．この2つの条文は，イギリス法を継受したものと思われる．この事例は，保証責任より製造物責任の理論によって解決されることが多いので，その関係を比較法的に検討する．

§8.1 安全性の保証——［教材事例1］の分析検討

§8.11 大阪地方裁判所昭和61年2月14日判決［教材事例1］に関係する契約は，ニチイ（小売店）と被害者子供との間の売買契約であるが，これについて，大阪地方裁判所は，「幼児の使用に際し安全な構造を有する製品を納付する債務をおっていた」が，売主には債務不履行があり，損賠賠償

責任を負うと述べている(1). ニチイ（小売店）は，上記の事故は被害者の姉（当時7歳）が，通常予期しない方法で矢を射たために起こった事故であり，3割の過失相殺をして，治療費の7割を損害賠償として支払った．教材事例1は，被害者との示談が成立した後に，製造販売に関わった当事者の間で，責任をどのように配分するかが争われた事件である．

§8.12　大阪地方裁判所は，ニチイ（小売店）と製造販売会社との間の責任の分配について，「タカラ商会［製造販売会社］から包装されないまま納入された本件アーチェリーの弓と矢を，その安全性につき検査することなく」包装したという事実認定を行い，玩具協会のTSマークを付して販売していた点からも，ニチイ（小売店）にも検査義務違反があったという．従って，4割の過失相殺が相当であると判決し，6割に相当する損害賠償金を原告に支払えと命じる判決を下した．この損害賠償額の算定については，本書第25章で改めて検討するが，「安全性の保証」が本件では黙示的保証として，当然に認められていることに注目したい(2).

§8.2　UCCの保証責任

§8.21　上述の事件がアメリカで争われるとすれば，UCCの保証理論によると思われる．黙示的保証について，UCC §2-314および§2-315に規定されている．この2つの規定は，イギリスの1893年物品売買法で定められた2つの法理を継受している(3)．第1に，§2-314は商品性の黙示的保証を規定しているが，商品の欠陥を発見したときから合理的な期間内に売主

---

(1) 大阪地方裁判所は，この責任は瑕疵担保責任ではなく，「検査通知義務」は生じないと述べている．

(2) 商品の安全性の問題は，日本では行政に頼りがちであるように思われるが，アメリカ法では，基本的には自己責任であり，次に§8.3で説明する製造物責任の理論で説明される．

(3) 現行法はSale of Goods Act 1979であるが，s.12(1)（権原の保証），s.12(2), (4) and (5)（chargesなど不存在の保証），s.14(2) and (2A)（品質の保証），s.14(3)（目的適合性の保証）の規定は，Sale of Goods Act 1893から引き継がれている．

第 8 章　黙示的保証

に通知しなければならない（§2-607(3)(a))．この保証の責任からの免責条項は非良心的であり無効である（§2-316(4)，§2-719(3)，§2-302)．第 2 に，§2-315 が目的適合性の黙示的保証を規定している．これらの規定によって保護される利益は，買主の信頼利益である．時効期間は原則として 4 年とされており（§2-725)，イギリスの期間とは異なる（コモン・ロー上は 6 年)．

§8.22　UCC の黙示的保証に関する規定は，(1)商品性の保証，および(2)目的適合性の保証を規定している．この 2 つの法理はイギリス法を継受したものである．その実質は日本民法における瑕疵担保責任にも類似したものである．契約責任と不法行為責任が同時に成り立ち得るが，問題となる危害が人身傷害である場合，アメリカ法では，不法行為責任の方を優先的に問題にする．次節で紹介するトレーナー裁判官の判決による影響であると思われるが，契約責任で争う場合，商品と一緒に渡された印刷物に免責条項が含まれていれば，免責が認められる可能性があり，これを排除しようという考えがその背後にある．また，「法と経済」学の理論により，保険を利用すれば，迅速に紛争を解決できるという考えも，これを支えている[4]．

---

(4) Greenman v. Yuba Power Products, Inc., 59 Cal.2d 57, 377 P.2d 897 (1963). *See also*, Escola v. Coca Cola Bottling Co. of Fresno, 24 Cal.2d 453, 150 P.2d 436 (1944). ちなみに，§3.11 で紹介した来栖三郎は，Ward v. Great Atlantic Pacific Tea Co., 231 Mass. 90, 120 N.E. 225 (1918) を詳しく説明しているが，トレーナー裁判官のように，契約責任を排除する考えに反対の意見を述べたものと思われる．この事件では，豆の煮物の缶詰に小石が混じっており，消費者の歯が折れた事件であるが，マサチューセッツ州裁判所は，小売店は缶詰の中味を確認できる可能性はなく，過失がないので契約責任もないと判決した．しかし，契約責任については，その商品を選択したことについては，専門知識を持ち，品質を確認する能力をもっていたはずであり，契約責任がまったくないとは言えない，とも判示している．

アメリカ契約法

§8.3 アメリカ契約法と「製造物責任」

§8.31 アメリカでは,「保証責任」の諸法理よりも「製造物責任」を追求される場合が多い.商品の欠陥を理由として訴訟を行う場合,厳格な製造物責任を認める州では,むしろ「製造物責任訴訟」の形で進められる.保証責任は契約法の理論であると考えられており,それにより争う場合,免責についての合意の有無が争点となり得る.これに対し,製造物責任が争われる場合には,少なくとも人身傷害に関しては,免責条項は無効とされ得るであろうし,その他の場合でも,否定される可能性が高い.このアメリカ法の傾向を明快に説明したプロッサーのロー・レビュー論文がある.そこで,「製造物責任」の理論をここで本書に関係する限りで説明しておこう.

§8.32 「製造物責任」の法理は過失責任の理論から発展した法理である.上述のように,1960年にプロッサー教授(キャリフォーニア大学バークレー)が「要塞への攻撃」と題する論文を発表した[5].それ以前の判例法によれば,直接の契約関係がなければ商品の欠陥に対する責任は生じないとされていたが,この論文は,その理論の適用を緩和したマックファーソン判決などの新しい動向を支持したものであった.その後,グリーンマン判決が出され,製造物責任は契約責任とは関係ない「過失責任」であると説明された.そこで「要塞の陥落」と題する第二論文が発表された[6].この法理は,RESTATEMENT, SECOND, TORTS §402A (1) (1977) という形で明確化され,今日に至っている.

§8.33 今日の製造物責任の理論は,「法と経済学」の研究によって補強され,製造者はリスクに対して保険をかけ,結果責任ともいえる厳格な責任を負うべきである,とされるに至っている.この責任を契約理論と切り離し

---

(5) William L. Prosser, *The Assault upon the Citadel*, 69 YALE L.J. 1099 (1960).
(6) William L. Prosser, *The Fall of the Citadel*, 50 MINN. L. REV. 791 (1966). グリーンマン判決は,前掲注(4)に引用した判決を指すが,その判決を書いたトレーナー裁判官について,本章参考コラムを見よ.

た場合，免責条項は無効とすることができるし，取引交渉の過程でなされたいろいろな意思表示の意味を審理する必要がなくなる．また，保護利益は，原告の信頼利益というよりは，安全性であり，公平性である．しかし，過失相殺（比較過失）の理論は，切り離せないことになる．州法によっては寄与過失（contributory negligence）の原則が適用されることもあり得る．そこで，キャリフォーニア州法では，保険が付されていればこの理論の適用はないとされ，時効は保証責任請求訴訟より短い1年の期間が定められている．

§8.34 最近になって，上述の製造物責任の理論は，本格的に再検討されている[7]．キートンが「法と経済学」の視点に立ったいくつかの研究を発表した[8]．また，建築請負契約の観点から，ボンドが「要塞の再構築」と題する論文を1995年に発表し，超危険物に関する製造物責任を402A条の適用からはずすことを主張する論文をキャンツが発表している[9]．これらの研究は，それぞれ興味深い論点を指摘しているが，わたくしには，カードウヅやプロッサーらが確立した新しい法理論を傷つけるようなものではない．前者は建築請負契約を問題にしており，もともと402A条の射程範囲には含まれていなかったと思われる[10]．後者もまた，新しい問題を提起したものであって，プロッサーが整理した理論が修正されたと考えるのは間違いである．

---

(7) Mattias Reimann, *Liability for Defective Products at the Beginning of the Twenty-First Century: Emergence of a Worldwide Standard?*, 51 AM. J. COMP. L. 751 (2003).

(8) Keeton, *Assumption of Products Liability Risks*, 19 SW. L. J. 61 (1965) および Keeton, *Product Liability-Inadequacy of Information*, 48 TEX. L, REV 398 (1970), また Keeton, *The Meaning of Defect in Products Liability Law*, 45 MO. L. REV. 579 (1980) も見よ．

(9) Charles E. Cantu, *Distinguishing the Concept of Strict Liability for Ultra-Hazardous Activities from Strict Products Liability under Section 402A of the Restatement (Second) of Torts: Two Parallel Lines of Reasoning That Should Never Meet*, 35 AKRON L. REV. 31 (2001).

(10) 公認会計士はかろうじて責任を逃れることができたが，現行法では専門家責任は厳格になっている．

アメリカ契約法

§8.35　上の説明の中で「要塞」ということばをしばしば使ってきたが，このことばはカードウゾ裁判官が Ultramares Corp. v. Touche, 174 N.E. 441, 444 (N.Y. 1931) で使ったことばである．そこで，最後に，この判決で説明されたカードウゾ裁判官の責任理論を説明しておこう．この事件では，公認会計士が作成した決算報告書を信頼して融資をした問屋が，会計士の過失を理由とする損害賠償を請求した[9]．カードウゾ裁判官は，「契約関係の要塞への攻撃は，今日，急速に進んでいる．」と述べ，この文章に4つのロー・レビュー論文を注として付け，MacPherson v. Buick Motor Co., 217 N.Y. 382 (1916) などの判例法理を説明している[11]．この判決自体の理論は，未完成で説明に欠ける部分が多くあるが，このような理論が，今日まで続いている「保証理論」と「製造物責任」に関する議論の出発点であり，基礎となっていることが，暗黙のうちに了解されている．

§8.4　保証責任と製造物責任の比較

保証責任	製造物責任
① 物品の状態 商品性がない．	不合理な危険のある欠陥
② 被告適格 問題の物品と類似した種類の物品を扱う売主が被告	問題の物品を業として扱っている者が被告
③ 信頼 明示的な要件はない．	消費者が「信頼」したという立証をする必要はない．
④ 権利放棄条項 一見明白に非良心的であると考えられる物品の場合で，人身傷害に対する侵害について，結果的損害賠償が限定される．	この条項によって影響されない．

---

(11) ここで引用されている論文は，Williston, *Liability for Honest Misrepresentation*, 24 HARV. L. REV. 415 (1911), Bohlen, *Misrepresentation as Deceit, Negligence, or Warranty*, 42 HARV. L. REV. 733 (1929) である．

⑤ 通知	通知義務はない.
違反を発見した時から合理的期間内に通知をしなければ，救済を得られない．§2-607(3)(a)	
⑥ 因果関係	因果関係のある物理的危害について，売主が責任を負う．
違反と直接関係する人身傷害または物品損害に対し，結果的損害賠償を請求することができる．	
⑦ 問題の物品を使用する者	終局的使用者または消費者
物品を使用する消費者等，危害を受けたすべての者	
⑧ 保護の与えられる侵害	終局的使用者または消費者，またはその者の財産への侵害
身体または財産への侵害	
⑨ 時効は4年	州法によって異なる．キャリフォーニア州で1年であるが，多くの州では3年

§8.5 日本民法との比較

§8.51 ［教材事例2］が引用する大審院大正10年12月15日判決，民録27輯2160頁は，原告がアルゲマイネ社製の中古電動機を買ったところ，130馬力の能力があると期待されていたのに，実際には30ないし70馬力しかなかったことから，錯誤を理由に契約の解除を求めた事例である．しかし，民法95条により無効となる場合には，法律行為が否定されても当然に売主の損害賠償責任が認められるわけではない．そこで，民法566条（570条による準用）はその特則であるとして損害賠償を請求することも考えられるのであるが，原告はこれを主張しなかった．原告がその主張をしなかったのは，566条3項に除斥期間が渡過していたためであると推測されている．

§8.52 民法570条は，契約の目的が達成できない場合に，契約の解除を求め，その効果として原状回復義務を認めている．名古屋地方裁判所平成18年6月30日判決［教材事例2］は，産毛程度までの脱毛効果を得ること

ができないという脱毛機の性能についての重要な錯誤があったと認定している．美容室（エステテックサロン）に売却されたレーザー光線を利用した脱毛機の瑕疵について，一定限度の損害賠償が認められた事例である．契約の目的を実現できない「瑕疵」とは何かという問題と関連して，東京地方裁判所平成9年7月7日の判決，判例タイムズ946号282頁，判例時報1605号71頁も見ておこう．この事件では，原告が購入したマンションに暴力団が住んでいたため平穏な生活を続けることができないため，損害賠償を売主に対し求めた事件である．原告は，無効・取消による不当利得の返還および瑕疵担保責任としての損害賠償の支払いの両方を求めている．

§8.53　日本では製造物責任法が平成6年（1994年）に制定されたが，この法律に基づく訴訟は著しく少ない．消費者契約法（2000年）の方が使い勝手が良いということに起因すると思われるが，その理由については改めて検討する必要がある．これに対し，アメリカでは，事件数は数万権にも及び，新しい問題点が指摘されている．これを受けてアメリカ法律協会は，リステイトメント（不法行為法）第3版（1998年）を作成した．この第3版は，「製造物責任」と題されているが，その責任を売主の責任としてとらえ，物品を売却した時点で「欠陥」が存在した場合に生じる責任と定義している．その原因が不法行為によるものであるか，契約違反によるものであるかは，問題にしていない[12]．

---

(12) アメリカの製造物責任は，契約責任が「契約関係（privity of contract）」内の問題とされてきたが，この概念論をリアリズムの観点から破ったことに意義がある．リステイトメント（第3版）不法行為法第21条は，身体に対する危害についての損害賠償責任を定義し，その責任が「不法行為法によって保護される原告の利益に関連する者に対する危害」にも及ぶと規定している．

第 8 章　黙示的保証

［ディスカッションの論点］

　1　§8.12 で説明したように，製造業者 6，卸業者 4 の割合で過失相殺を行ったのであるが，なぜこのような割合になるのか，議論しなさい．

　2　来栖民法では，自分の店に欠陥商品を置いておくことについて，契約責任があると考えているようであるが，トレーナー裁判官の「過失責任のみ」と考えとは抵触すると思われる．製造者に厳格責任を負わせるという考えは合理性があるか，議論しなさい．

アメリカ契約法

> [参考コラム]
>
> - カードウゾ（Benjamin Nathan Cardozo, 1870-1938）　N.Y. 州の弁護士であったが，ニューヨーク州最高裁判所裁判官に任命され，さらに1932年には合衆国最高裁判所の裁判官になった．ホームズ裁判官の後継者であるが，思想的にはリアリストではあるが，むしろ伝統的なコモン・ローを明快に説明する役割を果たしたと思われる．同裁判官の英語は，模範的な名文であり，学生の教科書などでよく引用されている．
>
> - トレーナー（Roger Traynor, 1900-1983）　キャリフォーニア大学ロー・スクール（バークレー校）教授であったが，1940年に同州最高裁判所裁判官となり，1864年から1970年まで同首席裁判官であった．同裁判官の判決は，本書でも随所で紹介したが，契約理論について，一般的に Macaulay, *Mr. Justice Traynor and the Law of Contract*, 13 STAN. L. REV. 812 (1961) を見よ．
>
> - 「法と経済」学　日本でも，憲法，労働法，法社会学，その他のいくつかの領域において，この視点に立った研究が盛んに行われているが，アメリカの研究とは多少異なっているように思われる．A. M. POLINSKY, AN INTRODUCTION TO LAW AND ECONOMICS (4th ed. 2011) を紹介しておこう．この入門書の第14章は，製造物責任をテーマとして，その視点に立った分析の仕方を説明している．例えば，ボトル入りコーラ1本1ドルであり，事故率が1/100,000であれば，10セントのリスクを製造者は負担する．缶入りコーラ1本1.03ドルであり，リスク率が1/200,000であれば，2セントのリスクを負担する．消費者が10セントのような端数にこだわりをもっていなければ，そのリスク負担分を保険にかければ，製造者は消費者と紛争をおこさなくて，円満にかつ迅速にトラブルを解決できる，という考えがトレーナー裁判官の判決の背後にある．ALEX ROBSON, LAW AND MARKETS (2012) は，同じく製造物責任の場合を例として取り上げ，多数の変数を示しながら，コスト＝ベネフィットのより精密な計算式を示している．

第 9 章

損失の危険と検査義務

[教材事例]
1 札幌地方裁判所昭和 49 年 3 月 29 日判決，判例時報 750 号 86 頁（**北海道の農協連合がアメリカの輸出入業者と締結した大豆の信用状付き売買契約**）
2 東京地方裁判所昭和 32 年 7 月 31 日判決，下級裁判所民事裁判例集 8 巻 7 号 1366 頁；判例時報 123 号 19 頁（**大豆価格暴落事件**）

[講義概要] 契約履行のプロセスにおいて，しばしば事故は付きものであるが，物品の損失等については，最初，物品の所有者が危険を負担すべきであると考えられていた．しかし，現在では，リアリズムの影響を受けて，観念的な所有権と危険負担の問題を切り離し，それぞれの情況に照らして，対象物に対する強い利害をもつ者がその責任を負うことと規定している．

§9.1 アメリカの指導的判例（フィリップス対ムーア事件）

§9.11 損失の危険に関するアメリカの指導的判例は，Phillips v. Moor, 71 Me. 78 (1880) である．この事件では，牧場の枯れ草（アルファルファ）の売買が問題になっている．被告は，原告に手紙を送り，枯れ草を買いたいと申し出た．これに対し，原告は，「代金が納得のゆくものならば，申込みを承諾する．」と返事した．被告は，枯れ草を検査し，1 トンにつき 9.50 ドル（低品質の雑草は 5 ドル）の付け値を付けた（6 月 15 日）．原告は，6 月 20

アメリカ契約法

日（木曜）に被告を訪問し，被告には会えなかったので，「10ドルを希望するが，あなたの付け値で売却するので，いつでも枯れ草を引き取ってよい.」という趣旨の書面を残した．被告は，翌日，この書面を読んだ．まだ返事をしていなかったが，月曜日の朝，牧場で火災が起こり，問題の枯れ草は焼失した．

§9.12　原告牧場主は，被告に対し代金の支払いを求めて本件訴訟を提起した．メーン州最高裁判所は，枯れ草の焼失時にその所有権をだれがもっていたかを問題にした[(1)]．そして，アメリカ契約法によれば，契約の「申込み」に対する「承諾」がなされた時点で契約が成立し，その時点に所有権が移転すると判示した．上述の事件では，6月20日に「承諾」がなされており，枯れ草の損失の危険は被告が負担すべきである，と判決した．この判決は，注(1)に引用したケースブックによれば，ブラックストンの契約理論によるものである．現在では，後に説明するように，UCC§2-509が「損失の危険」について規定している．先の判例法理は修正されている．

[設題]

我妻栄の理論：「Aが軽井沢にある自分の別荘をBに売った．しかしその前夜別荘は焼失していたというときは，……[中略]……債権は成立しない．これに反し，売買契約の後Bが引渡を受ける前に焼失したのであれば（これを後発的不能という），別荘を引き渡す債務は存続しえないけれども，その焼失の原因がAの責めに帰すべきものであればAは別荘の引渡に代わる損害を賠償すべきことになり，その原因がAの責めに帰すべきものでないときは責任を免れる．つまり，Bの別荘を引き渡せといのう債権は前の場合には，損害賠償債権に変更し，後の場合には消滅する．」（我妻=有泉=川井『民法2債

---

(1) JOHN HONNOLD, CASES AND MATERIALS ON THE LAW OF SALES AND SALES FINANCING (5th ed. 1984) p.171 を参考にした設題である．ここでは，UCC§2-509の適用を考えており，もし売主（牧場主）が業として枯草を売っているならば，同条3項のため，売主は枯れ草の引き渡し義務を負うという．また，「引き取りに来るから預かってほしい．」という会話がなされていれば，寄託の可能性があるともいう．Martin v. Meland's, 283 N.W. 76 (N.D. 1979) 参照．

権法（第2版）』（勁草書房，2003年）19-20頁）．アメリカ法と比較し，この考えの問題点を指摘せよ．

§9.2 UCCの「危険負担」に関する諸規定

§9.21　上述のアメリカ判例の基礎にある考えは，「ものの権原（所有権）をもつ者が危険も負担する」という原則である．（田島裕『UCCコンメンタリーズ』第1巻（2006年）88頁，92-3頁，95頁参照）．この原則は，現実の具体的妥当性の判断との食い違いを生むことがあるので，UCCはリアリズムの立場にたって，かなりの修正を加えている．「ものを管理する（ものをコントロールする）責務を負う者が危険を負担すべきである」という考えに変わっていると思われる．たとえば，我妻教授の事例に当てはめれば，火災が発生したとき，売主は火災保険をかけているはずであり，買主が実際に問題の別荘を利用できるようになる（コントロールを取得する）までは，売主がリスクを負担する．

§9.22　UCC§2-509条は，(1)物品が運送業者に引渡される場合，(2)物品が倉庫に保存される場合，(3)その他の場合の3つに分けて規定している．しかし，同条(4)項は，「本条の規定は，当事者の別段の合意に服するものとする．」と規定しているので，契約に関係する弁護士は，それぞれの事例に適した規定を起案しなければならない．本書第1章の第1モデル契約について，ヴィンテージ・カー（ロン・キャメロン）を修理後に無事に日本まで輸送し，買主にどのような形で引き渡すかが重要な点であり，引渡の時点までのリスクを考慮する必要がある．第1章［**教材事例1**］に関して，買主はまず中古自動車の売買契約を完了させ，自分の責任で修理工場との契約を締結し，それとは別に運送業者と契約して，修理が完了したときに迅速にそれを引取り，日本への輸送手続を行わせることも検討すべきであったと思われる．

§9.23　物品が運送業者に引渡される場合，特定の指定地での引渡しが約定されていない限り，「運送業者に引渡された時に損失の危険が買主に移行する」．指定地が定められている場合には，その指定地で引渡しの提供

がなされたときに，その危険は移行する．船舶輸送の場合には，title and all risks of loss to products shall pass from seller to buyer when products have passed the ship's rail at the loading port of [New York] などの契約条項が使われる．この条項による場合，損失の危険は，船舶の端を乗り越えて船の中に物品が移動された途端に，売主から買主へ移行するので，この時点から買主が保険を付けることになる（CIF 契約）．

§9.24　物品が倉庫に保管されている場合，物品の引取証（倉庫証券）が買主に渡された時に，または倉庫業者が買主に権利があることを承認した時に，損失の危険が移行する．その他の場合（UCC §2-509(3)）には，売主が商人である時は，買主が物品を受取ったときに買主に移行する．商人でない時は，引渡しの提供がなされた時に移行する．UCC §2-510 は，一方の当事者が誠実に契約を履行しなかった場合の上記のルールに与える効果について，規定している．(1)項は，買主の拒絶権が生じる場合には，「是正または受領がなされるまでは，損失の危険は売主に留まる．」と規定している．(2)項は，買主が受領を取り消す場合について規定しているが，この場合には既に受領の効果が生じているために，「是正」の問題（第 12 章）は生じない．

§9.3　契約対象物件の検査──［教材事例 1］の分析検討

§9.31　UCC §2-513 は，「買主は，合理的な場所および時間に，かつ，合理的な方法で，弁済または受領の前にそれを検査する権利をもつ．」と規定している．訴訟などにより救済を得る前提として，買主が適切な検査を行うことが要求される．これに関して，Stevenson & Co. v. 81,193 Bags of Flour, 629 F. 2d 338 (5th Cir. 1989) を紹介しよう．この事件は小麦粉の国際売買契約が問題になっている．売主はイリノイ州の卸売業者であり，買主はボリビア共和国である．商品の輸送中にゾウムシなどの被害が発生し，その損害をだれが負担するべきかが争われている．

§9.32　問題の売買契約には，F.A.S.[(2)] MOBILE, ALABAMA，そして Delivery of goods by SELLER to the carrier at point of shipment shall constitute delivery to BUYER.... Upon satisfactory delivery, the price is payable by irrevocable letter of credit と記載されていた．この契約に従って，売主は，各地の工場から小麦粉をアラバマ州モバイル市に鉄道貨物便で集結し，木綿の袋に詰め替えて，運送契約者 Stevenson が所有する船舶 Arizona 号および Southwall 号に積み込んだ．積み込み時に品質検査が行われ，その結果，ゾウムシの被害が発見され，蒸気蒸しによる殺虫が行われた．運送会社 Nedon はその貨物をチリ国アリカまで移送し，荷降ろしの際に再び検査が行われ，被害がいっそうひろがっていることが分かった．そこでも殺虫処理が行われたが，ボリビア国へ貨物が到着したときには，汚染商品として扱う以外になく，割引価格で即刻処理された．

§9.33 契約書の表面には，裏面に記載されたこと以上の保証責任はない，と規定されていた．その裏面には，売主は，連邦の食品・薬品・化粧品局が定めた基準に適合する商品を引渡す義務があることが記載され，買主については，商品の引渡通知を受けたときから 20 日以内に，かつ，欠陥を知ったときから 10 日以内に，売主に対しその通知をすることが規定されていた．本件では，モバイルで買主が契約した船舶が商品の検査を行い，欠陥が見つかったが是正された．アリカでも第三者による検査が行われ，再び欠陥が見つかったが是正された．しかし，関係倉庫および船舶が使われた商品で欠陥が見つかったのは，この契約の商品だけであり，裁判所は，無欠陥の推定があるにもかかわらず，売主は商品性の保証責任を負う，と判決した[3]．

§9.34 日本の判決にも大豆商品の検査に関するものがあるので，その判決を見ておこう．札幌地方裁判所昭和 49 年 3 月 29 日判決［教材事例 1］では，アメリカの輸出入業者とホクレン農業協同組合連合会との間の大豆（大

---

(2) F.A.S. は free alongside の略語で，インコタームの 1 つであるが，この用語は鉄道輸送や航空輸送についても用いられる．船側まで（又は貨物列車または航空機に積載されるまで）の輸送，その他，物品の引渡にいたるまでのすべての費用が契約代金に含まれていることを意味する．

(3) 船荷証券には「貨物は適正である」旨の記載があったし，最初の検査時において，連邦法の基準を満たしていたと思われる．

アメリカ契約法

正金時豆）の売買契約が問題になっている．原告アメリカ会社と被告農協連合との間で決済の方法について契約が結ばれ，CIF約款による信用状取引（§17.14）にすることになっていた．商品の品質については，ぞう虫が食った豆が含まれていてはならず，欠陥大豆が3％以上混じっていてはならないと合意されていた．札幌の出荷時に品質審査が行われることになっており，決済時に品質証明書が提示されることになっていた．原告アメリカ会社は，日本政府の正式の検査を要求していたが，被告農協連合は，フェスコの証明書が同等に信頼できるものとしてその証明書を提出した[4]．この証明書には「3.22% 欠陥大豆」が混合していると記載していた．原告アメリカ会社は，契約違反を主張し，転売の逸失利益の損害賠償を請求した．札幌地方裁判所は，原告の請求通りの損害賠償を命じた[5]．

§9.4　事情変更の原則──［教材事例2］の分析検討

§9.41　東京地方裁判所昭和32年7月31日判決［教材事例2］は，大豆の価格が暴落したため，買主の側が，事情変更の原則により契約が解除されるべきであると主張した事例である．原告は丸紅飯田（商社）であり，被告は味の素等数社である．原告は，味の素の原料となる大豆の輸入を請け負ったが，その手続きを進めている間に，朝鮮戦争が勃発して大豆の値段が高騰したが，その停止とともにその値段が暴落し，被告は大豆の受領を拒絶した．本件の原告は途中で脱退し，実際の売主（新義産業株式会社）が当事者参加し，訴訟が続けられた[6]．東京地方裁判所は，被告勝訴の判決をくだした．こ

---

[4] この証明書が使われたのは，三井銀行の札幌支店が「通知銀行」となり，正式の検査官は札幌におらず，この証明書を利用することを助言したようである．

[5] 三井銀行も共同被告として訴えられているが，三井銀行は被告農協連合の連帯保証人ではないと判決されている．「通知銀行」の法的地位について，UCC §5-102(a)(1)を見よ．通知銀行は，信用状が発行され，通知書に記載された条件が厳密に守られている場合，関連文書等を受理して契約代金の決済を行う義務を負うが，商品の品質については責任を負わない．

[6] 売主丸紅飯田は貿易商社であり，実際の売主（新義産業株式会社）はアメリカの小麦業者の代理人である．貿易商社の立場について，［参考コラム］の沢

第 9 章　損失の危険と検査義務

の判決は非常に長いものであるが，この取引に使われたすべての書面について詳細な説明がなされており，参考になるところが多い．

§9.42　この事件では，原告側は千載一遇のチャンスとして，大豆の価格をつり上げたのに対し，あらゆる努力を尽くして対抗した．被告は，正式な契約書が作成されていないことを理由として，契約は成立していないと主張した[7]．商慣習に関する証人の証言により，CIF 契約が成立していると認定された．また，CIF 約款による売買契約では，「買主は，陸揚港における通関手続終了後，直ちに日本円表示の約束手形を売主あてに東京で振り出すこと」およびユーザンス支払期日の 5 日前に決済することの義務を負っているが，本件被告は履行遅滞に陥った，と認定された[8]．被告は，本件の背景にある特別な諸事情（不可抗力等）を主張したが，東京地方裁判所は，この主張を認めなかった．

§9.43　事情変更の原則がアメリカ法で認められることはきわめて稀である[9]．変更によって生じる損失の危険は，誰がそれを負担すべきかについての契約解釈にかかっている．Columbia Nitrogen v. Royster Co., 451 F. 2d 3（4th Cir. 1971）でも上記の大豆代金の暴落と同じようなことが起こった．この事件の契約では，1 年に 3,100 トン，3 年間，リン酸肥料を買い取る約

　　木評釈を見よ．
(7) 英文の契約書は日本語の契約書との間に相違があったし，すべてが口頭の約束によって進められた．英文の契約書も用意され，味の素等の署名があるが，最終契約書は作成されなかった．ちなみに，この書面は渉外弁護士に依頼されてはいたが，日々変化する状況に弁護士が迅速に対応できなかったものと思われる．
(8) 本文で述べた「ユーザンス支払期日」とは，輸入為替の決済をするときに発生する経費等を銀行が立替による信用供与をしたとき，この代金の支払期日を意味する．
(9) Missouri Public Service Co. v. Peabody Coal Co., 583 S.W.2d 721（Mo. 1979）（電力会社が買取を約束した石炭の価格が急騰した事例）；Laclede Gas Co. v. Amoco Oil Co., 522 F.2d 33（8th Cir. 1975）（ガス製造会社と供給会社の間の急騰した価格に関する訴訟）．

束になっていたが，買主は事情変更を主張し，買取りを拒絶しようとした．買主は，契約書に示された代金の数字は単なる目安にすぎず，このような事例では市場の慣習に従うことが正当であると主張した．ニューヨーク州裁判所は，市場の慣行に従わないつもりならば，明瞭にその意思表示を契約書の中で行うべきであったとして売主勝訴の判決を下した．しかし，第4巡回区上訴裁判所は，これは継続的取引の事例であり，その数字を決定したときに，市場統計を参考にしており，買主の主張は妥当であると認めた[10]．

[ディスカッションの論点]

次の3つの仮定事例について答え，その答えはアメリカ法でも通用するかどうか，検討せよ．

1　日本の船舶がソマリア近海を通って貨物を輸送することになっていたが，海賊が頻繁に出ているという情報があり，その地域を避けて航行したため，運送費が余計にかかった．この余計にかかった費用は，誰が負担すべきか．Scottsdale Road General Partners v. Kuhn Farm Machinery, 909 P. 2d 408（Ariz. 1996）参照．

2　カジノ業者が賃貸借契約を締結し，カジノを開業する予定であったが，その前にカジノ営業を禁止する法律が制定された．この場合，賃借人は，目的が達成できなくなったことを理由として，その契約を将来に向かって解除できるか．

3　東北の大地震のため港が破壊され，そのために蟹（かに）の水揚げが出来なくなった．そのため東北の水産業者が約束通り新鮮な蟹（かに）を東京の買い取り業者に納品することができなくなった．東北の水産業者はどのような救済を求めることができるか．

---

[10] ALCOA v. Essex Group, Inc., 499 F.Supp. 53（Pa. 1980）では，事情変更の原則が適用できるような状況があれば，連邦裁判所は，エクイティにより，契約を reform できると判決した．

第 9 章　損失の危険と検査義務

[参考コラム]

- CIF 約款（評釈論文）　沢木敬郎「CIF 約款による輸入貨物の売買契約と準拠法」別冊ジュリスト『海事判例百選』（1967 年）15 号 198 頁［別冊ジュリスト 42 号 198 頁］：「売買という法律構成はとっているけれども，貿易商社は，独自のリスクで取引に従事するというよりは，商取引を仲介してコミッションを得ることを中心目的とするものである．そうすると，不測のリスクを回避するためには，国際売買すなわち輸入契約と，国内売買すなわち転売契約との契約条件を一致させておくことが必要となる．本件売買契約で英文の国際売買契約書に転売先の署名を求めているのは，その一つのあらわれであり，このような実務上の配慮は，貿易取引右左の原則と呼ばれる．」(199 頁)

- エクイティによるリスク負担の調整　Caplan v. Schroeder, 364 P.2d 321（Cal. 1961）では，323,000 ドルで不動産売買契約が行われ，15,000 ドルの頭金（down payment）を支払い，その残金は毎月同額を指定口座に入金して弁済する約束が結ばれた．買主は，数回の月賦弁済の後，取引に疑問をもち，契約の解約を申し出た．被告不動産業者は，当該不動産を第三者に 323,000 ドルをはるかに超える金額で売却した．原告買主は，頭金を含む全弁済金の返済を求めたが，被告不動産業者は，15,000 ドルの頭金（down payment）は確定額損害賠償金であることが契約書に明記されていることを理由として，返済を拒絶した．州最高裁判所（トレーナー裁判官）は，契約締結に実際にかかった事務手続の費用などを差し引くことは許したが，本件では被告側に損失はなく，損害賠償を認めることはできないと判決した．但し，この判決に対し，シャウワー裁判官が反対意見を付し，It is not a proper function of this court to remake the contract, amend it, or reevaluate the elements of consideration to respective parties. と批判している．

　Campbell Soup Co. v. Wentz, 172 F.2d 80（3rd Cir. 1949）では，原告食品会社が被告農業経営者が収穫した人参を全部購入する契約を締結した．数年間，1 トンにつき 23 ドルないし 30 ドル

の価格で取引が行われていたが，市場価格が90ドルを超える価格に急騰し，被告は原告以外の購入者にも人参を売却しはじめた．原告は，これを禁止し，全部の人参を原告に売却することを強制（specific performance）することを求めた．第三連邦上訴裁判所は，契約条項の解釈としては被告の言う通りであり，契約は有効であるが，このような苛酷で非良心的な契約条項の強制をエクイティ裁判所（Chancellor）に求めることはできないと判示した．

第 10 章

抗弁事由と不可抗力

［教材事例］
1 東京高等裁判所平成 16 年 11 月 16 日判決，判例タイムズ 1223 号；東京地方裁判所平成 16 年 6 月 28 日判決（ガボン共和国大使館事件）
2 東京地方裁判所平成 17 年 10 月 31 日判決；判例時報 1954 号 84 頁（変額保険契約）
3 京都地方裁判所平成 17 年 5 月 25 日判決，裁判所ウェブサイト 28101219（クーリングオフ事件）

［講義概要］　契約が有効に成立しているように見える場合において，一定の事由があれば，契約の強制を否定することができる．契約通り履行できない当事者が利用できる抗弁が認められる場合は，主に次の場合である．(1)詐欺防止法の要件が欠如している，(2)共謀虚偽表示，(3)錯誤により取り消される，(4)非良心性，(5)違法な契約の場合，(6)契約能力の欠如．不可抗力は，第 9 章で議論した損失のリスク負担の問題であるが，抗弁としても使われることがある．

§10.1　詐欺防止法違反の抗弁

§10.11　契約がいちおう成立し，一方の契約当事者が，その後に何らかの理由でそれを撤回しようと考えるにいたったとき，第 1 に，その契約は成立しなかったと主張したいと考える．詐欺防止法が遵守されていないという理屈（§5.24 参照）は，その主張には便利な方便である．第 2 に，契

約が成立していることを認めながら，信義誠実に締結されたものでないと主張する場合がある．アメリカ法では，「非良心性」の法理がこの目的のために使われる．第3に，契約の成立について，意思表示の欠陥があることを理由とすることがある．未成年者については，第3章§3.61で契約能力の欠如について説明したが，この法律が抗弁として使われることもある．Misrepresentation, Nondisclosure, Duress, or Undue Influence の法理も同じ考え方によるものである[1]．最後に，契約が有効であることを認めた上，不可抗力により履行ができない，と主張する場合がある．

§10.12 最初に，詐欺防止法違反を抗弁として使う場合を説明しよう．例えば，農業経営者が倉庫へ友人を連れてでかけ，収穫した穀物をその倉庫業者に買い取ってもらう約束をしたと仮定しよう[2]．両者の間に長期間にわたる継続的取引があり，書面がなくても売主は有効な契約が成立したものと信じていた．しかし，その年に限って穀物の値段が急激に下落したため，倉庫業者は受領を拒否したいと考えた．そこで，詐欺防止法の要件が満たされていないことを理由にして，契約は成立していないと主張した．Warder & Lee Elevator v. Britten, 274 N.W.2d 339 (Iowa 1979) は，まさにそのような事件であるが，アイオワ州最高裁判所は，「約束による禁反言（promissory estoppel）」の法理により契約の不成立を主張することを許さなかった[3]．

---

[1] Oakwood Mobile Homes, Inc. v. Barger, 773 So.2d 454 (Ala. 2000) では，AAA の強制的仲裁条項が無効（void）と判決された．Harkrider v. Posey, 24 P.3d 821 (Okl. 2000) では，自動車事故保険契約の免責条項は voidable であると判決された．

[2] 農業地域にアメリカの倉庫は，農産物を保管するだけでなく，農産物の売買も行っている．

[3] 「禁反言の原則（promissory estoppels）」は，契約を成立させる「約因（consideration）」が存在していない事例であっても，約束を合理的に信頼して契約の履行に着手しており，公正の見地から見て，契約が成立しているものと認めるエクイティの法理である．ちなみに，ルイジアナ州では「禁反言の原則（promissory estoppels）」は認められていないが，detrimental reliance の法理を認めており，実際上，他の諸州と同じような結果になる．

§10.13　Warder判決には，Reynoldson裁判官の反対意見が付されており，多くの州では，むしろこの反対意見の方が支持されている．例えば，この反対意見は，UCCが「余りにも技術的な解釈」に走りすぎることを禁止してはいるが，禁反言の原則がコモン・ローの法理であるからといって，UCCの基本原則を否定するようにその法理を適用する限度まで，寛大な法律ではない，と判示している．Warder事件では，原告である穀物倉庫関連会社の社長と被告の間で約束がなされたが，重病のため，社長の息子が経営に当たっており，被告との間で紛争が生じた．その会社の社内の書類には，約束のメモが残っているので，それを使うこともできたはずであるが，UCC §2-201の書面の要件を厳格なものと理解し，法廷では禁反言の原則を中心に争ったものと思われる[4]．

§10.2　通謀虚偽表示

§10.21　日本民法では，民法94条は，「共謀虚偽表示」を無効としている．このような場合について，アメリカ法の扱い方と比較してみよう．まず，日本法の典型例として，「通謀虚偽表示」の事例（東京高等裁判所平成6年12月21日，判例時報1593号63頁）をみてみよう．この事件では，債権者からの取立から免れるため，土地の売買契約を親族間で締結して移転登記を行った事例である．売買代金の支払いが行われておらず，裁判所は通謀虚偽表示を認め，移転登記を無効と判決した．その移転登記は，一般債権者に対する詐害行為でもあり，その判決は正当であると思われる．

§10.22　東京高等裁判所平成16年11月16日判決（教材事例1）の事件でも，「共謀虚偽表示」の理論が使われた．しかし，この事件で「共謀虚偽表示」を使うことには無理があるように思われる．この事例は，ガボン共和国駐日大使が，日本の不動産会社と大使公邸用の土地建物の売買契約を締結

---

(4) UCC §2-201の要件について，上述§5.2を見よ．但し，私見ながら，本件では約因が存在してないように思われ，反対意見がいうように，本件では契約は成立していないというべきであろう．

アメリカ契約法

した事例である．同大使は，letter of intent（§6.44参照）の中で，この契約には履行が困難な事情があることを事前に説明していた．その主要な文言は，「関係官署による事前の検査など，諸規則に従うことになる」という文言である．本国政府の正式な同意がなかなか得られなかった．しかし，不動産業者は，契約の締結は確実であると判断した[5]．notice（意思通知：letter of intentとほぼ同じ意味の書面）（§6.44 n.7参照）と題する書面を作成し，弁済の遅延に対しては契約が定める違約金を請求しないという約束をしたうえで，同大使に契約の署名をさせた[6]．この契約書は平成14年9月27日に作成されたが，平成15年3月25日になっても代金の支払いがなされておらず，不動産会社は契約を解除するとともに，約定違約金（2億7千万円）の支払いを請求した．裁判所は，契約が「共謀虚偽表示により無効であると判決した．

§10.23　アメリカ法では，「内心の意思は問題でなく，外部に表現された意思が契約締結の要素である」とする法理がある[7]．共謀はコモン・ロー上の犯罪または不法行為であり，それゆえに共謀による契約は強制できないものとされる場合，共謀はコンスピラシーと呼ばれるが，この法理はきわめてユニークな法理である[8]．上述の**教材事例1**と類似の事件がアメリカで起きたとしても，共謀の要件は満たされておらず，契約が無効とされることはないと思われる．また，本書§5.21で紹介した事件でも，銀行から有利な融資を受ける目的で両当事者の合意のうえでletter of intentが作成されたが，その契約としての効力は認められなかった．イギリスの判例では，letter of comfortと呼ばれることが普通であるが，これも法律上効力をもたないと判決している[9]．

---

(5) 業者はガボン共和国へ出張し，有力政治家の言質を得ていた．
(6) 不動産業者は銀行からの融資を得るためにこと書面が必要であった．
(7) Lucy v. Zehmer, 84 S.E.2d 516 (Va. 1954) 参照．
(8) これについては，著作集第7巻第1部2で詳しく説明した．
(9) Kleinwort Benson Ltd. v. Malaysia Mining Corp. Berhad, [1989] 1 All ER 785 参照．British Steet Corp. v. Cleveland Bridge & Engineering Ltd., [1982] 1 All ER 504 (Q.B.D.) ではletter of intentが問題になっているが，契約としての拘束力は認められなかった．

§10.3　錯　　誤

　§10.31　アメリカ法では，上述のように，当事者の内心を争点として審理を進めることはまれである．「錯誤」の指導的判例は次の2つである．シャーウッド対ウォーカー判決（1887年）[10]は，身ごもっていた牛の売買が問題となっているが，両当事者ともその事実を知らなかった．契約代金よりはるかに高い価値をもつ牛であることを知った売主は，牛の引渡を拒絶し，裁判所はこれを容認した．他方，Wood v. Boynton, 64 Wis. 265, 25 N.W. 42 (1885) では，石の売買が1ドルで行われ，後にそれがダイヤモンドであることが分かったが，裁判所は，契約は有効に履行されていると判決した[11]．ちなみに，これらの判決は，我妻栄の『民法講義』でも，錯誤の事例として引用されている．

　§10.32　**一方の錯誤**　契約の締結時に一方当事者だけに錯誤が生じている場合，錯誤のない当事者が相手方に錯誤があることを知り得るとき，または知るべきであったとき，その契約は取り消すことができる．例えば，公開入札が行われた場合に，第1位の入札者が70万ドルの値を付け，第2位の入札者が170万ドルの値を付けたという場合には，募集者は第1位の入札者に錯誤があったと推定できるので，取消し得る契約となる[12]．最近の判例の傾向は，錯誤のある当事者が間違いに気づき，相手方がまだ実行に着手

---

(10) Sherwood v. Walker, 33 N.W. 919 (Mich. 1887).

(11) Timothy Hoff, *Error in the Formation of Contract in Louisiana: A Comparative Analysis*, 53 TULANE L. REV. 329 (1979), at 356. この論文の著者は，同じく契約の成立を認めなかったC.C. King Co. v. Aldrich, 81 N.H. 42, 121 A. 434 (1923) が，Willistonにより批判されていることを説明し，錯誤が認められるべき事例ではなく，caveat emptorの事例であるという．13 WILLISTON, A TREATISE ON THE LAW OF CONTRACTS (3d ed. W. Jaeger 1970) §1569, at 452 n.6.

(12) M.F. Kemper Construction Co. v. City of Los Angeles, 37 Cal.2d 696 (1951). *See also*, Germain Fruit Co. v. Western Union, 137 Cal. 598 (1902).

していない場合には，契約の取消しを認めることが多い．実行に一部着手している場合には，その当事者は，信頼利益を賠償し，取消しを認めた事例がある(13)．

§10.33　東京高等裁判所平成6年12月21日判決（虚偽表示）（第8章［教材事例1］）では，住宅の床下換気システムの設置契約に関係する．被告会社の従業員が原告を訪問し，床下の湿気を除去する必要性を説き，床下換気システムの設置契約を取り付けた．床下の基礎を破損し，そのシステムを設置したが，その従業員が説明したように「土地がサラサラになる」ことはなく，害虫やカビの発生を防止する効果もなかった．そこで，原告は契約代金55万円の返還と工事のため被った損害賠償を求めた．東京地方裁判所は，この原告の主張をほぼ全面的に認めた．

§10.34　［教材事例1］では，「要素の錯誤」が主位的請求の根拠となっている．予備的請求として，詐欺等の不法行為が主張されている．東京地方裁判所は，工事による損害（根がらみの切断等）についての不法行為責任は認めなかったが，「パンフレットに記載のある謳い文句に沿った説明をし，原告に床下の湿気除去の効能があるものとして本件換気システムを売り込み，原告はその効能を信じて本件契約締結に至ったもの」と認定した．この事実認定に基づき，同裁判所は，「要素の錯誤」を理由として，本件契約の取消を判示し，原状回復を命じた．アメリカ法では，この事件は黙示的保証違反の事件として扱われたものと思われる．

§10.35　東京地方裁判所平成17年10月31日判決［教材事例2］の事件では，原告は母親の遺産を相続し，その中に明治安田生命保険相互会社，日本生命保険相互会社，住友生命保険相互会社，千代田生命保険相互会社（AIGスター保険相互会社），東京三菱銀行等（以下，被告という）と結んだ変額保険契約が問題になっている．被告の担当者は，相続税対策に有効であると説明し，その能力を超える高額の投資を原告の母親にさせたのであるが，変額保険の解約返戻金の額が一時払いの保険料の額を下回る事態が生じ

---

(13) Hoffman v. Red Owl Stores, Inc., 133 N.W. 2d 267 (Wis. 1965) 参照．

た．しかも，その投資は銀行等による融資に頼っていた．東京地方裁判所は，「受取額が投資額を下回ることはない」と信じて契約が締結されたものであり，「要素の錯誤」が認められる，と判決した．この事例も，アメリカ法では，詐欺的取引の事例として扱われ，契約は無効とされる[14]．

§10.4 非良心性

§10.41 UCC§2-302は，「契約締結の時点で非良心的であったと認められる契約」の強制を拒否できると規定している．何が「非良心的」であるかは，判例法上，必ずしも明確ではないが，信義誠実に反する契約がそれである．§2-103(1)bは，「事実上正直であること，および合理的な商業上の公正取引基準を遵守していること」を信義誠実という，と定義している．日本の民法には，「非良心性」の法理を定めた規定はないが，判例法上，信義則を認めており，実質的にその法理に類似した解決をはかった事例が少なからずある．また，民法90条は「公序良俗」は倫理規範であるが，アメリカ法の非良心性の法理はエクイティの原則である．

§10.42 「非良心性」に関するアメリカの指導的判例は，Williams v. Walker-Thomas Furniture Co., 350 F.2d 445 (D.C.Cir. 1965)[15]であるが，ここでは，A & M Produce Co. v. FMC Corp., 135 Cal. App. 3d 473, 186 Cal. Rprt. 114 (1982)を紹介しよう[16]．この事件では，製造物責任に関して，

---

(14) ただし，本人がよく理解したうえで行った取引であれば，厳格な自己責任が問われる．
(15) この事件は，首都ワシントンの低所得層の市民が住んでいる地域のスーパーが，割賦販売契約の中で，「割賦の支払いを怠ったとき，スーパーは，顧客のすべての財産に対して担保権をもち，裁判手続によらずに担保権を実行できる」という条項が含まれていた．この条項により，スーパーは，顧客の冷蔵庫など，めぼしいものを取り上げようとしたのに対し，裁判所は，「文化的なショック」を覚える事件であるとして，顧客を救済した．
(16) この事件は，hydrocoolerの売買に関する事件である．この事件の原告は，トマト農園の経営者であるが，商品として売るのに適したトマトを自動的に

商品の売買契約書（普通契約）のなかに含まれていた disclaimer of warranty 条項が非良心的であるとして，効力を否定された．学説上，procedural unconscionability と substantive unconscionability を区別し，後者の場合には判断の恣意性が含まれており，アメリカの裁判所は批判的であると説明されている[17]．

§10.42 次に京都地方裁判所平成17年5月25日判決［教材事例3］は，アメリカ法では「非良心性」の事例として扱われる．この事件では，原告は，市の職員を装った被告の突然の訪問を受け，「水道の点検です」という言葉を信じたために，被告に浄水器を買わされることになった[18]．京都地方裁判所は，その時に作成された契約書が特定商取引に関する法律の諸要件を満たしていないことを理由として，原告はクーリング・オフにより解除できると判決し，被告が受取った支払金116万250円の返還を命じた[19]．しかし，不法行為による損害賠償（慰謝料）の請求については，「経済的損失が補填された以上，原告に金銭的評価が可能な精神的苦痛による損害は認められない」と判決した[20]．

　選別する機械を導入することにし，機械を購入する交渉を始めたところ，売主は冷却器を付ける必要があると説明した．しかし，値段が高いので，被告が紹介した別の会社の冷却器を買うことにしたが，実際には冷却器は必要なものではなく，しかも原告はこの冷却器には不満があった．そこで，冷却器買取契約を解除しようとしたが，失敗した．被告が使った書面の中に，Disclaimer of Consequential Damages という表題の付けられた条項が印刷されていた．裁判所は，その条項の効力を否定した．

(17) A.A. Leff, *Unconscionability and the Code–The Emperor's New Clause*, 115 U.Pa.L.Rev. 485 (1967) は，「非良心性」の法理（UCC §2-302）を理論的に究明した学術論文である．
(18) 最初に5,250円で水道の洗浄サービスを行い，信頼させておいたうえで，活水装置，浄水器アクアドリームの工事請負契約を締結した．
(19) 契約書に重要な不備があり，法律が要求する書面は作成されていないと擬制し，解約できると判示した．
(20) 事実認定では，錯誤無効，詐欺取消，消費者法4条による取消，不法行為についての事実認定は行っていない．

第10章　抗弁事由と不可抗力

§10.5　違法な契約

§10.51　違法な契約は無効である．たとえば，シャーマン法第1条が禁止する「通謀」契約は，違法契約の1例である．法律による規制がない場合でも，裁判所は，公序に反する契約の強制を拒絶することがある．談合入札がその1例である[21]．雇用契約に含まれる「競業禁止」条項は，合理的な範囲でのみ効力が認められる[22]．一定の類型の契約が「公序」によって無効とされることがある．「公序」によって無効とされる契約は，おおまかに分類すれば，(1)犯罪や不法行為を行うことを内容とする契約，(2)売春を促進することになる契約，(3)国家の安全を害するような契約（武器の外国への輸出など），(4)司法を行うのに妨げとなる契約，(5)公務員の贈収賄となる契約，(6)国家財政を傷つける契約をあげることができる．「租税回避の通謀」を内容とする契約は，この最後の類型に含まれる．

§10.52　「公序」による無効について，CHESHIRE, FIFOOT & FURMSTON'S LAW OF CONTRACT (1945, [15th ed. 2007]) 467-8頁（英米契約法の基本書として定評を得た著作）は，「公序」により無効とされる契約を次のように説明している[23]．

　「一定の種類の契約はコモン・ローで禁止され，それ故に反証のない限り (prima facie) 違法とされる．……若干の例をあげれば，「不正を約定すること」をだれも許すことはないであろうし，「法の一般政策に反する」契約ま

---

(21) Frank v. Blumbery, 78 F. Supp. 671 (Pa. 1948).
(22) Forster & Sons Ltd. v. Siggett, (1918) 35 TLR 87（ガラス製造の特殊な技術の利用を禁止した）. *See also*, Herbert Morris Ltd. v. Saxelby, [1916] 1 AC 688.
(23) TREITEL, THE LAW OF CONTRACT (9th ed. 2003) 439頁は，次のように述べている．「法律上の不法行為を含まない契約が，法律が公序を理由として否認するような状況をその契約がもたらす傾向をもつという理由によって，違法となりうる．その有害な傾向が明瞭な場合にのみ，この理由により契約は違法［無効］である．」

109

たは「公共の善に反する (contra bonos mores)」もしくは善良な道徳に反する、または不道徳な原因から生じた (ex turpi causa) 契約を強制されることはない.」

これらの説明は，日本民法 90 条の規定を想わせるが，英米法にいう「公序」は，すでに一言したように，それを一般原理とは認めていない．大陸法で認められる「公序」は暴れ馬のようにコントロールが不可能になりうる，というのが判例法上確立された見解である．英米法では特定の具体的な類型の契約に対してのみ，その法原理が適用される．したがって，英米法にいう「公序」とは，特定の問題に関する法律ないし確立された判例法の法原理を調べ，それらが実現しようとしている法の目的を挫くような契約を否定するための論理的な枠組みであって，その利用は判例法の蓄積により認められた限度に限られる．

§10.53 これら 6 つの類型の契約は，違法性 (illegality) を含んでおり，問題の契約が刑事責任または不法行為責任の要件を満たすようなものであるならば，その責任も問いうる．契約が違法または不法とまでは言えない場合でも，契約は無効とされうる．たとえば，売春婦が洋服や靴を買ったり，自動車を買ったりしたとしても，その契約は原則として完全に有効であるが，その自動車が明らかに売春の目的のために使われることを知りながら (knowingly) 売主が売春婦と契約を結んだ場合には，裁判所は，この売買契約は「公序」に反するものであると認定して，その効力を否定した[24]．租税法の事例においても，個々の銀行取引が適法なものであったとしても，その実体がないのに形のうえだけで脱税を目的としてその取引を装うのは，違法なコンスピラシーであるとされ，無効な取引となる[25]．

---

[24] Jones v. Randall, (1774) 1 Cowp. 37 でマンスフィールド裁判官は善良な道徳に反する契約 (contract contra bonos mores) は違法であると述べており，この判例法理に従って，売春契約やその場所の提供に関する契約などが違法と判決されてきた．

[25] 大阪高等裁判所平成 15 年 5 月 14 日判決（法人税更正処分取消請求控訴事件），大阪地方裁判所平成 14 年 9 月 20 日判決参照．

§10.54 日本民法では，詐欺および脅迫が違法とされ，それによる契約は原始的に無効とされる．例えば，東京地方裁判所平成5年3月29日判決がその例であるが，この判決にはアメリカ法の影響が見られる事例である．この事件は，ベルギー・ダイヤモンドの「マルチまがい販売」に関する事件である．有名なアメリカのホリデー・マジック社の社員が日本で展開した大規模詐欺である．この事件の取引は，ダイヤを1つ買うと3名の知人を紹介するだけでBDA（ビジネス会員）になる資格を取得できる．BDAになるとマネジメント・コンサルタント・クラスの研修が義務づけられ，受講料を1万5円支払うことになる．この研修に合格するとBDM（マネージメント会員）になる．このシステムはいわゆるネズミ講であり，上位に行けば月収600万円以上の利益が得られるという．

§10.55 本節では「契約の違法性」を問題としてきたが，ここでいう違法性は刑法の違法性とは異なり，違法の程度によって，契約は「無効（void）」となったり，「取消（voidable）」となったりする．例えば，医師が無免許で患者を診察した場合，医師が締結した医療契約は無効であり，もし契約代金を既に受け取っている場合には，それを返還しなければならない．これに対し，ニューヨーク州の弁護士がキャリフォーニア州では登録していないのに，キャリフォーニア州で独占禁止法に関する実務を行った場合には，この委任契約は弁護士法に違反しているが，その契約は取消し得る契約であるかもしれないが，むしろ報酬請求権が認められると思われる[26]．さらに，違法性の度合いが軽微なものである場合には，契約の一部が無効となるが，残りの部分は有効とされることがある[27]．

---

(26) アメリカでの弁護士登録は州毎に行われる．但し，一定年数の経験を経た弁護士は，いずれの連邦裁判でも弁護活動を行うことができる．

(27) Lund v. Bluflat, 292 P. 112 (Wash. 1930) では，無資格の plumber が工事をしたとき，そのサービス料の請求は拒否されたが，資材費等の実費は補償された．Keene v. Harding, 392 P.2d 273 (Cal. 1964) では，自動販売機の一部に法律違反があったが，違法でない部分の契約は効力が認められた．

§10.6 不可抗力

§10.61 天災地変，戦争など，契約当事者に帰責事由のない出来事のため，契約の履行が不可能となる場合，その出来事が発生した時点から将来に向けて，債権債務関係は解消される．契約当事者双方の錯誤の場合と同じように，基本的には原状回復が対処方法となる．「事情変更の原則」は，原則としてアメリカ法では認められていないが，フラストレーションの法理[28]がそれと似た機能をはたしている．この法理は，リステートメントに規定されているが，その規定によれば，契約の履行がなされるべき環境に変化が起こり，契約を履行すれば不当な困難，費用，損害または損失が生じるため，実行不能であることをいう[29]．この法理はエクイティの法理であり，その内容は必ずしも明瞭ではない．

§10.62 五十嵐清『契約と事情変更』（有斐閣，1969年）は，上述のフラストレーションの法理と日本の判例法と比較している（30頁）．第2次世界大戦後まもなく提起された多くの事例でこの理論が使われたようであるが，戦争後の事情はすべての国民に共通した困難であり，事情変更の原則により契約を無効とすることはできないと判決された．五十嵐清の理論によれば，事情変更の原則は利益考量の1つの秤であり，明確な判断基準ではないようである．

§10.63 イギリス法では，Taylor v. Caldwell, 122 Eng.Rep. 309, 314 (K.B. 1863) でも，音楽の公演のためのミュージック・ホールの賃貸借契約が締結

---

[28] アメリカでも§10.63で説明するイギリス法を継受していると思われる．Comment, 69 Yale L.J. 1054 (1960). また，Mullen v. Wafer, 480 S.W.2d 332 (Ark. 1972) も見よ．

[29] UCCやリステートメント契約法§615(a)はこの原則を前提としていると思われる．Restatement, Second §261. Cf. UCC §2-613 and §2-615. これらの規定では，impossibleということばを使わず，impracticable（実行不能）ということばを使っている．

され，そのホールが火災のため焼失した後，公演主催者は，公演の中止によって被った損害について賠償を求める訴訟を起こしたが，王座裁判所は，その主催者の訴えを認めなかった．Krell v. Henry［1903］2 K.B. 740（C.A.）においても，1902年のエドワード7世の戴冠式が中止され，ウインザーのホテルの客は特別の追加の料金の支払いを拒絶したが，フラストレーションにより，契約の履行は不可能であると判示して，高い料金の取立を認めなかった[30]．これらのイギリスの判例は，上述のアメリカ法のフラストレーション法理の先例とされている．

[ディスカッションの論点]
　1　アメリカの独占禁止法違反が抗弁として主張されることがしばしばある．この法律は，アメリカ国内に実質的効果がある行為に直接適用があるので，日本で行われる行為にも適用がある．そこで，契約が日本人間の談合によるという抗弁は有効か．
　2　契約の無効および取消の概念は，アメリカ法の§10.55で説明したvoid or voidableと同じか否か議論しなさい．本書96頁注(1)および加藤新太郎編『契約の無効・取消』（新日本法規，1999年）参照．

---

[30] 但し，Chandler v. Webster, [1904] 2 K.B. 493 では，特別料金の支払いを命じたが，その理屈は，原告側がそのリスクを明示的に引き受けていたことにある．

[参考コラム]

- **不可抗力条項の書き方**　不可抗力条項（Force Majeure）は，通常，次のように書かれる：

    Neither party hereto shall be liable to the other party for failure to perform its obligations hereunder due to the occurrence of any event beyond the reasonable control of such party and affecting its performance including, without limitation, governmental orders or regulations, outbreaks of a state of emergency, acts of God, war, warlike conditions, hostilities, civil commotion, riots, epidemics, fires, strikes, lockouts or any other similar cause (hereinafter referred to as "force majeure"). Notwithstanding the foregoing, no occurrence of an event of force majeure shall relieve [　] of its obligations to make payment for the products already delivered hereunder.

- **取引制限の法理**（restraint of trade）　イギリスの裁判制度では，歴史的には，刑事裁判と民事裁判の区別は明確ではなく，「違法」ということばは必ずしも犯罪を意味するものではない．契約法については，アダム・スミスの自由放任の思想に支えられ，私的自治を原則としたため，「違法な契約」は「裁判所が干渉すべき公益が関係する契約」を意味する．アメリカ法では，直接市場価格に影響を与える消費者契約はそれ自体違法（*per se* illegal）とされる．その他の違法は，相手方に不利益な条件を合理的な理由なしに承諾させる契約を意味する．このような契約は「合理性の基準（rule of reason）」により個別的に審理したうえ，裁判所によって認定される．

第 11 章

履行確約の請求と
履行期前の履行拒絶

[教材事例]
1 名古屋高等裁判所平成 19 年 4 月 5 日判決，裁判所ウェブサイト 28131086（**ファーストリテイリング＝ユニクロ使用許諾契約**）
2 東京高等裁判所昭和 61 年 6 月 25 日判決，東京高等裁判所（民事）判例時報 37 巻 6・7 号 60 頁（**履行期前の弁済と詐害行為**）
3 最高裁判所平成 16 年 7 月 16 日，民集 58 巻 5 号 1744 頁，判例時報 1872 号 64 頁（**停止条件付集合財産譲渡担保契約**）

[講義概要] アメリカ法は 20 世紀の前半の時代にリアリズムの大きな影響を受けており，「所有権」の概念を使った理論的整合性だけを追求する政策はとらず，具体的な妥当性を重んじている．UCC は，契約が有効に成立していると認められ，その履行がなされていない場合でも，直ちに契約の解除を認めることはせず，「確認手続」をその前提条件として要求している．反面，「契約解約の自由」を認めることは，「法と経済」学の視点からみて，経済的な利点があり，適切な場合には解除は正当なものとされる．

§11.1 履行確約請求権

§11.11 UCC §2-609 は，「各当事者は，適正な履行を受けることができるという相手方の期待を傷つけないようにする義務を負う．いずれかの当事

者の履行に関して，不安の合理的な根拠が生じた場合，相手方当事者は，適正な履行の適切な確約を書面で要求することができ，かつ，その確約を受理するときまで，商業上合理的である限り，……履行を停止させることができる。」と規定している．第13章§13.3で説明するように，長期継続契約には別個の考慮が必要となるが，履行確約請求権が問題になるのはそのような契約の場合に多い．この条文の解釈と関連して，継続的取引契約の例として，フランチャイズ契約を検討しよう[1]．

§11.12　フランチャイズ契約の締結時に，ノーハウの提供に対し最初に定額のロイヤリティが支払われる．これは店の経営についてのノーハウを実施させることに対する対価を意味している．したがって，経営状態について監視し，助言・指導がその料金に含まれている．ところで，Jay Dreher v. Delco Appliance Corp., 93 F. 2d 275 (2nd Cir. 1937) では[2]，原告は，被告製造会社が供給する総ての商品（主に自動車関連部品）の一括販売を行う販売店であり，原告は被告の商品の販売促進に努力する義務を負っていた．1933年1月2日にこの契約が締結されたが，売上げはほとんどないに等しい状況であった．被告は同年4月28日に原告が履行する意思があるかどうかの確認をせずに，その契約を解除した．上記のUCCの規定によれば，「適正な履行の適切な確約を書面で要求する」ことが必要とされる．

§11.13　上記の事件では，原告（フランチャイジー）は，契約違反に基づく損害賠償を求めたが，契約自体があいまいであり，連邦地方裁判所は，訴

---

[1] フランチャイズは，アメリカで始まった販売方法である．一つの典型例として，SUBWAYのシステムを紹介しよう．2008年の時点で，サブウェイは，北米に23,300店，ヨーロッパに1,780店，オセアニアに1,230店，中南米に980店，アジア（日本を除く）に550店，中東・アフリカに160店，そして日本に132店，合計19,620店あるといわれている．どの店も同じようなイメージを維持し，同じような商品を，同じようなユニフォーム（グリーンの帽子）を着た販売員が売っている．総本部は，300万円ほどの資金をもつ「経営希望者」を募り，簡単な適正検査と面接後，19日間のフランチャイズ研修が行われる．その研修後，開店の運びとなり，「経営者となる夢を実現する」ことになる．

第11章　履行確約の請求と履行期前の履行拒絶

えを却下した[2]．しかし，連邦第2巡回区上訴裁判所は，この決定を破棄した．上訴裁判所の解釈によれば，被告が商品リストを原告に渡し，原告はその中から取扱商品を選んで注文することになっていた．被告は必ずしも注文に応じることは義務づけられていない．その他，原告と被告との取引を被告側が一方的に制約する規定があり，さらに契約解除条項がある．この条項は，本件のような解除を想定したものとは考えられないという．そして，原告側の具体的な義務違反が証明されておらず，本件の「解除が適正なものである」限度で，契約としての効力をもっているが，信義則違反があると判決した．この判決は，ハンド（L. Hand）裁判官によるものである．

§11.2　ライセンス契約の契約解除前の手続
―― ［教材事例1］の分析検討

§11.21　アメリカの判決を分析する前に，名古屋地方裁判所平成19年3月19日判決［教材事例1］と比較しよう．この事件は知的財産権のライセンス（使用許諾）をめぐる事件であるため，判決からは詳細な事実を推察することは困難であるが，争点の1つは，継続的取引契約において，「債務不履行」はどのように確定されるか，という問題である．名古屋高等裁判所は次のように説明している．

「継続的取引契約である本件サブライセンス契約の解除の可否の判断に当たっては，契約違反に該当する行為があったことが直ちに解除原因になると認められるものとはいえず，違反に至った経緯や違反の程度を踏まえて実質的に判断すべきであるところ，上記に照らせば，仮に本件釦付きポロシャツの販売が本件サブライヤンス契約に違反するとしても，その違反の程度が解除原因に該当するほど強いものと評価することはできず，控訴人の主張を採用することはできない．」（下線，筆者）

この事件の判決は，被告ファーストリテイリング＝ユニクロに約20万円

---

[2] UCCの公式コメントは，この判決を引用している．判決の論旨自体は余りすっきりしたものではないが，ハンド裁判官が下した判決であり，おそらくそれ故に注目されている．

117

の支払いを命じているが，原告は約20億円の支払いを請求しているのであり，実質的には原告敗訴の判決である．上の判決の中で，裁判所がサブライセンス契約について述べていることは，フランチャイズ契約にもあてはまる．

§11.22 上に紹介したアメリカの事件と類似するフランチャイズ契約をめぐる訴訟は，日本でも100件近く提起されている．日本の裁判所は「契約締結上の過失」の理論によりフランチャイジーを救済する傾向がある[3]．ここでは，上述§11.12のアメリカの事件に類似した側面をもつ岐阜地方裁判所平成19年4月12日判決を検討することにしよう．この事件では，酒類販売業者が加盟店を募集し，原告は会社社員であったが，経営者となる夢をもち，それに応募した．第1加盟店契約および第2加盟店契約が締結されたが，最初に締結された第1加盟店契約（予備契約）は特殊な雇用契約であった[4]．原告は，酒類販売業の免許を取得し，第2加盟店契約を締結したが，経営に失敗し，被告に対し詐欺を理由として損害賠償金の支払を請求した．予備的に，情報提供義務違反（契約締結上の過失）を訴えた．

§11.23 岐阜地方裁判所は，フランチャイズ契約を次のような性質をもつ契約であると説明した．

・フランチャイザーは，フランチャイズシステムと呼ばれる一定の経営システムないし一連のプログラムを加盟店へ提供する義務を負っている．㋐経営上のノウハウ（知識，技術，商品，情報）の使用許可，㋑経営上の標識（商号・商標・サービスマーク等）の使用許可，㋒経営に関する指導及び援助をなすべき義務が主たるものである．

---

(3) 例えば，千葉地方裁判所平成19年8月30日判決では，たこ焼き店のフランチャイズ契約の締結に際して，「情報を適時かつ正確に提供・開示すべき信義則上の義務」に違反したと判決された．他方，福岡高等裁判所平成19年7月19日判決（ラーメン屋のフランチャイズ契約）では，裁判所は，のれん料の不払いを理由とする契約解除の効力を否定した．[参考コラム]で説明したアメリカのフランチャイズと多少異なった要素が含まれているように思われる．

(4) 応募者が不動産をもたない場合には，フランチャイザーが店舗を提供し，生活保証料として40万円が毎月原告に支払われている．その店舗は最終的には原告が買取ることになる．

第11章 履行確約の請求と履行期前の履行拒絶

・フランチャイジーは，フランチャイザーによるフランチャイズシステムの提供に対する対価としてのロイヤリティをフランチャイザーに支払う義務を負っている．

同裁判所は，これらの義務が履行されているかどうかを検討し，契約は有効に成立しており，被告に詐欺（動機の錯誤を含む）はないが，契約は終了していると判示し，原告に対し借金の返還を命じた(5)．

§11.3　履行期前の履行拒絶

§11.31　UCC§2-610は，「一方当事者が，期限がまだ到来していない履行に関して，契約の履行を拒絶する場合であって，相手方当事者にとって契約の価値が実質的に害される場合には，」合理的な期間の間，履行を待つか，または，履行を待つという通知を与えて，違反に対する救済方法を使うことができる，と規定している．例えば，定期的に商品を卸している関係がある場合，その商品の供給が困難であれば，事前にその事実を知らせることにより，損失を防ぐことができる．この場合には，§2-703による一般的救済方法（「代品の入手」など）を使うことになる(6)．同条はまた，履行の期限が到来するまではその拒絶を撤回できると規定している．ただし，相手方が拒絶の通知を受理した後，直ちに適切な措置をとり，履行がもはや不要となった旨を通知した場合には，その撤回は許されない．

§11.32　第9章（§9.41）で紹介した丸紅飯田と味の素の訴訟は，まさにこの規定を適用すべき事件である．アメリカ法では，大豆の値段が暴落しているときに，最初の高い契約代金で買取りを強制される理由はなく，味の素には履行期前の履行拒絶の自由がある．味の素が受領を拒絶し場合，売主は第三者にその大豆を売却し，契約代金との差額を争うことになる　他方，味

---

(5) 原告は，ロイヤリティ（5,338万円），什器備品のリース料（約2,526万円）を支払うことになる．

(6) UCC§2-703は，物品の引き渡しを停止し，その物品を再販売し，もし損失が生じていれば，その損害賠償を請求する権利を認めている．

の素は大豆を第三者から購入し，売主の訴えに「契約不成立」を主張することになる．アメリカの「法と経済」学によれば，このような解決がもっとも社会的利益を生むことになる．

§11.33 そもそも当事者は，契約の履行中に起こり得るさまざまなリスクに対処し，債権の保全をはかる必要がある．差入書，同意者，念書など，契約書とは別に，契約を遵守することを強く約束させるための書面が使われる．契約法上，これらの書面は特別な意味をもたないことが多い[7]．しかし，債権の保全のためには重要な意味をもつことがある[8]．アメリカ法においても，上述のように確約書を提出させることがあるのは，主に債権の保全のためである．アメリカ法における履行期前の履行拒絶の事例として，Missouri Furnace Co. v. Cochran, 8 F. 463 (1881) や Reliance Cooperage Corp. v. Treat, 195 F.2d 977 (8th Cir. 1952) があるが，考え方は日本法と大きな相違はないように思われる[9]．

§11.4 詐害行為取消訴訟の比較法的考察
―― [教材事例2] および [教材事例3] の分析検討

§11.41 本章の主要テーマである「履行確約の請求と履行期前の履行拒絶」は，日本民法のもとでは，余り議論されることのない問題である．そもそも，アメリカ人のような考え方は，日本人には理解しにくい．[**教材事例**

---

(7) 例えば，§10.22で問題になった notice, letter of intent, 協定などがそれである．

(8) 最高裁判所昭和53年12月15日判決，判例時報916号25頁参照．

(9) anticipatory repudiation がなされれば，それ以後，契約当事者は義務を履行する必要はなく，履行期が到来しても債務不履行とはならない．Missouri Furnace の事件はコカコーラの原料売買に関する事件であり，Reliance Cooperage は white oak bourbon staves の売買に関する事件である．Reliance Cooperage は Hochster v. De La Tour, 2 El. & Bl. 678, 118 Eng.Rep. 922 (1853) (旅行ガイド契約の履行期前の解除) を先例として検討している．Daniels v. Newton, 114 Mass. 530 (1874); Drake v. Wichwire, 795 P.2d 195 (Alaska 1990) も見よ．

2］の事件では，第三者による債権妨害の排除や詐害行為取消権の行使という形で，履行期前の弁済が問題となっているので，形式的には同じような事件が日本でも起こり得る．しかし，これは第三者が提起する訴訟であり，上記のアメリカ法が想定する事例とは異なる．

§11.42 ［教材事例２］の事件では，安藤は被告が振り出した約束手形を割り引いて買い取った．振出人の支払能力に不安があったため，小俣を裏書人として裏書きさせたが，その後被告は不渡り手形を別途振り出し，倒産手続が進められることになった．この手続に先立ち，被告は，安藤がもっていた約束手形を現金化し，自分の債務の弁済として，249万500円を受け取った．しかし，その手形の支払期日はいまだ到来しておらず，「安藤は債権者を害することを知って弁済した」．東京地方裁判所は，このような弁済は詐害行為となると判決した．最高裁判所昭和39年11月17日判決では，債務者の資産を第三者に譲渡する契約が結ばれ，たとえその代金価格が公正市場価格によるものであっても，通謀による譲渡であれば，その取引を詐害行為として取り消すことができる，と判決された．

§11.43 ［教材事例３］の事件では，破産会社が特定の第三債務者らに対する現在および将来の売掛債権等を被告に包括的に譲渡した．その譲渡の効力発生時期は，破産手続を債務者が申し立てた時とすることが定められていた．債権譲渡の事実が広く知られることになれば被告は信用を失い，経営が直ちに破綻するので，譲渡の通知を危機（破産）到来時まで留保し，倒産法上の否認権行使の対象とされることを免れるためのテクニックとして，実務上編み出された法形式であるが，最高裁判所は，第三者（債権者）による否認権行使を認めた[10]．

§11.44 上述の事件は詐害行為取消権の事例として紹介されている．日本でも，債権者にとって，債務者が契約どおり履行しない場合に，第9章で

---

(10) 最高裁判所平成16年9月14日判決も，この判例法理を確認している．最高裁判所昭和48年4月6日，民集27巻3号483頁では，否認権の対象からはずすことを認めた．

論じた安全性確保の措置（保険または人的・物的担保）をとることもできるが，事例によっては保全措置が必要となる場合がある．債務者が第三者と取引をすることは自由であるが，債務を弁済できない程度まで責任財産を散逸することは，元の債権者にとっては，万が一の場合に債権を強制することができなくなるので，民法は詐害行為取消権を認めている[11]．これと関連して問題になるのは「相殺」の効力である．支払不能時に自動的に相殺権を行使し，他の債権者より優先的に弁済を得る契約条項を置く場合があるが，かかる条項は常に有効であるとは限らない．

§11.45　日本民法の詐害行為に関する規定はヨーロッパ法を継受した規定であり，むしろ日本以上にこの法理が使われている．イギリスでは，13 Eliz. C.5 (1570) の法律により，法典化され，それ以降，たびたび改正され，現在のような規定になっている．当然，アメリカでもこの法理は継受されており，Uniform Fraudulent Transfer Act (1985) という形で整理がなされている．Yaesu Electronics Corp. v. Tamura, 28 Cal.App. 4th 8, 33 Cal. Rept.2d 283 (1994) は，現在のアメリカ法を説明した判例である．債務者に詐害の意思があったかどうかが重要な争点となるが，一定の情況（詐害の徴表：badges of fraud）があれば，その意思があったと推定される[12]．アメ

---

[11] 最高裁判所（2小）平成24年10月12日判決，民集66巻10号3311頁において，債権回収会社が担保権をもつ株式会社が新設分割設立株式会社を創設し，主たる財産である不動産を新設会社に移転しようとしたとき，その担保権の保全のため，新会社の新設が詐害行為に当たると主張し，最高裁判所は詐害行為取消権の行使を許した．なお，詐害行為取消権の諸判例は，飯原一乗『詐害行為取消訴訟』（悠々社，2006年）が，いくつかの類型に分類して検討している．

[12] 詐欺そのもの (fraud *per se*) でなく，その推定の根拠となる．Douglas-Guardian Warehouse Corp. v. Jones, 405 F.2d 427 (10th Cir. 1969) ; Sylvester v. Sylvester, 723 P.2d 1253 (Ala. 1986). 特別な関係（血縁など）がその徴表である．Palmer v. Murphy, 677 N.E.2d 247 (Mass. 1997); Springfield General Osteopathic Hospital v. West, 789 S.W.2d 197 (Mo. 1990). 水野吉章「詐害行為取消権の理論的再検討(1)-(7)完」北大法学58巻6号3146頁，59巻1号498頁，3号1598頁，6号3538頁，60巻2号790頁，5号1248頁，61巻3号1040頁 (2008年-2010年) 参照．

リカ法では，債権者は金銭支払請求訴訟と詐害行為取消訴訟とが併合して提起されることが多い．

[ディスカッションの論点]
1 契約の履行期がまだ到来していない段階に，履行に不安がある場合，確認のプロセスをシステムとして組み入れているのは，債権保全の意味および将来のトラブルを防止する意味において，合理的な考え方であると思われるが，日本法の保全手続と長所短所を比較検討しなさい．
2 「法と経済」学のコスト・ベネフィット分析を用いて，アメリカ法にはどのような利点があるか，議論しなさい．

[参考コラム]
- ハンド（Learned Hund, 1872-1961） ニューヨーク州で弁護士実務を経験した後，第二巡回区連邦上訴裁判所の裁判官として残りの生涯を送った．1951年に退官したとき，カードウゾ裁判官は，アメリカ人の最も偉大な裁判官という賞賛のことばを贈った．
- フランチャイズ契約 フランチャイザーは，経営に成功した者が，消費者からの高い評判を利用し，ノーハウ使用許可という形で支店を拡張する．最初，応募者は，プログラムに加盟する権利として，定額のロイヤリティを支払い，営業についてのセミナーを受けてシステムを学習する．加盟店の店舗については，応募者が用意することもできるが，一定の金額（たとえば，300万円）と支払うことができれば，フランチャイザーが貸し付ける．店舗は統一されており，フランチャイザーの側で決定する．特定の商品だけを排他的に扱わせ，高い品質を維持するため，什器備品もフランチャイザーが提供し，使用料をとる．商品の売り上げに対し，一定のパーセント率によるロイヤリティの支払が義務づけられる．フランチャイザーの商標またはトレード・ネームを使った店を拡張する．応募者側の利点は，経営について全く無知であっても，マニュアルどおりに仕事をすれば，経営者となることがで

きることである．また，資本金がまったく新しい店を自分で開く場合に比べ，比較的少額の資本金で開業できる．通常，売上目標額が提示されるが，フランチャイザーがその収益を保証したかどうかが争点となる．

- **契約締結上の過失**　本書で取り上げた判例からも理解できるように，この理論はあいまいな部分を多く含んでいる．比較法的にはドイツ法にその起源があると言われているが，アメリカ法でも，ルイジアナ州やプエルト・リコ準州の判例には，この法理に従ったものが若干ある．加藤新太郎編『判例 Check: 契約締結上の過失（改訂版）』（新日本法規，2012年）は，契約締結上の過失に関する200件余りの判例を網羅的に検討し，学界においける議論もほとんどすべてを紹介し，理論的な整理を行っている．アメリカ契約法では，「過失責任（不法行為）」の問題または信義誠実（エクイティ）の問題と理解し，原状回復（restitution）により救済するのが一般的である．Kessler and Fine, *Culpa in Contrahendo*, 77 Harv. L. Rev. 401 (1964) は，日本で注目された論文であるが，アメリカの判例でこれを引用したものは数件にしか過ぎず，アメリカ法では「過失」は不法行為法の法理であると理解すべきである．

第 12 章

債務不履行と信義誠実の原則

［教材事例］
1 東京地方裁判所平成9年3月19日判決，判例タイムズ961号204頁（ホテル［ロス・アンジェルス］買取契約）
2 東京地方裁判所平成15年9月26日判決，判例タイムズ1156号268頁（ハワイ衣料品・化粧品専属販売契約）

［講義概要］「債務不履行」とは，債務者が約束を本旨に従って履行しないことを意味する．債務不履行は，契約の対象物が特定物であれば，特定履行を強制することも可能であるが，不特定物である場合には，代替物の提供を請求するか，契約を解除して損害賠償を請求することになる．契約の履行は，明文による規定がない場合でも，信義誠実に行われなければならず，もし信義則違反があれば，その違反に対するエクイティの救済が認められる．

§12.1 債務不履行と信義誠実の意義

§12.11 **「債務不履行」の意義** 「債務不履行」が認定されれば一定の法的効果が生じる．第13章で説明する「契約の解除」の事由になり得る．また，UCC第9編の担保権を実行する場合，「債務不履行」に陥っていることが前提条件となる．「債務不履行」という用語はアメリカ法で定義がなされているわけではなく，契約当事者の間での合意に従って決定されることになる．そこで，当事者の契約の意思解釈として，「債務不履行」があったか

アメリカ契約法

どうかがしばしば争われることになるが、この争いにおいて、第9章で説明した、検査義務が尽くされているかどうかが争点となる場合もある。

§12.12 契約を信義誠実に履行する義務は、契約書に規定されているか否かにかかわらず、存在する。契約の履行のプロセスは、信義誠実に履行することが要求される。その義務の内容は、アメリカ法では、多数の判例によってかなり具体的に示されている[1]。日本の判例でも、信義則により債権者を保護したと思われる判例が少なからずあるけれども、理論的な整理が必要であると思われる。やむをえない客観的事情がないのに信頼関係を不当に破壊すれば不法行為になる[2]。信義誠実に反する交渉打ち切りに対して損害賠償が認められた[3]。正式な契約の締結に先行して営業活動を行った期間の営業損失は、実害として損害賠償額の算定に含められる[4]。

§12.13 信義原則は、日本民法第1条に規定されているが、林信夫『法律における信義誠実の原則』（評論社、1952年）はこの規定の解釈を多方面にわたって説明している。この研究は主にフランス法を参考にしているが、随所でドイツ法やスイス法にも言及している。その本の36頁において、「民法における私的自治は、いま、その理念的転換を要請されている。このことをば、極端な標語で表現する者は、『民法よ、さようなら』と言うのである。」と述べている。この書き方は、ギルモアの『契約の死』と共通するものを含んでいるように思われる。

---

[1] UCC§1-304 (2012) は、信義誠実ということばを「すべての契約または[統一商事法典]の義務は、関連する行為または取引における信義誠実の義務を負わせる」と規定している。この「信義誠実 (good faith)」という用語は、同§1-201 (20) において、「第5編に別段のことが規定される場合を除き、事実上の正直、および公正取引の合理的商業標準の遵守を意味する」と定義している。

[2] 最高裁判所昭和56年1月2日、判例時報810号2頁（地方自治体の急な政策変更）。

[3] 東京高等裁判所昭和62年7月17日、判例時報1232号110頁（第4章教材事例3）。

[4] 東京地方裁判所昭和56年3月23日（総代理店契約）。

第 12 章　債務不履行と信義誠実の原則

§12.2　コンサルティング契約およびマネージメント契約の債務不履行——［教材事例１］の分析検討

　§12.21　東京地方裁判所平成９年３月19日判決［教材事例１］は投資契約であるが，この契約はどのような場合に債務不履行となるか．原告はアメリカのホテルを購入した投資家（福島市のホテル経営者）である．被告は，安田銀行である．共同原告は春好観光株式会社であるが，この会社を経営する阿部ハル子が，アメリカのホテルに投資する夢をもち，これを知った被告銀行が，ホテル購入の世話をし，融資を行った．被告銀行は，原告とコンサルティング契約を締結し，その契約に従って原告を現地へ案内し，原告が気に入ったロス・アンジェルスのホテル（ウッドフィン・スウィートホテル・オレンジ）の売買契約を締結させた．また，そのホテル経営を続けるために，マネージメント契約も締結させた．

　§12.22　契約締結時の話では相当の利益が得られるはずであったのに，実際のホテル経営は赤字であり，原告は被告に対し不信をもちはじめ，原告はマネージメント契約を解除し，その契約上の義務の不履行から生じた損害の賠償を請求した．被告が原告に買取りを勧めたホテルは，赤字を抱えた倒産に近い状態にあったホテルであり，この事実は原告に対し開示されていなかった．その経営状態が改善される可能性があるか否かについても，被告銀行は調査していない．マネージメント契約についても，たまたまアメリカ在住していた被告の友人が紹介した知人を原告に紹介したに過ぎず，その者のサービスの品質について調査することさえしていなかった．ちなみに，本件被告は地方都市の銀行であり，上述以上のことを被告が行う能力をもっていたとは思えない[5]．東京地方裁判所は，履行すべきサービスの水準が契約に明記されておらず，債務不履行があったと認定することはできないと判決した．

---

(5)　銀行業は規制事業であり，本来の銀行業務（金銭の預金および貸付）以外に付随業務（§18.11 参照）を行うことが出来るが，この事件は銀行業務ではない．

127

§12.23 しかし,東京地方裁判所は,信義則違反は認め,その違反に対する損害賠償を認めた.アメリカ契約法では,「信義誠実」はエクイティの法理であり,アメリカ法における「信義誠実」の定義は,既に第10章(§10.41)で説明したように,Misrepresentation, Nondisclosure, Duress, or Undue Influence (⇒§26.4) が問題になる.上の判例を分析し,それらの要素がこの事件に含まれているかどうか検討することにしよう.また,この事件において,債務不履行を認定してもらうために,どのような事実の証明が必要となるか.

§12.3 販売総代理店契約の基本合意の履行における信義誠実義務
—— [教材事例2] の分析検討

§12.31 東京地方裁判所平成15年9月26日判決 [教材事例2] の事件は,本書第6章 [教材事例2] として事実関係はそこでも述べたが,原告は,衣料品の卸業者であり,被告は○○ブランドで知られるアメリカの衣料品・化粧品の販売会社(ハワイ州法人)である.「○○ブランド」を使って日本で販売活動を展開することが企画され,原告と被告との間で販売総代理店契約が締結することを目的とした基本契約が結ばれた[6].その契約金として原告が52万ドルを被告に支払う約束になっており,その内の前払金20万ドルが支払われたときに,販売総代理店契約が締結されることになっていた.原告は,被告の商品を西武百貨店および阪急百貨店の盛夏バーゲンセールから売り出す準備をし,サンプルおよび最小限の商品の注文を出した.また,被告が前払金の支払いを要求したので,その支払いをするとともに,最初の販売に当たり,指導員の派遣を求めた(費用は原告が負担).

---

(6) もとの基本契約では,販売代理店契約又は使用許諾契約を締結する場合,原告が最優先交渉権を有する,と規定されていた.しかし,実際上,もっと具体的な合意が成立していた.2001年から2005年までの5年間に合計460万ドルの取引が予定されていた.1年目は30万ドル,2年目は40万ドル,3年目は50万ドル,4年目は120万ドル,5年目も120万ドルとなっている.総額220万ドルが最初の3年間の最低購入額として義務づけられる.

§12.32 ［教材事例２］の法的争点はどこにあるか．原告の要望に対する被告の対応は，のんびりしていて原告には不満があった．被告が派遣した指導員は，プレス発表には同席したものの，全体としては東京見物に終わってしまっており，注文した商品も，バーゲンセールには間に合わなかった．さらに，原告が独占的販売代理店となることが予定されているのに，被告は東京に滞在中，原告以外の業者（ワールドなど）にも会議を申込み，本件ブランドの導入を打診した．そこで原告は，前払金の返還と損害賠償を請求した．原告の主たる主張は，「契約締結上の過失」に基づく損害賠償責任であった[7]．これに対し，被告は，本件取引の紛争を解決するための準拠法はハワイ法であり，日本の裁判所には裁判管轄権がないと主張した．また，「契約締結上の過失」の理論はドイツ法の理論であり，アメリカ法では認められておらず，原告の訴えは，却下されるべきであると主張した．

§12.33 ［教材事例２］の判決は，「前記のとおり，本件前払金は，本件基本合意書及び本件契約書案において定めら本件基本合意書及び本件契約書案の付随的な内容とみるべきものであるから，本件返還合意及び保証契約の準拠法は，アメリカ合衆国ハワイ州の法律となるものというべきであり，同州の裁判所において審理することが最も合理的である．」と結論した．また，被告は日本に住所をもっておらず，「応訴することを被告らに強いることは，当事者間の公平，裁判の適正・迅速を期するという理念に反するものというべきであり」，「国際社会における裁判機能の分配の観点からみても」，「我が国の国際裁判管轄を否定すべき特段の事情があると認めるのが相当である．」とも判示している．このような理由により，東京地方裁判所は，事件を却下した．

§12.34 ［教材事例２］において，原告日本企業は，東京地方裁判所で訴訟を起こすことができなかったので，改めてアメリカ合衆国ハワイ州の裁判所に提訴しなければならない．そこで，日本企業は，ハワイ州で進めること

---

(7)「契約締結上の過失」の理論について，124頁［参考コラム］で議論したが，アメリカ法との違いを改めて検討せよ．

アメリカ契約法

になる裁判に対する作戦を立てることが必要になる．アメリカで本件が訴訟になると仮定し，どのような展開が考えられるであろうか．第1に，第5講で学んだように，UCC§2-201は取引の存在を示す「何らかの書面」の存在を示さなければならない．本件の場合，その書面は「基本合意書」であるが，この合意書はその書面の要件を満たしている．第2に，両当事者間でどのような契約が締結されたかを証明しなければならない．これをするに当たり，UCC§2-202が定める「口頭証拠・外部証拠」の原則（⇒§5.3）が問題になる．

§12.4 双務契約における同時履行の抗弁権

§12.41 双務契約において，原告と被告の契約が双務契約である場合には，一方当事者に債務不履行があれば，相手方当事者は履行義務を免れる．例えば，物品の売主と買主との間には同時履行の義務があり，もし買主が代金を払わない場合には，売主は当該物品の引き渡しを拒絶することができる．この考えはイギリスのマンスフィールド裁判官の判決の中で明瞭に説明されており，アメリカでも確立された法理となっている．

§12.42 Magnet Resources v. Summit MRI, 723 A.2d 976（N.J. 1998）では，原告は磁気を使った医療器械のサービス提供業者であり，被告はそのサービスを実施する業者である．被告業者は，実施時に受け取った料金の決済を常習的に遅延させ，原告はサービス提供の停止手続をとった[8]．被告実施業者は，市の救急医療にも支障を来し，病院に多大な迷惑をかけることになった．原告はトラブルの原因が被告にあるとして損害賠償を請求した．ニュー・ジャージー州裁判所は，被告の側に重大な契約違反があり，停止手続はやむをえなかったと判示したが，原告の事務費用およびオーバーヘッド

---

(8) 実施業者は，病院から支払があるたびに，一定比率のサービス料を差し引いた残額を小切手で原告に送金していたが，送金が遅延したため $6,800 が不渡りとなった．そこで，原告は医療機器の使用を禁止したため，同サービス会社は相当高額の損失を被った．

第 12 章　債務不履行と信義誠実の原則

料が損害と認められるべきか否かは，陪審の判断にゆだねられるべきであると判決した[9].

§12.43　Canda v. Wick, 2 N.E. 881 (N.Y. 1885) も見ておこう．この事件では，建設請負人がレンガ 40 万個を注文したが，その契約書には，レンガの引渡は時間をおいて徐々に (the delivery was to be made promptly from time to time) という条件になっていた．被告レンガ業者は，レンガを船舶で輸送したため，大量のレンガをまとめて引き渡すことになり，原告は受領を拒絶した．被告は第三者に売却する準備をはじめたところ，原告は考えを変えて，そのレンガを受領すると申し立てた．被告は，原告に契約違反があったことを理由として，引渡を拒絶した．建築業界においては，このような紛争を迅速に解決する目的で審判員 (referee) の制度が作られており，この事件でも referee が和解によって事件を解決した．

[研究課題]

アメリカの判例を読むとき，先例拘束性の原理（判例法理）に従うことが最も重要なこととされる．[教材事例 3] の判決は，最高裁判所平成 13 年 6 月 8 日判決（著作権確認等請求事件），最高裁判所平成 13 年 6 月 8 日判決（著作権確認等請求事件），最高裁判所平成 9 年 11 月 11 日判決（預託金請求事件），最高裁判所平成 8 年 6 月 24 日判決（離婚等請求事件），最高裁判所昭和 56 年 10 月 16 日判決（損害賠償請求事件），大阪高等裁判所平成 10 年 4 月 30 日判決（移送決定に対する即時抗告事件）を引用している．アメリカの判例法理を参考にして，本件判決の争点と，これらの判例法が，どのような関連性をもつかを論じなさい．

---

(9) この争点は，双務契約における一方当事者が義務違反をした場合，相手方当事者は同時履行の抗弁として，自分の側の契約上の債務の履行を拒否できるか，という問題に関わっている．

[ディスカッションの論点]

1 契約の内容があいまいである場合，その債務不履行もあいまいになる．教材事例1はまさにその実例であるが，§21.21で述べているように，「サービスの水準」を判断基準にすることができる．この水準は，どのように確定することができるか，議論しなさい．

2 契約上の債権を保全するために，もっと容易に利用できる方法はないか．それぞれの保全方法の長所・短所を検討しよう．

[参考コラム]

- 信義誠実とhardship条項　　信義誠実はエクイティの救済につながることが多く，日本人が契約を結ぶときに使いやすい契約条項である．例えば，If there occurs any substantial change in circumstances which may make either party's performance, the parties shall negotiate and discuss in good faith to review the conditions of this Agreement.がその1例である．モデル契約2のように不確定な要素が含まれている場合，日本人はこのような契約条項を使うことがあるが，この規定は当たり前のことを定めているにすぎない．当事者間で話し合いをしても紛争を解決できないときに，訴訟を進めることをさまたげる原因になりかねない．

第 13 章

契約の解除と契約の終了

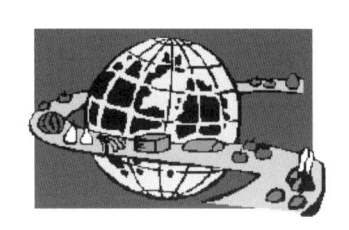

[教材事例]
1 最高裁判所（1小）昭和50年2月20日判決，民集29巻2号99頁（ショッピング・センター賃貸借契約）
2 最高裁判所（3小）平成6年3月22日判決，民集48巻3号859頁（**手付け倍戻しによる契約の解除**）

[講義概要]　グローチウスは「契約は守られなければならない（pacta sunt servanda）」ということが自然法であるという．契約が神聖であると考えられていた産業革命の時代には，「契約を破る自由」は，契約法上原則として認められない．しかし，第1に，法令によって解約権が認められている場合，契約を自由に解約することができる（例えば，クーリングオフ権の行使）．第2に，契約の中で「解約」を想定していて，解約の条件を明確に定める規定をおいていれば，その規定に従って解約できる（例えば，手付け）．第3に，相手方当事者が債務不履行に陥っていれば，一定の手続に従って契約を解除できる．契約が解除されれば契約は終了し，原状回復義務が生じ，損害が生じていれば，損害賠償責任が生まれる．しかし，「契約を破る自由」については何も語っていない．リアリズムの影響を受けたアメリカ契約法においては，契約を約束通り履行することが経済的合理性に反することがしばしばあり，そのような場合に契約を破る自由を認めている．

§13.1　契約の解除

　§13.11　前章で説明した「債務不履行」が存在しているとしても，直ちに契約が解除されるわけではない[1]．契約の解除は，契約の一方当事者が解除の意思表示をし，すでに有効に成立した契約の効果を解消させて，契約が存在しなかったときと同じ効果を生じさせることである．両当事者が解除に合意した場合には，互いに履行義務を免除され，相手方に対し原状回復を求めることができる．一方当事者が債務を履行しない場合に，相手方当事者は，契約を解除してその不履行に対し損害賠償を請求することができる（相手に通知することは必要）．すでに契約代金を支払っている場合には，その代金の返還を求めることができる．

　§13.12　物品売買の場合，物品が買主に引き渡されたときに代金の弁済義務が生じる．この時点で，買主は合理的期間（通常，10日間）内に物品を検査し，物品が契約に適合していないと考えるならば，受領を拒絶することができる．受領した後，契約条件の違反が判明するか，保証責任違反を発見したときは，契約を解除することができる．契約条件の違反があれば，契約を解除することができるが，保証（warranty）の違反に対しては，直ちに契約を解除できるとは限らない．売主は買主に対して補償（indemnity）をする義務を負う．コモン・ロー上の時効は，6年で債権を消滅させる．

　§13.13　解除権について，理論的な問題を整理しておきたい．第2章で紹介したブラックストンの理論によれば，「一定の行為を行うこと，または行わないこと，の約束」が契約であり，この約束を破ってよいということであれば，約束したことの意味がない．英米契約法の一般理論によれば，契約訴訟は引受訴訟（assumpsit）であり，「約束を破るという不法行為」に対する救済方法を意味するものであった[2]．契約は守られるという信頼が保護

---

(1) *Cf.* Restatement Second §237. Hillman, *Keeping the Deal Together After Material Breach*, 47 U.Colo. L.Rev. 553, 594-97 (1976) および Stanley Cudyka Sales Co. v. Lacy Forest Products Co., 915 F.2d 273 (7th Cir. 1990) も見よ．

第13章　契約の解除と契約の終了

されるから，契約を自由に破る自由はないはずである．したがって，解除権は，解除の正当な事由が存在する場合にのみ，例外的に認められるものであり，正当な事由のない契約の解除は不法行為となりえる．そこで，解除権の行使のために，解除の理由を相手方に説明し，解除の意思表示をする必要がある．アメリカ法では，この意思表示の手続をforeclosure（失権手続き）という[3]．

§13.14　第1章のモデル契約3の事例は，雇用期間の定めのない雇用契約の解除に関する事例であった．この解雇の問題は，連邦労働法と関係することが多く，一般的な契約解除の考えとは多少異なることもあり得るが，モデル契約3の事例はコモン・ロー契約の問題であり，コモン・ローの契約理論に従って解決されるべき事例である．Sheets v. Teddy's Frosted Foods, Inc., 179 Conn. 471, 427 A.2d 385 (1980) は，その教材事例と同じようにコモン・ロー契約の事例であり，参考になる事例である．この事件では，quality manager（冷凍食品品質責任者）（後に operation manager を兼任）であった原告が，社長によって突然に解雇された．コネティカット州最高裁判所は，契約の解釈の問題としては，社長が解雇権をもっていることは明白であり，ギルモアが指摘しているように，arbitrary and capricious な解雇は現代法治国家においては許されないと説明した[4]．

---

(2) 契約法の起源が何であるか，多くの議論があるが，A.W.B. SIMPSON, A HISTORY OF THE COMMON LAW OF CONTRACT (1975) は，その基礎は引受訴訟（action of assumpsit）であると説明している．Id. at 281-315. とくに Slade's Case, 4 Co.Rep. 19a, Moore KB 433 が契約法の出発点となる判例であるとされているが，この判例自身，曖昧である．J.H. Baker, *New Light on Slade's Case*, 29 C.L.J. 51, 213 は，コークの判例集の記録が真実でないことを記録しているとしている．ちなみに，このスレード事件では，ロンドンのパン屋が畑全体の麦を買い取る約束をしたのに，約束通り買い取らなかった事件である．

(3) 契約を解除する意思を表示し，正式の紛争解決手続を開始すること．

(4) ただし，この事件で争いとなった事実関係は，食品の安全性を原告が重要視したが，被告社長が経費節約の理由で原告の意見を否定したことにある．裁判所は，解雇を適法と判断した．

§13.2　不動産の賃貸借の解除——[教材事例1]の分析検討

§13.21　最高裁判所(1小)昭和50年2月20日判決[教材事例1]は賃貸借契約に関する事件である．この事件で問題になっている建物は，ショッピング・センターの一棟の建物であるが，区分された青物商，果物商等の多くの店舗からなる．その賃貸借契約には，「賃借人が，粗暴な言動を用いたり，濫りに他人と抗争したり，あるいは他人を扇動してショッピング・センターの秩序を乱したりすること」を禁止する特約が付されていた．最高裁判所は，賃借人が暴言を吐き，暴行を加えるような性癖があることを認め，「無催告で解除することができる」と判決した．しかし，「特約に違反するのみではなく，信頼関係が破壊されるにいたっている」と理由をのべ，「信頼関係の破壊」が解除の基礎である，と判示している(5)．

§13.22　新潟地方裁判所糸魚川支部昭和50年10月7日事件では，農地を宅地に変更することを条件として，原告が被告に農地を売却した．しかし，買主は農地法第5条の許可申請手続をとらないままその土地を使用し続けたため，契約条件の違反があると主張して，売買契約解除権を行使した．同裁判所は，この行使を容認した．原告は東京高等裁判所に控訴し，東京高等裁判所は，原審判決を破棄した（昭和51年5月17日判決）．原告はさらに最高裁判所へ上告し，最高裁判所は，「特段の事情がない限り，売主は買主が協力しないことを理由に売買契約を解除することはできない」と判決した（昭和51年12月20日判決）．

§13.3　確定額損害賠償と手付け——[教材事例2]の分析検討

§13.31　債務不履行のため契約が解除される場合だけでなく，合理的な経済的な理由により当事者が契約を解除したいと考える場合があり得る．例えば，手付けが使われる場合には，各当事者は，その手付けを放棄するか，

---

(5) 福岡高等裁判所平成19年2月1日判決（建物家屋明渡請求事件）．

第13章　契約の解除と契約の終了

その倍額を返済することにより，自由に契約を解除することが許される．アメリカでも，不動産取引において手付けがしばしば使われているようであるが，日本での使い方とは多少異なっている．Hedges v. Hurd, 289 P. 2d 706 (Wash. 1955) では，ワシントン州の不動産売買において，一般媒介業者が手付金受領証・契約書を作成した．売主は，もっと高い価格で問題の不動産を買う客が見つかったため，この契約を解除したため，買主は損害賠償を求めて訴訟を提起した．ワシントン州最高裁判所は，原告は特定履行を求めないことを前提として，手付受領証を契約成立の証拠であると認定し，売買契約の違反に対して1,000ドルの損害賠償を命じた[6]．

§13.32　手付けは，証約手付け，解約手付け，違約手付けのいずれかに分類される．証約手付けは，契約が締結されたことの証拠として交付されるもので，すべての手付けがこの性質をもつ．解約手付けは，契約当事者が契約を解約する場合に使われるものである．それを受け取った者は，その倍額を返済して，またそれを支払った者は，それを放棄して，契約を解約することができる．契約解除の責任についての確定額損害賠償であると考えることもでき，この場合には違約金を没収するの意味合いが濃く，違約手付けと呼ばれる．

§13.33　最高裁判所(3小)平成6年3月22日判決［**教材事例2**］は，不動産売買契約が成立し，移転登記がなされる前に，売主が売却の意思をひるがえし，手付けの倍額を償還して，その売買契約を解除しようとした事例である．しかし，売主は口頭の提供をしたのみであり，最高裁判所は，次のように述べて，契約の解除を認めなかった．

「原審の適法に確定したところによれば，上告人の手付倍額の償還は，いずれの場合も口頭の提供をしたのみであるというのであり，記録によれば，売主である上告人は，買主である被上告人に対して手付けの倍額を支払う旨

---

(6) この判決には少数意見が付いているが，その意見によれば，売買契約は成立しておらず，売主に対して手付金の返済を命じるだけで足りるという．ちなみに，アメリカではescrowの制度があり，不動産売買契約では，売主と買主が平等に負担して，この契約が実現できるように保険がかけられる．

口頭で申し入れた旨を主張するにとどまり，それ以上に現実の提供をしたことにつき特段の主張・立証をしていないのであるから，原審が契約の解除の効果をもたらす要件の主張を欠くものとして，売買契約解除の意思表示が無効としたのは正当であり，原判決に所論の違法はない.」

この判決には千種秀夫の補足意見が付されており，それによれば，「銀行取引の発達した社会においては，取引の情況によっては，いわゆる銀行保証小切手を交付するなど現金の授受と同視し得る経済上の利益を得さしめる行為をすれば足りる場合もある」という[7].

§13.34　アメリカ法には日本法の手付けの制度はないが，確定額損害賠償（liquidated damages）の制度がそれと類似した機能を果たしている. Vines v. Orchard Hills, Inc., 435 A.2d 1022 (Conn. 1980) では，原告が被告からコンドミニアムを購入する契約を締結し，7,880 ドルを頭金として支払った. しかし，契約締結後まもなく，会社から転勤を命じられ，契約の解除を求めた. これに対し，被告はその頭金は確定額損害賠償であり，返済を拒絶した. コネティカット州は，問題の契約条項は，被告が一方的に書いたものであり，本件では，原告に対する懲罰的性質をもっており，無効であるといわなければならないと判示した. この判決は，Corbin, *The Right of a Defaulting Vendee to the Restitution of Installments Paid*, 40 YALE L.J. 1013 (1931) をはじめ，アメリカの主要な学説をほとんどすべて検討し，契約代金の 10％程度の手付けは認められるが，原則は原状回復（restitution）であると説明している.

---

(7) 法曹時報 49(2) 巻 514 頁；北大法学論集 46(2) 巻 371 頁；民商法雑誌 111(2) 巻 951 頁の評釈がある. 最高裁判所昭和 51 年 12 月 20 日判決，民集 30 巻 1 号 1 頁（手付け倍戻し）の事件では，裁判所は，本件では，買主は契約どおりの登記移転を求め，借家人に明け渡しを請求しており，契約の「実行の着手」があったといわなければならない，と判決した.

第13章　契約の解除と契約の終了

§13.4　長期継続契約の解除

§13.41　長期間にわたる継続的契約は，契約解除が起こらないことを強く信頼して結ばれているはずであり，信頼利益を保護する必要性が高い．例えば，特定の銘柄のガソリンを扱うスタンドとガソリンの売主とは，長期の継続的売買契約（long-term supply contract）関係が存在する．自動車の製造会社と部品会社との間には，運命を共にする契約関係が存在する．雇用契約や賃貸借契約では，その関係の存続に大きな信頼利益がかかっているため，契約を解除するために「正当な事由」が必要とされる．これは継続的契約の特徴である．UCCについていえば，生産量・必要量取引（§2-306(1)），排他的取引（§2-306(2)），継続的履行取引（§2-309(2)），分割給付契約（§2-612）などが継続契約の例である．

§13.42　物品の継続的製造請負契約の場合にも，法的に保護すべき信頼利益が含まれている．京都地方裁判所平成20年9月24日判決の事件では，ごみ袋の製造請負契約が問題になった．履行期限までに物件の製造を完了し，その引渡しをする見込みがないため，注文者は契約を解除し，損害賠償を請求した．裁判所は，契約の解除は認めたが，損害賠償については，請求の一部のみしか認めなかった．

§13.43　Jack's Cookie Co. v. Brooks, 227 F. 2d 935 (4th Cir. 1955), *cert. denied*, 351 U.S. 908 (1955) はかなり古い判例であるが，総代理店契約[8]の解除に関する重要な事例として引用される．この事件では，クッキーの製造会社（S.C.）が自己の商品を販売店（N.C.）に持ち込み，販売を依頼していた．その商品は評判がよく，両者の間で総代理店契約が締結された．契約の期間の定めはない．販売総額から5%を差引き，その残額の5%を販売手数料として代理店が受取り，残りを製造会社に渡すことになっていた．その総

---

(8) 総代理店契約（Sole Distributorship Agreement）には説明すべき多くの問題が含まれているが，その例として，§12.31, §23.14, §23.31を見よ．

139

代理店は，担当者を決めて帳簿等を管理していないことに製造会社は不満をもち，改善を求めたが満足な結果が得られなかった．そこで，その契約を解除して，新しい代理人を指名した．関係者にこれを公知させるため，書面を作成して多くの人に配布した．解約された販売者は，その書面による名誉棄損と契約解除の無効を主張した．本件の審理に当たった第4巡回区上訴裁判所は，原審判決を否定し，名誉棄損には当たらないと判決した．また，総代理店契約の解除については，本件契約には期間の定めがないため，いつでも自由に解除ができる，と判決した．解除を認める事情があるかどうかは事実認定の問題であり，この点についての審理は不十分であるから，事件を原審裁判所へ差し戻すことにした．

§13.44　ここでミズーリ州の判例法の一般的考え方も紹介しておこう．Beebe v. Columbia Axle Co., 233 Mo.App. 212, 117 S.W.2d 624（1938）では，フォードの自家用車のアクセル製造について長期継続契約が締結された．原告はその部品製造者であり，被告は販売店である．被告は原告との取引を拒絶したが，この拒絶は原告の廃業を意味していた．そこで，ミズーリ州裁判所は，契約の本質は代理契約であり，この事件には代理法（law of agency）が適用されると判示した．原告が被告の申込みを信頼して全人生をその製造業にかけているのであり，随時契約を解除できるとすることは不公正である．投資した資金を回収し，転業できるようにしたときに契約の解除が認められる，と判決した．このように，供給を受ける者の投資の回収可能性を判断基準としている．

§13.45　本書で検討したフランチャイズ契約（⇒127頁参考コラム）も，本節で問題にしている長期継続的供給契約の1類型である．地ビールの代理店に関係する Atlas Brewing Co. v. Huffman, 217 Iowa 1217, 252 N.W. 133（1934）では，ビール製造者が排他的販売権を原告に認めたが，他の販売業者にも同じような権利を認めたため，原告はその差止めを求めた．アイオワ州裁判所は，他の業者へ売却した分は原告の損害の額であると認定して，その損害賠償を命じた．また，Atlantic Richfield Co. v. Razumic, 390 A.2d 736（Pa. 1978）では，石油会社がガソリン・スタンドに対し不動産の明渡請

第 13 章　契約の解除と契約の終了

求をし，これに対し，ガソリン・スタンド側が損害賠償請求をした事件である．ペンシルヴァニア州裁判所は，ガソリン・スタンド側の勝訴判決を下した．

§13.5　モデル契約 2B の起案

§13.51　第 1 章で取り上げたモデル契約 2 は，重要な事実関係が分からないので，厳密な検討をすることはできないが，トウモロコシなどの植物から油を生成することに関する特許をアメリカ人がもっており，日本に工場を建てて，その油を販売することを企画しているものと想定しよう．事業を進めるための資金を全部日本で調達する場合，アメリカで既に事業が行われており，その名前で事業をするつもりならば，フランチャイズ契約を締結することが考えられる．日米（場合によっては台湾を含む）共同で出資する場合，ジョイント・ベンチャー契約を締結することが考えられる[9]．さらに，油の生成および販売を完全に日本側の責任で行う場合，単純に特許実施権契約を締結するだけにすることが考えられる．

§13.52　アメリカ側は，特許実施権の使用料を得ることを目的としているので，いずれの場合でも，ロイヤルティの計算に必要となる営業・会計記録の保存およびロイヤルティの送金方法等を規定することを要求するものと思われる．例えば，For each calendar quarter during the term of this Agreement, the Licensee shall pay to the Licensor a royalty of _% of the Net Sales defined in Section _ of the Products manufactured and sold by the Licensee. などの規定を置くことになる．この規定では，3 カ月ごとに決済を行うことが予定されており，「製造物」の純販売額の _% をロイヤルティとして送金することになっている．この規定と付随して，「製造物」の定義，決済方法，送金方法などについて明確に定めておかなければならない．

---

[9] 組織の形態としては，アメリカでは株式会社よりも Partnership（組合）や Limited Liability Company（責任制限会社）の形をとることが多い．いずれの形をとるにせよ，契約書の中に，権限と責任を明確にしておくべきである．本章末尾の「参考コラム」参照．

§13.53　日本側は，問題の特許およびノーハウ[10]がロイヤルティを支払うだけの価値のあることの保証を要求する．The Licensor hereby represents and warrants that the Patents are valid under the Japanese law. Either party shall inform the other party promptly if it becomes aware that its validity of any Patent is challenged. などの規定を置きたいと考えると思われる．この場合，日本での特許申請はアメリカ側の責任であり，それにかかる費用もアメリカ側が負担する．また，ノーハウを含め，実施についての指導・訓練を受ける必要がある場合，Upon written request by the Licensee, the Licensor shall send its engineers to the Licensee's factory in Japan to provide the Licensee's employees with technical quidance. などの規定を置くことも考えられる．

§13.54　モデル契約2では，独占的実施権の設定を考えているようであるが，アメリカ独占禁止法に触れるおそれがある[11]．この事件では，最高級の自転車の独占的販売権が問題になっているが，部品の販売や修理について特別な技術を必要とすることから，独占権を正当化する理由があると判示された．設例の事件では，計画が実施される前に基本契約が破綻しているので，本格的に争われているわけではないが，計画が実施されることになれば，本書第26章で説明される独占禁止法の問題などを厳密に検討する必要がある．

§13.6　契約の終了

§13.61　契約を解除して契約を消滅させることができるが，Either party may termi-nate this Agreement if the other party breaches it. などの規定

---

(10) ノーハウは商品製造などに関する特殊な秘密情報であり，他の商品との差別化に貢献するものであるから，経済的な価値が高い．Hooker Chemical Corp. v. Velsicol Chemical Corp., 235 F.Supp. 412（Tenn. 1964）参照．
(11) 但し，United States v. Arnold, Schwinn & Co., 388 U.S. 365（1967）を見よ．専属管轄区分は独占禁止法に違反するおそれがある．

第13章　契約の解除と契約の終了

を契約の中に含めることは無意味である．上記の諸事例を見ても分かるように，何が契約違反であるかが明瞭でないからである．このことは日本の事例でも同じである．

§13.62　契約が解除されれば契約はなかったことになり，原状回復義務が生じる．大阪地方裁判所平成20年8月28日判決では，都市型立体遊園地内の飲食店用建物の賃貸借契約において，客が集まらなかったため，契約の目的が達成できない状態になった．地借人は，賃貸人が負う営業維持・集客努力義務の違反があったから賃料支払義務は発生しないと主張したが，裁判所は，この主張を排斥し，契約解除を認めた．もしその解除により損害が生じれば，損害賠償責任が生まれる．この事例とは多少事実関係が異なるが，East Capitol View Community Development Corp., Inc. v. Robinson, 941 A.2d 1036, 1040-2 (D.C. 2008) では，住宅公社の新プロジェクトのため雇用された原告が，そのプロジェクトの廃止のため解雇されたが，コロンビア地区裁判所は，解雇はやむを得なかったと判決した．

§13.63　契約の解除が認められる場合に，直ちに損害賠償が認められるものではない．第1章§1.31で紹介した雇用契約解除の事件について考えてみよう．この事件では，全財産を現金化して東京支店へ赴任した支店長が，1年余りで解雇された．判決はその解雇をアメリカ法に照らして肯定した．参考のため引用されているアメリカの判決は，NLRB v. Isis Plumbing & Heating Co., 322 F.2d 913 (1963)；National Labor Relations Act, sec.8(3)；Martin v. New York Life Ins. Co., 148 N.Y. 117 (1895); Watson v. Gugino, 204 N.Y. 535 (1912) であるが，これらの判決は，一方で解雇権を認めているが，「正当な事由」が存在しなければ解雇は無効と判示している[12]．

---

(12) 引用文献が問題の判決とどのような関係をもっているか，必ずしも明瞭ではない．本章末尾に付した[研究課題]参照．ちなみに，Isis Plumbing判決は，NLRA §10(c), (e)に定める unfair labor practice を NLRB（全国労働委員会）が認定し，不当解雇を禁止した事件であるが，解雇の事由があるか否かを確認する義務を裁判所が負っていると判示した部分が，本文の事例と関係する．

143

§13.64 契約期間が終了して消滅しても，一定の競業避止義務が残る場合がある．東京地方裁判所平成17年9月27日判決では，アイメックス社（商品先物取引会社）の従業員との間で締結された6ヶ月間の「競業禁止条項」が有効とされた．日本メドラッド株式会社対スーガン株式会社判決（大阪地方裁判所平成18年2月13日判決）では，委託製造契約に基づいて医療器具が製造されていたが，契約締結後に，被告会社が日本の会社に類似の器具を製造させた事件である(13)．裁判所は，類似の器具の製造を禁止した．

§13.65 契約終了後にもその効果が残るのは，上述のような「企業秘密」または「ノーハウ」の保護の場合だけでなく，顧客リストの利用も禁止されることが多い．Reddy v. Community Health Fund of Man, 298 S.E.2d 906, 916 (W. Va. 1982) では，医師が公立病院に勤務する契約を結んだとき，その契約書の中に競業禁止条項が入っていた．この条項により，その医師は退職後も3年間は病院から30マイル以内の場所で開業することが禁止されていた．しかし，その医師は近くの病院で勤務することになり，病院側はそれを禁止しようとした．この禁止の適法性をその医師が争った．ウェスト・ヴァジニア州裁判所は，その禁止条項は「営業禁止（restraint of trade）の法理」に関係するものであり，rule of reason（合理性の基準）により審査されると判示した．使用者側が保護したいと考えられる法的利益としては，(1)特殊な情報（顧客リストなどを含む），(2)顧客のグッドウィル，(3)病院内で機密とされる特殊技術などであるが，これらは原告の給与と関係のない病院の財産であり，病院が保護することに合理性がある(13)．厳密な比較考量の結果，本件では「営業禁止条項」は有効であると判決した(14)．

---

(13) 「特殊技術」とは，うなぎ屋の秘伝のたれのようなノーハウなどを指す．
(14) ウェスト・ヴァジニア州裁判所は，「取引制限は，(1)過大保護でない，(2)被雇用者の任意の同意を得ている，(3)制限が大衆に不利な影響を与えない場合にのみ，合理的である」という判断基準を示した．いずれにせよ，合理性の基準による司法審査の場合，厳格な個別的審査が要求される．H.M. Blake, *Employee Agreement Not to Compete*, 73 HARV. L. REV. 625 (1960) 参照．

第13章　契約の解除と契約の終了

[研究課題]

　本書で労働法を詳細に説明する意図はないが，第1章のモデル契約3の作成に関係する限りで，類似の解雇事件を検討して，アメリカ法の考え方を整理しておこう．

- Textile Workers Union of America v. Darlington Mfg. Co., 380 U.S. 263 (1965) は，経営方針の変更による解雇は適法である．
- Scribner v. Worldcom, Inc., 149 F.3d 902 (9th Cir. 2001) や Gordon v. Matthew Bender & Co., 562 F.Supp. 1286 (Ill. 1983) では，セールズの業績不良に基づく解雇は経営者の最良行為であるが，解雇の理由は具体的に説明しなければならない．但し，福祉給付金は，セクハラを理由とする解雇でも支払わなければならない．Fields v. Thompson Printing Co., 363 F.3d 259 (3rd Cir. 2004).
- Towson Univ. v. Conte, 862 A.2d 941 (Md. 2004) では，解雇理由を [University] genuinely believed that plaintiff was incompetent or willfully neglectful of his duties と述べ，解雇の正当事由があると判示された．

[ディスカッションの論点]

1　1回だけの契約と長期継続契約との間に，どのような違いがあるか，議論しなさい．

2　債務不履行があったとしても，直ちに契約が解除されることにはならない．「債務不履行」と「契約解除」の関係を議論しなさい．

[参考コラム]

- ジョイント・ベンチャー　2人以上の者が構成員となる組合（association または partnership）であって，各組合員が事業について平等の権利と義務を負う．Partnership や limited liability company の形式要件を認めていれば，租税法上，また第三者との取引関係において，会社と同じ扱いがなされ，ビジネス上，多くの利点がある．しかし，問題が起きたときの組合員間の関係に不明瞭な点があり，利権をめぐる争いが起こりやすい．本書

第1章の第2モデル契約Bは，この形態の事業体を選択することになりそうであるが，慎重に権利義務関係を明確にしておくべきである．組合の法的性質について，Loft v. Lapidus, 936 F.2d 633 (1st Cir. 1991)，またLLCについて，*In re* A-Z Electronics, LLC, 350 B.R. 886 (Idaho 2006) 参照．日本では，建設業界でしばしば使われており，来栖三郎，本書26頁§3.11，632-634頁で日本法とアメリカ法との比較検討が行われている．

- ノース・キャロライナ州　　合衆国が独立したときの13州の1つであり，イギリス文化の影響が色濃く残っている．たばこの製造が米国一位であり，学園研究都市のモデル州でもある．しかし，ケンタッキー，テネシー，アーカンソーなどの諸州と共に「貧困な高知南部地域」と呼ばれている，比較的貧困な地域である．

- ミズーリ州　　アメリカ合衆国第23番目の州で，中西部に位置する．ミズーリ協定（1820年）により奴隷州として合衆国に加盟した．小麦，トウモロコシ，綿花の裁判地であり，農業利益を代表する州として，政治的にも重要な州の1つである．第2次世界大戦後には，第2次世界大戦後には，宇宙開発，エレクトトニクスなど工業も盛んになっている．アイオワ，ノース・ダコタ，サウス・ダコタ，ネブラスカなどの諸州と共に「農業中西部地域」と呼ばれている．

- ペンシルヴァニア州　　アメリカ独立当時の13州の1つで，独立宣言が読まれたインデペンダンス・ホールがフィラデルフィアにあり，歴史的に重要な地域である．石油，天然ガスなど工業が盛んな地域であり，牛肉，繊維，食品も盛んに行われている．リンカーン大統領の演説で知られるゲティスバーグもこの州にあり，観光客も多く訪れている．ペンシルヴァニア州立大学は，労働法に研究において，よく知られた大学である．

第 14 章

担保権設定契約

[教材事例]
1 最高裁判所(3小)昭和 62 年 11 月 10 日判決，判例タイムズ 662 号 67 頁（集合流動財産担保権設定契約；占有改定による担保物権の移転に第三者が異議を申し立てた事例）
2 最高裁判所(1小)平成 18 年 7 月 20 日判決，①民集 60 巻 6 号 2499 頁，判例時報 1944 号 105 頁；②判例タイムズ 1220 号 94 頁（ブリ，ハマチ等担保権設定契約；いけす［倉庫］内の養殖魚の所有権の確認を求めた事件）

[講義概要]　物品売買契約が資本主義社会の基礎をなしているが，売買契約の促進のために，融資契約（金銭消費貸借契約）が使われる．銀行等金融機関にとっては，金銭の貸付がその主たる業務であり，融資契約がその業務を積極的に促進している．国家経済の観点からみても，政府は取引の規模を大きくする政策をとっているので，融資に対しさまざまな支援をしている．しかし，返済債務が確実に遂行されるようにする必要があり，融資について担保権設定が不可欠になる．もっとも，この担保権の設定の問題は破産法・倒産法の研究領域に関するものであり，本書では，UCC の関連規定を理解するのに必要な限度でのみ，この問題を取り上げることにする．

§14.1　担保権の設定

§14.11　融資契約の対象となる物品または項目により，担保権の設定方法が異なる．アメリカ法では，担保権の設定については，UCC第9編が，消費者物品，備品，在庫品，農業生産物，無体財産，自動車，飛行機，担保権，契約債権，流通証券，証書，動産証書，信用状，金銭（これらのうち，「飛行機」は，国際売買条約の適用があり，その条約により規制されるので，条約の規定に従う）について規定している．このモデル州法について，一般的な考え方をまず理解しておく必要がある．

§14.12　最高裁判所（3小）昭和62年11月10日判決［**教材事例1**］の判決は，日本でもUCC型の担保権の設定がなされた事例なので，まずこの判決をよんでみよう．この事件では，丸喜産業が負担する現在および将来の商品代金，手形金，損害金，前受金その他一切の債務を極度額20億円の限度で担保するため，集合動産担保権が設定された．銀行が融資を約束して，その譲渡担保権者となっている．この契約によれば，第1倉庫ないし第4倉庫およびその敷地を保管場所として指定し，そこに保管されているすべてのもの（棒鋼等一切の商品）の所有権を占有改定により，原告に移転することになっていた．丸喜産業は倒産し，その債権者の1人が棒鋼等の売主であったことから，売主の先取特権により，担保物を処分しようとした．そこで，本件原告が，民法333条により第三者異議を申し立て，裁判所がこの異議を認めた[1]．

§14.13　アメリカでも同じような取引が行われている．会社は商品を仕入れる必要があるが，高価な商品を購入するには銀行の融資を受ける必要があり，上述の事例のように，極度額を設定して銀行が支払保証を与える契約を締結する．その融資に対する担保権が棒鋼であるが，これは商品であり，

---

(1) 藤澤治奈「アメリカ動産担保法の生成と展開」法学協会雑誌125巻1-4号，6号，7号は，アメリカ法において売却商品に対し優先的担保権を認めた事情が，鉄道事業の導入と関係していることを説明している．

常に流動的に第三者（買主）に移転されるものである．そこで，担保物を明確に特定することはせず，一定の場所にある会社の財産を担保物としている⁽²⁾．アメリカでは，このような融資契約は登記することによって他の債権者より優先的に返済を受けることができる．在庫品以外に会社の備品などに担保権が設定される場合もある．

§14.14　担保権の完全化（perfection）という概念が UCC で使われている．日本民法では「第三者に対する抗弁権」の具備に近い概念であるが，ここでは，微妙な相違があるので，直訳して「完全化」という．購入代金の融資については，購入した物品に対し自動的に担保権が認められるので，特別な手続きは必要ない．在庫品，備品，農産物等は登記により完全化ができる．投資財産，預金口座，信用状，または電子的動産証書については，それぞれの関連規定に従って支配権を取得したときに，担保権が完全化する（§9-314）．完全化がなされていれば，その担保権者は，一般債権者に対し優先権をもつ．

§14.2　担保権の優先順位

§14.21　最高裁判所（1小）平成18年7月20日判決［教材事例2］も同じように流動動産に対し包括的に担保権が設定された事例である．最高裁判所は，平成18年7月20日に同じ事件について2つの判決を下した．原告

---

(2) この判決について，木村友博「流動物概念の再構築－集合動産担保の公示方法」企業法学第5巻（1996年）252頁で一物一権主義を問題としている．UCC 上の担保権の設定については，田島裕『UCC コンメンタリーズ第3巻』（2008年）に詳しく説明した．ちなみに，名古屋地方裁判所平成15年4月9日判決は，担保権の公示について，「時計類」と書くべきところ「製品」，また場所について「C百貨店，B生活協同組合本部など」の記載はオープン・スペースを指しており，担保権の第二者対抗力を認めるための特定が不十分であると判決した．

(3) 事実関係は必ずしも明瞭でないが，漁師たちが漁業組合の場で「ブリ，ハマチ，カンパチなど」の魚の養殖を企画し，キリンビールが財政的支援を申し出たものと思われる．経営に不安が感じられたことから，漁師たちは自分たちの権利を確認するために，この訴訟を起こしたものと思われる．

は，ブリ，ハマチ，カンパチ等の養殖，加工，販売を業とする株式会社である．漁協は養殖業を推進し，30億円を最高限度額として融資を行い，被告（麒麟麦酒株式会社）が指定したいけすに原告は魚を保管した．原告は自由にその魚を売却することが許されていたが，そのいけすの魚は被告の集合動産譲渡担保である．

§14.22 UCC §9-322 は，担保権の設定の時間の順位に従って，担保権の優先順位が認められる，という一般原則を定めている（first-to-file-or-perfect の原則という）．ここにいう担保権は，融資契約によって設定される担保権だけに限定されず，法律上認められるリーエン（例えば，租税法上のリーエン）などを含む．担保権者は，担保権をもたない一般債権者より優先して，自己の債権を強制するため担保権を実行することができる．担保権者がその担保権を完全化した場合，担保権を完全化した担保権者は，原則として，完全化していない担保権者より優先して，自己の債権を強制するため担保権を実行することができる．

§14.23 first-to-file-or-perfect の原則が適用されない例外は，第1に，農業上のリーエンの優先順位である．第2に，第9編第3章に具体的に規定された担保権の優先順位である．第3に，第2編，第2A編，第4編，および第5編による担保権の優先順位である．司法上のリーエンと制定法上のリーエンが存在するが，制定法上のリーエンについては，関係する法律の規定に従う[4]．司法上のリーエンは，損害賠償の確定判決により生じる一般債権者に対する優先権，執行判決により生じる優先権，保全措置により生じる優先権，および給与差押えにより生じる優先権を指す．これらの優先権は，一

---

[4] リーエンが担保物権（title）であると理解している州（例えば，Mississippi）もあるが，多くの州（Montana, Pennsylvania, Kansas, Wyoming など）では，先取り特権（title は借主がもつ）としている．制定法上のリーエンは，租税債権や社会保障の掛け金などについて認められる．ちなみに，最高裁判所（1小）平成22年12月2日決定の事件でも，養殖魚の集合動産に対し譲渡担保権が設定され，その養殖魚が赤潮により死滅した．漁業組合から共済金が出されることになったが，担保権者は物上代位権の行使により共済金請求権の行使に対し差止を求めた．

第 14 章　担保権設定契約

般債権者に対しては有効であるが，完全化された担保権と競合する場合には，完全化された担保権には劣後する．

§14.24　機械設備を担保物とする場合，その機械設備の売主と金融業者との間で担保権が牴触する場合がある．在庫品を担保権とする場合にも，しばしば複数の担保権が牴触する場合がある．在庫品は機械設備や事務所の備品等とは異なり，市場を流通する商品であるため，対象物を商品番号などの記載により特定せず，別の方法でそれを特定する．例えば，在庫品の保管倉庫を特定し，その中に保管されている在庫品を担保物とする，という形で記載される．これらの場合には，完全化の手続きの順位に従う．

§14.25　消費者物品の**購入代金担保権**については，担保権者は当該物品に対し最優先の担保権をもつ．「消費者物品」に関係のない**購入代金担保権**は，これとは明瞭に区別される．UCC §9-324 は，購入代金担保権の優先順位について規定している．この規定によれば，在庫品の購入代金に関わる担保権は，原則として，一般的に在庫品全体について融資をし，登録により完全化した者は，その後特定の在庫品の融資をして当該在庫品について登録により完全化した者に劣後する．しかし，最初の担保権者が，在庫品の売得金の受取口座を開設してこの口座に対する支配権を得ている場合には，その担保権者が優先権をもつ．もし最初の担保権者も第 2 の担保権者も，売得金のコントロールを取得していない場合には，第 3 の担保権者が売得金の担保権を取得した場合，この担保権者が優先権をもつ．

§14.26　第 9-327 条（預金口座に対する担保権の優先順位）も新しい規定であるが，旧 §9-115(5) を改正したものである．預金口座に対する担保権の完全化はコントロールの取得によって行われる．このコントロールの仕方は，田島裕『UCC コメンタリーズ』第 3 巻（2008 年）要点整理 17 の 4 で説明した．第 9-327 条 (3) 項は，担保権が抵触する場合，銀行が優先権をもつことを規定している．しかし，預金口座から生まれる利得については，本条ではなく，売得金の担保権について規定する §9-322 に従って優先順位が決められる．その他の優先順位についても，先の著書で詳しく説明した．

§14.3　債権譲渡と担保権

§14.31　次に担保権を設定し，その担保権を譲渡する契約について，[**教材事例3**]を検討することにしよう．この事件では，レオパレス21が，高岡組とビル建設の請負契約を締結し，請負人となった高岡組は，レオパレス21に対する請負代金請求権を担保として，尼崎信用金庫から借金をした．この契約は，債権譲渡担保権設定契約と呼ばれるもので，工事請負契約代金の金額が確定していないため，根抵当権設定の形で行われ，実際の貸付は，手形貸付取引の形で融資が進められた(5)．請負契約は完全に履行され，請負代金請求権1億5968万円が発生したが，この代金を受け取る権利が高岡組にあるか，尼崎信用金庫にあるか，争われた．高岡組の社長が死亡したため，特別清算手続が行われ，清算人がこの訴訟を起こしたのであるが，清算人は，代金を受け取る権利は自分にあると主張した．これに対し，尼崎信用金庫は，債権譲渡契約が作成されており，上記の手形貸付取引にかかる債権は自分のものであり，代金を受け取る権利は自分にあると主張した(6)．最高裁判所は，問題の債権譲渡担保権設定契約の中に「譲渡禁止特約」があったため，これに違反しておきながら，自ら譲渡の無効を主張することはできないと判決した．

§14.32　本書でも取り上げた多くの事件において，尼崎信用金庫が本件で行った融資に類似した取引はしばしば行われている．このような取引において，訴外債務者レオパレス21の側から見れば，代金の支払いは，高岡組か尼崎信用金庫かによって変わることはなく，受取人がいずれであるかについて無関心であり，支払代金を供託によって弁済した．しかし，もし高岡組

---

(5) 融通の目的で手形を振出し，請負人はこれを銀行に買い取らせて必要な資金を工面した．
(6) 手形は無因証券であり，本来の債権債務に関係なくその手形上の権利を主張できる．但し，英米法では絶対的な無因性は認められておらず，裁判で争われる可能性は残っている．

第14章　担保権設定契約

の立場に立つ者が倒産手続における債権者であるとすれば，自分がその供託金を取得できるか否かは重要な問題であり，本件のように訴訟で争われることになる．最高裁判所は，尼崎信用金庫が供託金を受領する権利があると判決したが，「債務者にその無効を主張する意思があることが明らかであるなど」特段の事情があれば，本件譲渡は無効となり得ることを述べている．これは民法466条2項の規定のためであると思われるが，アメリカ法では，債務者が無効を主張しても，これにより完全化された担保権は影響されない．

§14.4　浮動担保権[7]と相殺

§14.41　担保権を実行する目的で倒産手続を進める過程で「相殺（set-off）」が主張されることがある．§14.12の事例のように，倉庫に寄託されている商品について，動産担保権設定契約の中に「相殺」を認める規定が定められており，占有改定により商品に対する権利が移転することになっている場合には，第三者にも権利関係を知ることができる状況になり，「第三者に対する通知」の機能は一応果たされている．しかし，銀行口座上で「相殺」の決済が認められている場合には，第三者にはその事実を知ることが困難であり，その事実を知らない第三者に対しては，「相殺」が認められないことがある．

§14.42　英米法では，equitable set-off と呼ばれることがあるように，相殺の権限はエクイティによって認められるものである．建設請負契約でしばしば相殺条項が使われることがある．例えば，請負人に対する契約代金に支払の際に general contractor が，請負人の仕事に欠陥があったことを指摘して，値引きを行うことがある．たとえこれが契約上許されることになっていても，請負人にとっては死活の問題になり得るのであり，裁判所はこのような相殺を認めないことがある．エクイティの法理は，必ずしも明瞭ではない

---

(7) 浮動担保権（floating lien）とは，在庫商品や売掛口座などに包括的に設定される担保権で，融資の最高限度額が契約で定められているものをいう．*In re* Wesley Industries, Inc., 30 F.3d 1438 (1994) 参照．

が，イギリス法では，理論的な整理がなされている．相殺が主張される債権が同一の取引（または密接不可分な取引）において生じたものであり，その行使が他の債権者の権利を不当に害するものであってはならないと理解されている[8]．

§14.43　相殺が行われる根拠となるものが浮動担保権である場合，担保権の対象物が特定されてはおらず，第三者との関係で，担保権者だけを保護することが不公平であると考えられる場合がある．Agnew v. Commissioner of Inland Revenue, [2001] 2 A.C. 710, 717 において，最高裁判所（枢密院司法委員会）は，単なる論理の問題でなく，建設業界では「現金の流れがビジネスの生命線」であり，迅速で適切な判断が必要であると認めた．Gilbert-Ash (Northern) Ltd. v. Modern Engineering (Bristol) Ltd., [1974] A.C. 689 では，建設契約に基づいて発行された certificate（部分的請負作業完了証）に対して現金が支払われる慣行がある場合，相殺を理由として決済を拒否することは許されないと判決した．

[ディスカッションの論点]

1　第1章で示した第2モデル契約Bの作成については，銀行から多額の融資が必要となるように思われる．この融資のために担保権の設定が要求されるが，これについてどのような取り決めが適切か，議論しなさい．

2　加々美博久「集合債権譲渡担保契約と破産法上の否認」企業法学第3巻（1994年）65頁は，リース事業やクレジット事業において，事業に対し金融機関が融資する場合になされる「集合債権」全体を担保とする担保権の設定と破産法上の「否認権」の問題を論じている．この論文を読んで，著者の論点を整理せよ．融資銀行はどのような形でこの「特定」を行うか．この場合の担保権の保全について議論しなさい．

3　日本の裁判においては，詐害行為取消権を行使しても，その後倒産手続が進められるときに，その行使を認める判決と反対の判断が示されること

---

[8] R. DERHAM, THE LAW OF SET-OFF (Oxford [3rd ed.] 2003).

がある．アメリカ法と比較検討せよ．アメリカ法では，倒産手続の申立がなされると自動的に資産が凍結される．11 U.S.C. §362. 同§546の要件を満たしていれば，債権者は詐害的取引を否認する（avoid）ことができる．しかし，理論上は詐害行為取消の問題は倒産とは別個の問題である．Moody v. Security Pacific Business Credit, Inc., 971 F.2d 1056 (3d Cir. 1992). この問題は州法の問題であり，各州は，Uniform Fraudulent Conveyance Act またはそれを修正した Uniform Fraudulent Transfer Act のいずれかを制定している．

4　UCC 第6編は「一括売買」について規定しているが，日本では，「詐害行為」として行われることが少なくない．例えば，岡山地方裁判所昭和49年2月8日判決．共謀のうえ，自己の利益を図る目的をもって不渡手形を出した直後に，本人が所有する作業ズボン等衣料品約1万2千点を約400万円で買い取る契約を結んだ．本来ならば破産財団に帰属する衣料品を，売買を偽装して隠匿した罪（旧破産法374条）に問われたが，故意を証明するのに十分な証拠がなく，同罪の成立は否定された．

UCC 第6編の「一括売買」はどのような事例を想定しているか，議論しなさい．

[参考コラム]

- モーゲージ（mortgage）　モーゲージは譲渡担保と訳されるが，不動産を売却してその権利を買主に移転しながら，実際上，売主がその不動産を継続して占有する形の担保権設定を意味する．従って，モーゲージは物権である．Premier Bank v. J.D. Homes of Olathe, Inc., 30 Kan.App.2d 898, 150 P.3d 517（2002）．しかし，多くの州法では，契約法上のリーエン付き債権とされることがある．Johnson v. McNeil, 800 A.2d 702（Me. 2002），Perry v. Fairbank Capital Corp., 888 So.2d 725（Fla. 2004），Pramco III, LLC v. Yoder, 874 N.E.2d 1006（Ind. 2007）．モーゲージの合意は契約である．Gisbon v. Neu, 867 N.E.2d 188（Ind. 2007）．オクラホマ，イリノイ，オハイオ，カンサスもそうである．これらの州では，equity of redemption（第三者に対する買戻権）が認められている．リーエンの性質について，Mitchell v. Winslow, 17 F.Cas. No. 9673（Me. 1843）および Holroyd v. Marshall, 11 Eng.Rep. 999（H.L. 1862）参照．

- 人的担保権（surety）　金融業者から借金をするときに，物的担保権を設定することができない場合，十分な資産をもつ第三者を保証人として立てることが多い．その保証人が融通人または裏書人である場合について，UCC §3-605 は免責に関する一般的ルールを規定している．但し，同上(f)項は，夫婦が共同かつ連帯して住宅ローンを契約するような場合，その一般的ルールの適用を制限している．UCC §3-116（共同連帯責任）も見よ．

第 15 章

物品売買契約とリース契約

[教材事例]

1 最高裁判(1小)所昭和56年4月9日；大阪高等裁判所昭和53年8月31日；大阪地方裁判所昭和51年3月26日，判例タイムズ341号205頁（**計算機のリース契約**）
2 東京高等裁判所平成19年3月14日判決，判例タイムズ1246号337頁（**ファイナンス・リース契約の解除**）
3 最高裁判所(1小)平成5年11月25日判決，最高裁判所判例集民事170号553頁，判例タイムズ842号94頁（**特別なソフトウエア付きのコンピュータのリース契約**）

[講義概要] 本章から個別的な契約の説明をする．UCCでは物品売買に関する第2編からはじまるが，第2編の規定については，ほとんどの重要規定の説明が終わっている．そこで本章では，それに続くUCC第2A編に規定されるリース契約を中心に説明する．リース契約は，普通は物品賃貸借契約と訳しえるが，消費者リースやファイナンス・リースは，多少違った性質をもつ．「債務不履行」となる場合の救済方法について，多くの規定を置いているので，特にそれらの規定に注目する．なお，UCCは不動産の賃貸借契約については定めていないが，これもまた，アメリカ契約法では重要な契約の1つなので，本章で少しくふれておきたい．

§15.1 物品売買契約とリース契約との比較

§15.11 物品売買契約は契約法の重要な部分であり,これまでの部分で説明した契約法の一般的諸法理は,物品売買契約にあてはまる.UCC第2編は物品売買契約について定めた編であり,§2-201(詐欺防止法)など,主要な規定は一通り解説した.この編に続く第A編は,リース契約に関する編である.このような規定の仕方がなされたのは,リース契約の中でも,消費者リースを重要視したためであると思われる.消費者が物品を購入しようとするとき,現金の持ち合わせがなければ,クレジット・カードで購入し,返済を数回の割賦にすることがある.このような取引の場合,その本質は物品売買契約に過ぎないので,UCC第2編の諸規定は,消費者リースにも適用がある.

§15.12 「リース」ということばは,UCC§1-203に定義されているが,この規定では「担保権設定」との区別に重点が置かれている.例えば,自動車の新車を割賦売買で取引される場合,リース料の支払いの形でその割賦の返済をする契約を締結して,売主はその所有権を留保することになる.リース料の総額が売買代金総額に近いものであれば,「担保権設定」であって,その契約には第9編(担保付取引)の適用がある.本来のリースでは,取引対象の物品を普通に使った場合の耐久年数で割った額に一定のパーセントの利潤を上乗せする形でリース料が設定される.

§15.2 UCCのリース契約―賃貸人の「債務不履行」

§15.21 田島裕『UCCコンメンタリーズ』第1巻(2006年)UCC要点整理7において,アメリカ法上のリース契約に関する諸問題を整理しておいた.そこで取り上げた第一の問題は,賃貸人の「債務不履行」である.以下,4つの場合に「債務不履行」が認められる.

§15.22 ①賃貸人がリース契約に適合する物品を引き渡さない場合また

はその提供をしない場合（§2A-509）

　引き渡された物品が契約に適合していなければ，賃借人は，物品を拒絶する，または一部を受領し残りを拒絶することができる．しかし，合理的期間内に拒絶の通知をしなければならない（§2A-509(2)）．賃借人は，その後に(1)リース契約を解約する，リース料の支払いを停止する，(2)すでに支払った金額を取り戻す，(3)是正措置をとり，損害賠償を求める（UCC§2A-518および§2A-520），または(4)その他の救済方法を追求することができる（UCC§2A-508）．履行期限がまだ経過していない場合には，賃貸人は適時に履行の通知をし，契約に適合する物品の引渡をすることができる（§2A-513）．

§15.23　②賃貸人が勝手にリース契約を取り消す場合（UCC§2A-402）である．

　賃借人は，(a)商業上合理的期間のあいだ，賃貸人による履行を待つ，(b)§2A-401に従う履行の適切な確約を得る手続をとる，または(c)第2A編が定めるその他の救済方法を使う，ことができる．賃貸人が契約を解除する場合には，賃借人は損害賠償を求めることができる．賃借人は，代替物品を入手し，賃貸人の違反によって被った損害の賠償を求めることができる（§2A-518）．

§15.24　③賃借人が受領を正当に拒絶する場合（UCC§2A-509）

　物品の引渡を受けてから合理的な期間内に賃借人はそれを検査しなければならない．物品が契約に適合していなければ，その受領を拒絶することができる．賃貸人に通知をしても，適切な措置がとられないならば，①の場合について述べた手続を進めることになる．

§15.25　④賃借人が正当に受領を取り消した場合（UCC§2A-517）

　義務違反を立証する責任は賃借人が負うが，その立証が可能であれば，取消しを通知した後，上記①と同じ救済方法を使うことができる．しかし，この取消権の前提として，賃借人は，賃貸人が違反を是正できるように，合理的な期間内に検査し，違反の通知を事前に与えなければならない．あるいは，物品を受領する場合に留保を付しておかなければならない．もし取消しの根

拠が黙示的保証の違反であれば，第8章で説明した保証責任による救済方法の利用も考えられる．

§15.3 UCCのリース契約──賃借人の「債務不履行」

§15.31 上述の要点整理に第2に取り上げた問題は，賃借人の「債務不履行」である．次の5つの場合に「債務不履行」が認められる．

§15.32 ①賃借人が債務不履行に陥った場合（UCC §2A-523）
これは，賃貸人の①の場合の債務不履行の逆の場合である．本条にいう債務不履行は，物品の受領を賃借人が不法に拒絶すること，賃借人が一旦した受領を不法に取り消すこと，賃借人が弁済期が来てもリース料等の支払いをしないこと，および履行拒絶の通知をすることである．§2A-523(1)は，(a)号から(i)号まで9つの賃貸人の救済方法を規定している．

§15.33 ②賃借人が不法に物品の受領を拒絶する場合
賃貸人は，物品を特定して第三者に賃貸し，そのリースによって得た金額を契約上のリース料から差引き，その差額に必要経費（付随的損害賠償）を加算した額の支払を，賃借人に損害賠償として請求することができる．第三者へのリースができない場合には，契約を解除し，損害賠償を請求する．この場合の損害賠償は，リース契約の規定に従うが，通常は逸失利益に基づき算定される．

§15.34 ③賃借人が受領を不法に取り消す場合（UCC §2A-517）
物品の受領が取り消され，その取消が不法であると賃貸人が証明できる場合には，賃貸人は，その物品を取り戻し，②の救済方法を利用することができ

---

(1)「消費者リース」は，主として個人，家族，世帯によって使用または消費される物品を扱う業者が個人と締結するリース契約を意味する．純粋なリース契約であって第9編の適用がない場合もあるが，実質的に条件付売買契約であることもある．この契約には，UCCの外，Consumer Leasing Act, 15 U.S.C. §1667 *et seq.* (1976) の適用がある．

第15章 物品売買契約とリース契約

る．

§15.35 ④賃借人が弁済時にリース料の支払いなどをしない場合（UCC §2-310(a)参照）
賃貸人は賃料の取立てをすることができるが，もし賃借人が倒産のおそれがあれば，物品を取り戻すことができる．その上で，②の救済方法を利用することができる．救済方法について，リース契約に別段の規定が定められている場合には，それに従う救済を求めることができる．

§15.36 ⑤賃借人が履行拒絶する場合（UCC §2A-402）
リース物品よりもっと良い製品を利用できる情況が生まれれば，賃借人は，現在のリース契約を解除し，新しい製品を対象とするリース契約をやり直そうとする．この場合，賃貸人は，賃借人の希望通りにすることもできるが，この契約解除によって，もしリース物件の賃貸人に対する価値が減小しているならば，その額を損害賠償として支払うことを賃借人に請求することができる．

§15.4　計算機のリース契約とリース料の計算
―― ［教材事例1］の分析検討

§15.41 さて，最高裁判所昭和56年4月9日判決［教材事例1］のリースをアメリカ法のリースと比較してみよう．この事件では，オリエント・リース株式会社は，丸紅エレクトロニクス（以下，丸紅という）が濠綿株式会社から計算機を購入するにあたり，その機械を購入して丸紅にリースする形で資金を融資した．貸主リース会社は，借主の信用不安を理由として，リース料の即時一括支払請求をした．これに対し，借主丸紅は，機械の不具合（水害等）を主張し，瑕疵担保責任および危険負担責任を請求した．これらの責任の免責を認める契約条項がリース契約に含まれていたため，原告は免責を主張し，大阪地方裁判所は，特約を有効と判決した．「この契約は賃貸借という法形式をとりながらも，その実質において，借主が売主から目的物件を取得して使用収益するため，貸主がその中間に立って，経済的に借主

161

アメリカ契約法

に金融的便宜を与えるものである」と認定した.

§15.42　上記大阪地方裁判所の判決が,「借主から売主に対する瑕疵担保責任を追求する途が残されている」と判示していることから,借主丸紅は,豪綿株式会社を相手に瑕疵担保責任を追求し,認められた.しかし,借主丸紅は,機械を利用できなかった期間のリース料の支払いを拒絶した.その判決は上訴され,さらに最高裁判所へ上告された.最高裁判所は,リース料の計算について,借主が機械の引取りを求めた時点で計算するべきでなく,実際上,その機械の使用を停止した時点まで,借主はリース料を支払う義務を負うと判決した.

§15.5　不動産の賃貸借

§15.51　不動産の賃貸借とは,不動産の所有者がその不動産を一定期間貸付け,借主が定期的にその賃料を所有者に支払う契約をいう.賃借人は,契約の終了時に当該不動産を原状に戻して,返還する義務を負う.南北戦争以前のアメリカでは,不動産をほとんど永久的に賃貸借することが普通に行われており,このような形態の契約関係が社会的・経済的に非常に悪い結果を生んでいると考えて,各州はこのような契約に厳しい制限を課してきた.このような契約状態が続くと,所有者はまったく働くことをせず,賃料に頼って生活をするようになるし,賃借人は,自分の不動産でないので,不動産に改良を加える意欲をもたなくなる.

§15.52　不動産の賃貸借では,不動産を占有してそこに居住することが重要であり,契約法よりも物権法の問題として争われることが多い.また,福祉行政とも関係することがあり,行政法の問題として争われることもある.契約法では,契約の内容がどのような性質のものであるかが争われることが多い.例えば,Smith v. Royal Insurance Co., 111 F.2d 667, *cert. denied*, 311 U.S. 676（1940）では,原告スミスは,40年以上問題の不動産に居住していたが,その住居が火災で焼失して閉まった.火災保険が掛けられていたが,原告が焼失した家屋の賃貸借契約書を提示できなかったため,保険金の支払

第15章　物品売買契約とリース契約

いを拒絶した．しかし，第＊連邦上訴裁判所は，黙示の契約が存在していることを認め，保険金の支払を命じた．Tipton v. Bearl Sprott Co., 93 F.Supp. 496（1950）では，steel and restateur の会社が，被告に無料で不動産を提供し，社員用のカフェテリアの経営をさせていたが，この場合にも賃貸借契約が成立していると認定した[2]．

§15.53　農業目的の賃貸借契約は，特別なカテゴリーであり，別の考慮を必要とすることがあるが，ここでは若干の事例を例示するにとどめる．まず，Douglas County Board of Egalization v. Clarke, 921 P.2d 717（Colo. 1996）では，牧草地として実際に使っているのでなければ，たとえ農業用土地賃貸借の契約が結ばれていても，租税優遇措置の恩恵を受けることができないと判決された．しかし，Estes v. Colorado State Board of Assessment Appeals, 805 P.2d 1174（1990）では，牧場経営者が売店の売り上げで大きな利益を得ていても，農業用の賃貸借であると認められた．Roden v. Estech, Inc., 508 So.2d 728（Fla. 1987）でも，農地内でたとえ無許可で鉱物の採掘が行われたとしても，農地利用に変わりがないと判決された[3]．

§15.6　ファイナンス・リース契約の解除──［教材事例２］の分析検討

§15.61　［教材事例２］は，株式会社日本リースが北の家族株式会社との間でファイナンス・リース契約を締結し，リース物件を引き渡したが，北の家族側が民事再生手続開始の申立てをしたため，リース契約を解除し，損害賠償請求（約１億２千３百万円）等をした事件である．この契約解除は特約によるものであったが，その特約は「債務者の再生という法の趣旨，目的

---

(2) カフェテリアの営業の収益の10％を会社に納めていた．賃貸借契約の成立が否定された事例もある．E.g., Rolnick v. Interborough Fur Storage Co., 92 N.Y.S.2d 894（1949）．

(3) In re Richlaun Turf Farms, Inc., 26 B.R. 206（1982）では，雇用者が農業事業者であっても，労働者が行っている仕事が農業に関係なければ，agriculural labor exemption の恩恵を受けることはできないと判決された．

163

そのものを害する」ので「有効とするのは本末転倒」であると判決した．民事再生手続後にファイナンス・リース契約が解除され，目的物が返還されなかったことは不法行為となるが，その損害賠償金（約92万円）は一般債権者の共益債権であると認定した．

§15.62　リースの契約者が実際上リース物件を使用していなくてもリース料を支払う義務がある．最高裁判所（1小）平成5年11月25日判決［**教材事例3**］では，原告繊維会社はコンピュータに特別なソフトウエアを付けて買取ることにし，被告リース会社が融資を行った．そのソフトウエアが完成していないため，まだ原告は利用できない状態であったが，被告はリース料の支払いを請求した．さらに，訴外会社が支払不能の状態になっていたから，債権保全のためコンピュータを引き取り，リース契約を解除した．原審裁判所は，原告勝訴の判決を下したが，最高裁判所は，原告は引渡しを受けていないのに訴外会社に同情して代金の支払いをしたことがそもそもの原因であり，リース料の支払いを拒絶することはできないと判示して，事件を破棄差し戻した．

§15.63　また，最高裁判所（2小）平成8年10月14日判決（判例時報1586号73頁，判例タイムズ925号176頁）では，有限会社が賃借人となっており，その経営者が交代した場合，賃貸人はリース契約を解約しようとしたが，その有限会社の実態には変わりがなく，裁判所は解約は認められないと判決した．「民法612条は，賃借権の無断譲渡を禁止しているが，個人とその経営する会社のように，譲渡人（転貸人）と譲受人（転借人）との間に密接な関係があり，使用収益の主体が実質的に同一と思われる場合には，民法612条による契約の解除はできない」と判決した．

───────────────────────

［ディスカッションの論点］
　1　最近の自動車売買契約について，次のような内容を定めるものがあるが，アメリカ契約法に照らしてこれを分析すると，どのような性質の契約であると言えるか，論じなさい．自動車の買主（消費者）が毎月支払う割賦額

を設定し，3年間割賦返済を行った後，残金について，買主（消費者）が一括で弁済するか，中古自動車を公正な査定額により決済して当該自動車を手放すか，選択できる．

2　SEC v. Edwards, 540 U.S. 389（2004）では，電話会社が携帯電話を消費者に売却し，その消費者は当該電話を電話会社にリースする形式の取引が問題になった．固定額のリース料が買主消費者にはいることになるが，この契約には法律上問題があるか否か，議論しなさい．

3　未払いの契約代金の担保を主たる目的としたリース契約と本来のリース契約との相違点は何か．

[参考コラム]

- ファイナンス・リース　　「ファイナンス・リース」は，三者関係で成り立つ契約で，賃貸人，賃借人，供給者が当事者となる．賃借人がリースの対象となる物品を選択し，賃貸人がこれを供給者から購入し，賃借人にリースするという形がとられる．賃借人が当該物品を買い取ることができないために賃貸人から融資を受けることがこの取引の実際上の目的であり，リース契約の形がとられるのは，簡易な方法で担保権設定の実質が得られるからである．従って，この契約には，第2A編の外，第9編の諸規定の適用がある．
- サービスの売買契約（サービス提供契約）　　1893年の物品売買法（イギリス）も物品の売買契約には適用されるが，サービス提供を内容とする契約には適用がない．しかし，1979年の物品売買法の改正のときに，物品売買に関する諸規定がサービスにも適用されるようになった．サービスは「役務」「労働」などを意味する用語であり，雇用契約，請負契約，委任契約などがこれに関係する．このサービスをどのように評価するか，すなわち，その契約代金が客観的でなく，ここにトラブルが起きる要因がある．

第 16 章

信用貸付と消費者保護

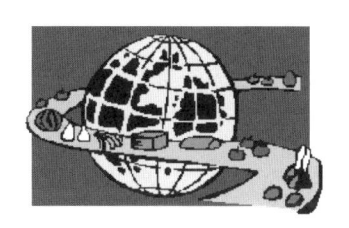

［教材事例］
1 東京地方裁判所平成 7 年 3 月 17 日判決，判例時報 1569 号 83 頁（**抗弁権の切断**）
2 最高裁判所（3 小）平成 19 年 7 月 17 日判決，判例時報 1984 号 33 頁，判例タイムズ 1252 号 118 頁（**クレジット・カードと超過利息**）
3 東京地方裁判所平成 5 年 3 月 29 日判決（**マルチまがい商法**）

［講義概要］　本章ではリース契約と類似した面をもつ消費者契約を説明する．この契約は，普通，規制契約である．「契約法の死」が議論されるとき，引用される事例はほとんど消費者保護に関する事例である．弱者保護を目的として，契約当事者の間のバランスをはかるため，一定の制約が課される場合がある．かかる規制契約の諸問題を本章で説明する．

§16.1　クーリング・オフと抗弁権の切断

　§16.11　最初に 1969 年に制定された貸付真実法に注目しよう．この法律によれば，5 回以上の割賦でなされる売買契約の場合には，買主は一定の冷却期間（3 営業日）[(1)]の間に，自分が表示した契約意思を再確認し，無条件で解約することができる．この解約権はクーリング・オフと呼ばれるが，買

---

(1) アメリカ法で「3 営業日（three business days）」という場合，つぎのことを意味する．

主はこの権利が与えられていることを契約書に明瞭に記載されなければならない．また，契約代金と実際に支払われる金員の総額（名目は関係ない）を顕著な文字で記載し，年パーセント率に換算した数字で明記しなければならない．これらの規則に違反した場合，刑事制裁が科せられる（詐欺と擬制される）．

§16.12　上記の規制は消費者保護を目的としている．しかし，消費者がある物品を購入したいと思い，金融業者から融資を受けた場合，消費者がもつ物品の売主に対する抗弁権（瑕疵担保責任の主張など）は，その金融業者に対し主張することはできない．東京地方裁判所平成7年3月17日判決［教材事例1］では，原告消費者は，三條苑メディカルクラブ会員となり，入会金150万円および預託金700万円を支払った．しかし，この支払いは被告金融会社との提携ローンによりなされたが，役務提供業者が倒産したため，原告は役務の提供を受けられなくなった．そこで，融資金の弁済金に関する公正証書には強制執行を認める規定が含まれていたため，その執行の排除を求めて原告が訴訟を起こした．東京地方裁判所は，抗弁権の継続が認められることがあることを認めながらも，本件の商品は指定商品でなく，抗弁権は切断されると判決した[1]．

§16.13　「消費者リース」は，主として個人，家族，世帯によって使用または消費される物品を扱う業者が個人と締結するリース契約を意味する．リース契約は物品の売買契約に類似した面があり，UCC第2編（売買）に規定される多くの法理は，リース契約にも適用される．純粋なリース契約であって第9編の適用がない場合もあるが，実質的に条件付売買契約であることもある．この契約には，UCCの外，Consumer Leasing Act of 1976, 15 U.S.C. §1667（2009）の適用がある．「ファイナンス・リース」は，三者関係で成り立つ契約で，賃貸人，賃借人，供給者が当事者となる．賃借人がリースの対象となる物品を選択し，賃貸人がこれを供給者から購入し，賃借人にリースするという形がとられる．賃借人が当該物品を買い取ることができないために賃貸人から融資を受けることがこの取引の実際上の目的であり，リース契約の形がとられるのは，簡易な方法で担保権設定の実質が得られる

からである．したがって，この契約には，UCC 第 2A 編の外，第 9 編の諸規定の適用がある．

§16.2 クレジット・カードと超過利息

§16.21 最高裁判所（3 小）平成 19 年 7 月 17 日判決［教材事例 2］の判決は，クレジット・カードのいわゆるリボルビング取引と呼ばれる契約条項の解釈に関する事件である．その取引は，当初の契約により毎月支払う返済金を一定額に固定し，消費者の借入代金を毎月合計し，その金額に対し約定の利息を課金する仕組みである．この仕組みによれば，利息制限法の制限利息を超過する利息を消費者が支払う可能性があり，その超過分は不当利得であり，貸主は返還義務を負わされている．ただし，過払分として約 240 万円余りの返還が請求されているのに対し，返還請求が認められたのは約 20 万円余りであり，実質的には，原告の請求が完全に認められたとは言い難い[2]．

§16.22 日本の利息制限法に関する判例には，いくつかの変遷がみられる．これと対比して，アメリカ法の場合，各州により規定の仕方が大きくことなる．キャリフォーニア州の場合，制限利息は憲法に定められており，非常に厳しく制限されている．同州では，もともと超過支払分が任意になされた支払いであっても，超過利息は当然に返済されなければならない．これに対して，ニューヨーク州法は利息制限の規定を置いていない．利息等の開示について，厳しい規制は置いているが，利息の料率は契約の自由の問題であると考えていると思われる．キャリフォーニア州のような例は著しくまれであり，むしろニューヨーク州の法律に類似した規制を行う州が圧倒的に多い[3]．

---

(2) Whitaker v. Spiegel Inc. 623 P.2d 1147 (Wash. 1981) と比較検討せよ．
(3) キャリフォーニア州では，年 7％の利息制限が憲法 15 条 1 項に規定されている．またミシガン州では年 5％が制限利息となっている．州の利息制限は，連邦法の先占（federal preemption）が認められない限り，連邦法や他州の法律に影響されない．Sherman v. Citibank (South Dakota), 668 A.2d 1036 (N.J. 1995).

§16.3　マルチまがい商法

§16.31　一定の規制契約は犯罪となる．訪問販売に関する法律（19**年）や無限連鎖講の防止に関する法律が定める犯罪がその例である．**教材事例3**では，ダイヤモンド販売商法が問題になっているが，この商法はいわゆる「ねずみ講式販売」であり，無限連鎖講の防止に関する法律第2条および第3条により，禁止されている[4]．マルチまがい商法は，(1)いずれも破綻して大多数の被害者を発生させる一方，同被害者らの犠牲の下にマルチ業者が莫大な利益を得て倒産することを経営者が当初から熟知していること，(2)間接利益を得られるシステムから射幸心を煽り，健全な勤労意欲を減退させ，(3)組織及びその意図が違法であるために必然的に違法な勧誘を行うなどの特徴をもつ．

§16.32　この事件の事業は，有名な豊田商事事件の企業グループ統括を担当していた永野某が中心となり，上記の法律改正にチャレンジする意味において，違法性を認識しつつ行った事業である．主要な共犯者小城某（社長）は，元通産省課長補佐である．さらに，商品販売機構の考案は，平井康夫と藤原照久の両名が中心となってなされたのであるが，この両名はホリデイ・マジック事件の中心人物である．その機構について，形式的には法律に抵触しないように巧妙な工夫がなされている．この機構では，ダイヤや金ののべ棒の購入が一種の出資の形ななっており，無限連鎖講の防止に関する法律第2条にいう「無限連鎖講」の定義には当てはまらない．

§16.33　東京地方裁判所は，上記のような事業は民法第709条にいう不法行為を構成するのであり，購入代金，MCC受講料，印紙代等の損害賠償請求を認めた．しかし，慰謝料請求については，「精神的苦痛を受けたであろうことは推測に難くないが，右財産的損害の補てんによっても，なお補

---

[4] 判例タイムズ861号260頁；判例時報1457号92頁；別冊ジュリスト129号208頁参照．

てんすることができない精神的損害を被ったとまで認めるに足りる証拠はない」ことを理由として，それを拒否した．東京地方裁判所は，「組織が破たんすることが必然であり，会員が勧誘に努力すれば第三者に欺瞞的な勧誘活動を展開せざるを得なくなる[5]」ことを認定し，本件システムの違法性を認定した．

§16.4 消費者信用法の理論

§16.41 消費者信用取引とは，消費者の信用を担保にした金銭消費貸借契約を意味する．契約の対象となる物品に対し，売主は担保権をもつが，それ以外に債権を強制することは許されない．買主が返済できないのは売主が買主の信用を正しく評価しなかったためであり，売主に落ち度があったと理解されるからである．アメリカ合衆国の連邦法として，1968年に貸付真実法（Truth-in-Lending Act）が制定されたとき，わたくしはアメリカで留学中であったが，その理論に多くの人が驚いた．この法律は，クレジット・カードの発行，学生ローン，住宅ローンの導入の基礎となった法律であり，しかもこの法律の違反に対して刑罰が科せられることになっていた[6]．実施日に多数の訴訟が提起されたが，裁判所は，いずれもこの法律は合憲であると判決した．

§16.42 1968年の法律は，クーリング・オフの制度を導入し，契約書に年率など一定の事項を明瞭に記載することを義務づけた[7]．この法律に続き，1970年に公正信用報告法（Fair Credit Reporting Act）が制定され，給与差押（Garnishment）規制が導入され[8]，1972年に消費者商品の安全性に

---

(5) マニュアル化された勧誘方法は，訪問販売法および独占禁止法第2条9項に基づく「不公正な取引方法」8項に該当する．
(6) 刑罰規定はTILA§112．クーリング・オフは3営業日である．⇒§16.11
(7) この要式契約について，竹内昭夫「消費者信用（アメリカ）」比較法研究36号（1974）8-35頁が詳細に説明している．
(8) 15 U.S.C. §1673．毎週支払われる給与の可処分部分の25％，または連邦法が定める（1時間当たりの）最低労働賃金の30倍を限度とする．

関する法律（Consumer Product Safety Act）が制定され，この年に貸付真実法の法律名を消費者信用保護法（Consumer Credit Protection Act）と改名された．これは，さらに消費者保護の立法が必要であると連邦議会が認識し，立法の準備を継続する約束がなされたためである．この方針に従って，1976年には公平信用機会法（Equal Credit Opportunity Act），19**には公正債務取立慣行法（Fair Debt Collection Practices Act）[9]，1978年には電子的資金移転法（Electronic Fund Tranfer Act）が制定された．以上，6つの法律が消費者信用保護法の内容となっているが，それ以降もいつかの消費者保護法が制定されている[10]．

§16.43 一定の販売方法は不公正取引とされる．紹介販売が問題にされるのは，たとえば，その最大の販売者が大学教授（英文科）の妻が夫のゼミ生を熱心に紹介する場合があり得る．多くの学生を紹介することにより会社から紹介料を得ているわけであるが，その商品が優れたものであるという保証はないし，瑕疵担保責任についても，契約上は当該大学教授が名目的な売主になっており，実際には責任を負えるはずがない．また，紹介料は，他の顧客に売却された商品の料金の中に算入されているはずであり，同じ顧客の立場にありながら，価格に差をつけることになり，アメリカの連邦法上，不公正取引とされる．一定の販売方法は犯罪とされる．例えば，上述のマルチまがい商法は，不法行為でもあり，犯罪ともなりえる．

§16.5 支払保証契約

§16.51 guaranty と suretyship はいずれも支払保証と訳される．しかし，前者の場合，まず本人に請求して，弁済が得られないときに，従位的に保証人に対して残金について支払いを請求できる．後者の場合には，保証人は共同で連帯して支払義務を負うので，債権者は保証人に対し直接支払

---

[9] 返済金の取立にあたり，債務者の自宅や勤務先を訪問することを禁じている．
[10] *E.g.*, Consumer Leasing Act 1976, Truth-in-Lending Class Action Relief Act 1995, Credit Card Act 2009, 15 U.S.C. §1693.

いを請求することができる．アメリカでは，上述のマルチまがい商法の中で，この保証契約を結びつけ，消費者の人生を破壊させた新聞記事を数多く目にした．例えば，第26章（§26.33）で検討するSEC v. Glenn W. Turner Enterprises, Inc., 474 F. 2d 476 (9th Cir. 1973)[11]がその例である．一方では，新会員を多数紹介することによって大きな利益を期待できるが，他方，紹介された新会員が契約を遵守しなければ，紹介者は保証人としての責任を問われることになる．

§16.52 ［教材事例3］は上に説明したターナー企画判決に類似した事件である．この事件では，純金ファミリー契約，白金ファミリー契約，マリーナ会員契約（横浜地方裁判所昭和62年12月25日判決参照）などが「投資契約」（⇒第19章）として利用され，豊田商事による詐欺が行われた．この事件と関連して26の訴訟が提起されているが，［教材事例3］は，それらの契約は「公序良俗」に反して違法であることを理由として，不当利得返還請求をし，裁判所に認められた判決である．それより以前に提起された秋田地裁本荘支部昭和60年6月27日判決の事件においても，類似の取引が問題となり，裁判所は不法行為（詐欺）の成立を認め，125万円および年5分で計算される期待利益，および15万円の慰謝料並びに10万円の弁護料を損害賠償として認められた[12]．

§16.53 最後に，アメリカ法における消費者保護法の考え方を説明しておこう．消費者保護法は，契約法の一部ではない．消費者信用保護法はむしろ金融法であるし，非良心性の原理によって救済を与えたような事例では，むしろ社会保障法の性質が見られる．一般的な消費者保護法は，消費者契約のプロセスにおいて，詐欺的な方法がとられたり，犯罪性のある行為を防止

---

(11) この取引はピラミッド型取引であり，違法とされる．SEC v. Koscot Interplanetary, Inc., 497 F. 2d 144 (5th Cir. 1974) 参照．
(12) 最高裁判所平成14年9月26日判決（国家賠償法），大阪地方裁判所平成4年10月23日判決（弁護士の詐欺責任）も見よ．なお，この事件と関連して，フライデーに取上げられた女性が謝罪広告等を請求した事件で，同事件の別の側面が明らかになっている．東京地方裁判所昭和63年2月15日判決．

アメリカ契約法

することが目的となっており，消費者が貧乏であるかどうかは問題ではない．消費者保護法が発展したからといって，契約法の理論がそれによって否定されるわけではない．

[ディスカッションの論点]
1　アメリカでは消費者保護法は救貧法の法領域に入れられているが，それは契約法の一部に入れられるべきものではないか．
2　日本では民事法と刑事法の区別が截然となされており，民事裁判において，裁判官が懲罰的損害賠償（⇒§25.6）のような政策的判断による判決を下すことはない．アメリカでは，契約法の領域においても，政策的判断がなされているように思われるが，日本もそれに倣うべきか否か，議論しなさい．

[参考コラム]
- クレジット・カード　クレジット・カードは，§16.41で述べたように，1969年の消費者信用法が生んだ新しい決済方法であるが，それ以来，大きな変遷をしている．わたくしが最初に留学したのは1968年から1970年の2年間であったが，その頃，スーパーでも小切手での決済が普通であったが，これは著しく不便であり，カードによる決済は非常に便利に思われた．これを可能にしたのは，パソコンの普及である．政府の側から見ると，カードの利用は経済の活性化に貢献するところがあり，ベトナム戦争の借金を返済するのに役だった．ちなみに，イギリスでもほぼ同じ頃にクレジット・カードが使われるようになったが，イギリスでは，カードはステイタス・シンボルであり，アメリカとは違った意味をもっていたように思われる．

　コンピュータが急速に発達し，大量の情報を正確に，迅速に処理できるようになると，銀行がビジネスとしてクレジット・カードに参入するようになった．1980年代になると，ノンバンクがコンピュータを導入してこの事業に参入するようになると，大手

第16章　信用貸付と消費者保護

の銀行がこれを支配しようとするようになった．自動車産業などが収益を増大させると，銀行から資金の融資を受ける必要性が低くなり，割賦販売などの方法で販売を始めると，銀行が新しい顧客を開拓する必要が産まれたが，割賦販売業者よりも良い条件で消費者金融を行うようになった．キャッシュカードとして利用される場合，お金の利用目的は限定されておらず，銀行がサラ金とレベルで金貸しをはじめたということを意味している．

　クレジット・カードの利用は，社会構造を変えることになり，新しい第3の変革期を迎えている．クレジット・カードの事業はコンピュータさえ購入すればだれにでもできる事業であり，鉄道会社，百貨店などの小売店，その他あらゆる業者がこれを始めるようになり，過当競争が始まった．消費者信用は無担保貸付であり，返済の焦げ付きが多数起こるようになった．クレジット・カード事業が成功するために，返済金の取り立てがきちんと行われることが重要であるが，実際には多くのトラブルが起こっており，悪徳な取立が行われるようになった．クレジット・カードの意味を改めて考え直す必要が生まれている．

第 17 章

流通証券取引

[教材事例]
1 最高裁判所(1小)昭和43年12月12日判決，民集22巻13号2963頁 **(他人名義で手形を振り出した者の責任)**
2 大阪地方裁判所昭和63年4月25日判決，判例時報1219号70頁 **(協和銀行の過失決済事件)**

[講義概要] 契約の履行と関連してもっとも重要な問題は決済をどのように行うかということである．UCCは「流通証券」取引に関する規定を第3編に置いている．第4編および第4A編も，流通証券に関する規定を置いているが，この2編は主に銀行取引に関する編であり，第18章で説明する．流通証券が偽造されたり，盗難にあったりしたとき，アメリカ法では，その証券は有効なものとは認められない．日本法では，形式がととのっていれば有効なものとして扱われるのであり，この点で日本法とアメリカ法との違いがある．

§17.1 UCC の関連規定

§17.1.1 第1章の [教材事例 I] では，鎌倉に住むクラシック・カーのコレクタがキャリフォーニア州の住民からビンテージ・カーを買う売買契約を締結した．この売買契約の決済のために，買主は現金を売主に渡した．しかし，車を修理する必要があり，引渡しは行われなかった．この場合，買主はどのような決済方法を選ぶべきであったか．契約の履行について，もっと

177

も安全な方法を選択するのが弁護士の義務である.

§17.12　通常の国際取引ならば，次のような形で決済が行われる.

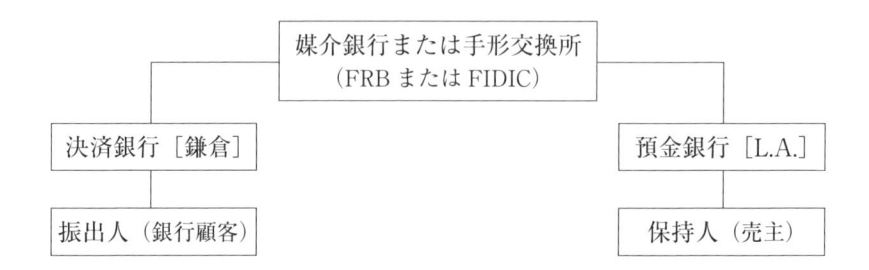

```
            媒介銀行または手形交換所
              (FRB または FIDIC)
         ┌──────────────┴──────────────┐
    決済銀行［鎌倉］              預金銀行［L.A.］
         │                              │
    振出人（銀行顧客）              保持人（売主）
```

　売主は買主の決済銀行の支払保証を取り付け，売却した車を買主宛に配達するよう運送会社に引き渡し，それと交換に貨物証券を受け取り，それを買主に送付する．買主は貨物証券と交換に小切手か約束手形を振り出す．売主と買主の間には一面識もないかもしれないが，このように流通証券を利用することによって，現金売買とほとんど同じように，安全な取引を進めることができる[1]．

　§17.13　決済は現金ではなく，有価証券で行われるべきであった．UCC§3-104 は，小切手以外に約束手形，為替手形，預金証書について規定しているが，これらは「流通証券」の代表的なものである．船荷証券も流通証券であり得るし，倉庫証券もそれと類似の性質をもっている．貨幣と同じように金銭的価値をもち，人から人へ自由に移転できる文書であるならば，その文書は流通証券となりえる．第1章［教材事例1］のような事例では，「流通証券」の利用が必要であったのに，ほとんどこれについて考えなかったようであり，そのことが事件を生んだ主要な原因であるように思われる．

　§17.14　筆者の『UCCコンメンタリ第1巻』(2006年) の要点整理4 (89

---

(1) 国内での売買契約とはちがって，モデル契約1の場合には輸入手続が必要となる．税関に輸入申告をし，輸入許可を得る必要がある．この許可審査のプロセスにおいて，その他の関連諸官庁（経済産業省など）の規制が関係するときは，そのための手続をする必要がある．

頁）を見てみよう．その冒頭に示したチャート図は，売買契約の履行の流れを示している．信用状がなくても，売買契約は十分に遂行できる．そのチャート図を簡略化し，その中に信用状を書き込むと次のような図になる．

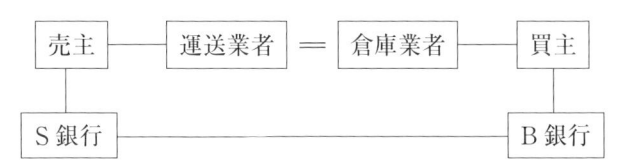

```
     売主 ──── 運送業者 ══ 倉庫業者 ──── 買主
      │                                    │
     S銀行                                 B銀行
（売主取引銀行：確認銀行）        （買主取引銀行：信用状発行銀行）
```

買主がサンフランシスコのレストランで，1,000匹の伊勢エビを売主水産会社（ボストン）であったと仮定しよう．売主は買主と面識がなく，買主の支払能力に不安をもっていた．他方，買主は，伊勢エビが良好な状態でサンフランシスコに到着することを願っていた．こういう情況の下で，L/C, San Francisco FOB の条件で売買契約が成立した．このような売買契約は，次のような約束を含んでいる．

「買主は，本契約の後＿＿日以内に，売主を受益者に指名した，購入代金額の取消不可信用状を，買主の取引銀行に開設しなければならない．その信用状の条件は，200＿＿年＿＿月＿＿日に，またはそれ以前に，以下の書面を買主の取引銀行に提示することである．
  1　信用状
  2　本契約により売却される物品を適切に記載した船荷証券
  3　領事 invoice
  4　＿＿によって発行された検査証[2]
  5　本契約に記述された物品の保険証書」

---

(2) 品質条件の審査は，トラブルが生じたときに対象物品が担保物となるので，銀行にとっても重要である．実際上の検査は，個々の物品をいちいち検査することは煩瑣であり，銘柄，規格，仕様書，その他公的基準を利用して行われるのが通常である．

§17.2　小切手と約束手形

§17.21　銀行取引契約のほとんどが流通証券に関係する。UCC §3-104(a)は，「流通証券は一定の金額を支払うという無条件の約束または命令を意味する。」と定義している。銀行業務の大部分は，これの取扱いに関するものである。流通証券の基本的な例として小切手を取り上げ，その使用例を最初に説明しよう。ビンテージ・カーの売主は，買主から送付された小切手を自己の預金銀行に渡し，自己の口座に入金する。預金銀行は暫定的な貸方勘定を記入し，媒介銀行（連邦銀行）または手形交換所を通じて，その小切手を買主の預金銀行に移転し，決済を求める。決済銀行は，買主の口座を使って小切手の決済を行う。この決済により買主の支払いは完了し，売買契約は終了することになる。

§17.22（正当保持人）　「流通証券」と交換に金銭の支払を受けることができるのは「正当保持人」のみである。「正当保持人」はUCC §3-302に定義されている。「正当保持人」であるためには，保持人が対価を支払い，正規の流通プロセスを経て，信義誠実にその証券を取得した者でなければならない。例えば，［教材事例1］の場合において，小切手を変造した者や手形を窃取した者がいれば，それらの者は「正当保持人」ではない。この「正当保持人」か否か，確認銀行が判断する義務を負わせられている。

§17.2　手形振出人の責任――［教材事例1］の分析検討

§17.21　流通証券は，一方では，取引を促進する目的をもっており，他方，取引の安全を確保することが意図されている。最高裁判所（1小）昭和43年12月12日判決［教材事例1］では，浅沼製菓株式会社が手形取引停止処分を受けたので，社長の実兄の名義で北海道拓殖銀行に当座取引口座を開設して，その名義で多数の約束手形を振り出した。名義を利用された実兄は失業対策人夫であり，浅沼製菓株式会社が社長名義で振り出したものとして扱わ

第 17 章　流通証券取引

れるべき手形であり，同社長が支払義務を負うと判決した（大隅健一郎裁判長）．

§17.22　同日，最高裁判所は，為替手形金請求事件にも判決を下している．この事件では，衣料品売買契約の決済のため，債権者が自己を受取人とする為替手形を振り出し，債務者に裏書をさせることによって，支払を保証させた．売買代金の支払日はその手形の決済日と同じであった．売上代金請求権は，民法第 173 条の規定により，時効期間は 2 年とされるが，その期日までに代金は支払われなかった．債権者は，為替手形を呈示して支払を求めたが，債務者は時効を抗弁として支払を拒絶した．下級審は，手形は<u>無因証券であること</u>を理由として，原告債権者の請求を認めた．しかし，最高裁判所は，この手形は代金の支払いのために振り出されたものであり，「為替手形金の請求は失当である」と判決した．

§17.3　銀行決済における過失相殺——［教材事例 2］の分析検討

§17.31　大阪地方裁判所昭和 63 年 4 月 25 日判決［**教材事例 2**］の判決は，大阪府建具協同組合の経理担当者がその地位を悪用して小切手を振り出した事件である．友人の窮状を救うために 100 万円を融通したものであったが，友人が速やかに返済しなかったために，不正借用が発覚し，本件訴訟が起こった．問題の経理担当者にすべて任せきりであったため，銀行は信頼して小切手の決済をした．しかし，印鑑等に不審な点があり，銀行は気付いていたにもかかわらず，手形交換所における「異議申立」をせず，「みなし」「握り」の処置をとったことに違法性が認められた．しかし，本件では，結果として，原告は 487 万 5 千円の損害を被ったが，経理担当者の監視を怠ったことに原告の過失を認め，過失相殺を認め，その半額の賠償金の支払いを被告銀行に命じた．

§17.32　UCC に関する判例でも同じような判決がある（『UCC コンメンタリーズ』第 2 巻（2007 年）参照）．UCC のもとでは，銀行は，偽造や変造を検査する義務を負わされている．*Cf. Perdue v. Crocker National Bank,*

181

38 Cal.3d 913 (1985); Best v. United Bank of Oregon, 739 P.2d 554 (1987). UCC §3-406 は,「通常の注意義務を払わなかったことが,証書の変造に,または偽造署名に貢献したときは,その変造または偽造を主張することは許されない.」と規定しており,また同条(c)項はその立証責任を銀行に負わせており,銀行は証券の専門家として,偽造や変造について,特別な注意を払っている. Thompson Maple Products, Inc. v. Citizens National Bank, 211Pa.Super. 42, 234 A. 2d 32 (1967) では,継続的な取引関係のあった経理担当者が偽造書面を作成し,自己の口座に違法に入金された.これを見抜けなかった銀行に過失責任を負わせたが,原告会社にもずさんな経営が遠因になっているとして,一定の過失相殺を認めた[3].

§17.4　銀行の過失による決済──［教材文献3］の意義

§17.41　波床昌則「誤振込をめぐる二,三の問題—民事法と刑事法の交錯」『法曹養成と裁判実務』(2006年) 645-663頁に注目しよう.この論文は,武藤春光先生の喜寿を祝って書かれたものであるが,そこでは最高裁判所平成8年4月26日 (民集50巻5号1267頁,判例時報1567号89頁,判例タイムズ910号80頁) および最高裁判所(2小)平成15年3月12日 (刑集57巻3号322頁) が検討されている.これらの判決は,いずれも銀行が誤って被仕向銀行に送金がなされた場合に,有効に預金債権が成立するかを審理している.前者では,誤送金がなされた後,直ちに第三者が債権取立のため,その金を差押え,決済に充てた.最高裁判所は,この決済を有効とした.これに対し,後者の事件では,誤送金により送金を受けた者が,希有な機会と考えて自己の借金の返済のため,銀行からその預金を引き出した事例である.最高裁判所は,窃盗罪の成立を認めた.

§17.42　波床昌則は,上記2つの最高裁判所の判例に矛盾があるように

---

(3) この偽造・変造に関する指導的判例は Price v. Neal, 3 Burr. 1354 (1762) であるが,これを先例として確立されたコモン・ローの法理は,田島裕『UCC コンメンタリーズ』レクシス・ネクシス,2007年) 47-8頁に説明されている.

第 17 章　流通証券取引

見えるが，窃盗罪の財物は，預金を利用する財産的利益（占有権ないし支配権）であり，その点に視点を当てるならば，前者には犯罪性はないという．このような財産権の考え方は，UCC の考え方と一致する．

[ディスカッションの論点]

1　小切手，手形以外にどのような流通証券があるか，検討せよ．投資契約書は証券か．

2　UCC 第 3 編は，1990 年改正以前には「商業証券（Commercial Papers）」という表題が付されていた．なぜ同編を「流通証券」としたか，検討しなさい．

3　「無因証券」と「有因証券」とでどのような相違があるか，議論せよ．

[参考コラム]

- 小切手・手形の由来　　手形は 12 世紀に中世イタリアの両替商が使い始めたものである．15 世紀にフランスで市場の決済に利用されるようになった．小切手は，14 世紀のイタリアで使われ出し，オランダで使われるようになり，17 世紀のイギリスで発展した．1930 年にジュネーブ統一法が作られたが，イギリスおよびアメリカは，これに従っていない．1988 年に英米法と大陸法の融合をはかるために「国際為替手形および国際約束手形に関する条約」が国連総会によって採択されたが，まだ完全な統一は成功していない．日本の小切手・手形法はジュネーブ条約によるものである．

第 18 章

銀行取引契約と信用状

［教材事例］
1 最高裁判所（3小）平成 15 年 4 月 8 日判決，民集 57 巻 4 号 337 頁（**キャッシュ・カード偽造**）
2 東京高等裁判所平成 16 年 8 月 26 日判決，金融・商事判例 1200 号 4 頁（**盗難通帳による普通預金払戻し**）
3 東京地方裁判所平成 7 年 1 月 30 日判決，判例タイムズ 895 号 161 頁（**スタンドバイ信用状**）
4 大阪高等裁判所平成 19 年 9 月 27 日判決，金融・商事判例 1283 号 42 頁；最高裁判所（1小）平成 18 年 6 月 12 日判決（**不適切な不動産取引**）

［参考書］ 田島裕訳『UCC2001』（商事法務，2002 年）第 3 編，第 4 編および第 4 A 編

［講義概要］ 本書の前半では，契約の締結からその消滅までのプロセスにおいて起こり得る契約法総論のさまざまな紛争について説明した．後半の部分では，契約法の各論として最も基本的な類型である売買契約から説明をはじめ，前章では現金売買でなく，証券により決済する技法について説明した．そして，本章で銀行取引契約を研究テーマとして取り上げることにした．この論理の立て方は，日本人の読者には容易には理解できないかもしれないが，これは UCC の編纂の仕方に従ったものである．

　契約の多くは双務契約であり，一方の債務は代金の支払いであることが多い．本書第 1 章のモデル契約 1 についても，中古車の引渡しと代金の支払いが同時履行の関係にあり，これを実現するためには銀行を利用して流通証券による決済を契約する以外にない．第 1 章のモデル契約 2 については，事業

の内容がまだ未確定であるが，事業に成功するか否かは，銀行の仕組みをどのように利用するかに掛かっている．資本主義社会において，銀行との契約なしに生活はできない．銀行の決済機能は，銀行取引の核心となる業務である．しかし，今日の経済的な機構は大きく変わりつつあり，銀行の付随的業務の重要性が増大しつつある．銀行取引契約は「規制契約」である．

§18.1　銀行の決済業務──［教材事例１］の分析検討

§18.11　流通証券は，取引の決済の手段となっているが，その決済機能の中心的役割を果たしているのが銀行である．銀行法によれば「銀行業務」を行う会社を意味し，「銀行業務」は預金者から預金を預かり，別の者に対し金銭貸付を行うことを意味する．しかしながら，今日では，銀行は付随業務（給料や電気料金などの自動引落とし，電子資金移転や第19章の信用状の発行など）に重点を置いており，その最も重要なものの１つが「決済業務」である．しかし，今日では，銀行はむしろ付随業務によって利益を得ている．第１章で取り上げた３つの事例は，いずれも銀行が重要な役割を果たし得る事例である．

§18.12　今日のアメリカの銀行が提供するサービスには，cash management services, certification of value, consumer loans, currency exchange, demand deposit services, discounting commercial notes, equipment leasing, financial advisory services, government activities, insurance services, merchant banking services, retirement plans, safekeeping of valuables, savings deposits, security brokerage services, trust services, undertaking services, and venture capital loans がある．UCC 第８編は，これらの銀行サービスの中で「投資証券」に関するサービスに注目し，安全な取引が推進されるようにその取引を規律することを目的としている．今日，日本でも証券化がいろいろな形で進められている．証券化取引が一般化されるとき，日本でも同じような厳格な規制が必要になると思われる．

第18章　銀行取引契約と信用状

§18.13　給料の銀行口座払い，公共料金の銀行口座からの自動引落し，クレジット・カードの自動決済など，決済方法の近代化により大きな利便性を生んだ．銀行決済はまた，証拠保全の役割をはたしている．しかし，この利便性が犯罪の手段に使われる危険も大きい．［**教材事例1**］では，自動車のダッシュボードの中に置かれていた銀行通帳が窃取され，その通帳を使って801万円が盗まれた．下級審裁判所は，民法478条の適用はないと判示し，銀行勝訴の判決を下した．しかし，最高裁判所は，キャッシュ・カード規定に，暗証番号なしに引き出せることの説明はないので，同条により，無権限者による払戻しを排除しなかったことに対し，損害賠償責任を認めた．ちなみに，青森地方裁判所平成18年7月4日判決（キャッシュ・カードを偽造文書で取得し，現金を窃取した事案）を見よ．

§18.14　日本政府は，経済成長を早期に実現するために，中小企業に対しても資金を融資することを奨励してきた．しかし，貸し付けた企業に倒産されたのでは銀行が困るので，経営に必要な情報を提供して，企業と密接な関係を維持してきた．そして，万一，銀行自身が経済的に困難な立場におかれた場合でも，余裕のある大銀行と合併させることにしたり，一時的に国家がその株式を買い取ることにより，銀行の倒産が避けられてきた．とくに国際取引は国策として助長され，プラント輸出など（本書第27章）と関連した大規模な資金貸付にも，銀行が重要な役割を果たしてきた．諸外国から見れば，日本の銀行は国家事業であるかのようにおそれられてきたのは，どの銀行でも取引条件が同じであり，資本比率が低くても，いわば日本政府の保証を得て，リスクの高い貸付さえ行ってきたことにある．

§18.15　第1章のモデル契約事例2について，銀行が果たす決済機能について考えてみよう．この事例では，ノーハウ[1]の実施により植物性の燃料の生産が計画されているのであるが，ノーハウの実施許諾料の一部（「誠実性の証」）として，200万ドルをアメリカへ送金することになっている．また，この契約が実際に実施されるようになれば，事業によって得た利益の一

---

(1) ノーハウに関して，§13.53を見よ．

定パーセントが，ロイヤルティとしてアメリカへ送金される予定である．この送金業務は，銀行が行うことになるが，銀行は円高ドル安のときにドルを予め買い取っておき，円安ドル高のときにドルを顧客に売却することにすれば，銀行は手数料利益以外に多額の派生的利益（デリヴァティヴと言う）を得ることができる．さらに，そのプラント建設プロジェクトに関しても，第1に，新しい工場を建設することが契約の一部となっており，それに必要な融資を行うことができる．第2に，付随する仕事として決済サービスを引き受け，その手数料でも利益を得ることができる．

§18.2　銀行の契約責任の内容——［教材事例2］の分析検討

§18.21　適正なシステムを運用する義務　預金銀行は，証券の署名が真正であるかどうか調べる義務がある．この点に注意義務違反があれば，銀行は過失責任を負う．しかし，銀行は事務処理後，流通証券等の書類を顧客に送付する義務をおっており，その送付を受けた顧客は，合理的期間内にその書類を検査する義務を負っている．顧客は，無権限署名または変造・偽造を発見し，銀行に報告する義務を負っている．偽造・変造された小切手・為替に銀行が支払をした場合，顧客はその支払について責任を負わない．

§18.22　署名の真正確認義務　最高裁判所(2小)昭和62年7月17日判決を読んでみよう．この事件では，砂利採取運搬業者である原告と被告銀行との間で当座勘定取引契約が締結され，これに基づいて，原告の妻の弟が振り出した原告名義の約束手形が手形割引の形で決済された．この決済額は，原告の普通預金から相殺により被告銀行宛に引き出された．これは約定書に定めた手続によるものであるが，下級審裁判所は，約定書は真正に振り出された手形を前提としたものであり，個々の与信取引については，銀行が真正確認を行う義務があると判示し，最高裁判所もこの判決を肯定した．この判決は，アメリカのUCCの考え方と一致する[2]．

---

(2) First National Bank of Denver v. Federal Reserve Bank, 6 F.2d 339 (8th Cir. 1925). *Cf.* Sun 'N Sand, Inc. v. United California Bank, 21 Cal.3d 671, 582

第18章　銀行取引契約と信用状

§18.23　顧客の支払停止命令に従わずに銀行が支払いをしてしまった場合，顧客が損害を証明できる限度で，銀行に対し損害賠償を請求することができる（UCC §4-403）．これは［**教材事例２**］の判決に示された考え方に類似している．［**教材事例２**］では，ピッキング泥棒が原告の留守宅に侵入し，盗んだ普通預金通帳を使って現金を，1回目は460万円，2回目は255万円，引き出した．この際，銀行窓口担当者は，その金額が高額であること，また多少異様な印象をあたえたことから，犯罪を疑ったが，その通帳の副印鑑をスキャナーでコピーした印鑑を偽造しており，怖い感じがしたため，お金の使い道すら聞くことができなかった．第１審裁判所は，2回目に銀行の過失があったと認めたが，東京高裁は，最高裁判所（１小）昭和46年6月12日判決（民集25巻4号492頁）を先例法として引用して，1回目から過失があったと判決した．

§18.24　**顧客の支払停止命令に従う義務**　小切手または手形が支払を求めて呈示された場合，決済銀行は，支払日または呈示日の真夜中までに不渡りにするか否かを決定しなければならない．不渡りの場合には，決済がなされないことになり，決済銀行は直ちに不渡りの通知をしなければならない．アメリカ法では，この不渡りの通知をNSF（not sufficient funds）と呼んでいる．かなり多くの銀行が，NSFの場合でも過払いを認めることが多く，少額の過払いについては，固定額の手数料は割高になるので，クラス・アクションを起こしてこのシステムの違法性が争われている．例えば，Perdue v. Crocker National Bank, 38 Cal.3d 913, 702 P.2d 305（1985）や Best v. United States National Bank, 303 Ore. 557, 739 P.2d 554（1987）がその例であるが，NSF附合符号契約であり，合理的なものでなければ，不公正契約であると判示した[3]．

P.2d 920（1978）．なお，銀行の契約責任に関する判例は多数あるが，UCCに関連する指導的判例は，すべて田島裕『UCCコンメンタリーズ第2巻（銀行取引，流通証券，信用状，貨物証券，倉庫証券および投資契約）』（2007年）に紹介されている．

(3) これらの判決は，§24.34および§24.35で詳しく説明する．

§18.3 銀行の注意義務違反に対する損害賠償責任
――［教材事例3］および［教材事例4］の分析検討

§18.31 信用状は，国際貿易において，決済を保証する目的で作成されるもので，通常，発行依頼人と銀行の間で「外国向為替手形取引契約」を結んでなされる．例えば，東京地方裁判所平成14年7月11日判決では，みずほ銀行と今商（貿易商社）との間でそのような契約が締結され，銀行は，手形貸付，手形割引等の取引に関して生じた債務の履行について，支払を保証する約束をしていた．銀行が発行した信用状に対する支払いをし，その建て替え代金の求償をした．被告は，不当な支払いであると争ったが，裁判所は，原告銀行勝訴の判決を下した．

§18.32 ［教材事例3］は，スタンドバイ信用状の扱いについて銀行責任が問われた事件である．この事件では，イラン共和国が気象用風船の安定器5,000台を4億5千万円で開発，製造，販売する契約が締結され，この決済を保証するために信用状が使われた．契約当事者間では債務不履行についての紛争があったが，受益者はマルカジ銀行に対し支払を求め，同銀行は信用状による支払いをした．この支払いの違法性が争われたが，裁判所は，違法でないと判決した．信用状の訴訟では，信用状条件が満たされているか否かだけが審理されるが，原産地証明書が3通要求されている場合に，1通をコピーで提出した程度の不一致を理由として，銀行は支払いを拒絶することはできない．（東京高等裁判所平成15年5月27日判決参照）．

§18.33 ［教材事例4］は，みずほ銀行（第一勧業銀行）の助言について，不法行為責任が認められた判決である．被告銀行は，原告西陣織の老舗店に2,000万円の貸付を行い，原告の土地および建物に対し極度額3,120万円の根抵当権を設定した．しかし，返済の見込みがつかず，担保権の設定された土地にマンションを建設して，それから得られる賃料収入で返済する計画が立てられた．被告銀行が設計を専門家に依頼し，建設を進めようとしたが，技術的な点で違法があり，建設が不能となり，問題の不動産を安値で売却す

第18章　銀行取引契約と信用状

ることを余儀なくされた．原告は，銀行の説明義務違反を認め，被告に対し損害賠償の支払いを命じた（変額保険契約と比較せよ）．

§18.4　電子的取引

§18.41　Specht v. Netscape, 150 F. Supp.2d 585, *aff'd*, 306 F.3d 17（2d Cir. 2002）は，契約の成立の要件とされる「承諾」とみなされる「同意（consent）」があったかどうかが争われた事件である．無料でダウンロードできるソフトウエアを使用するにあたり，画面上，「同意します」という欄をクリックしなければ使用できないようになっている場合に，クラス・アクションの認定の前提条件として，仲裁条項は拘束力をもつと判決した．FARNSWORTH, CONTRACTS（2d ed. 2000）［2006年に市販されている版は4版（2004年）］の契約理論を参照し，ソフトウエアの click-wrap, shrink-wrap, および browse-wrap の合意の効力を検討している．

§18.42　電子署名　UCC とは違った適用範囲を視野において制定された法律であるが，電子資金移転に直接関係する法律であるので，Electronic Signatures in Global and National Commerce Act（Oct. 1, 2000実施），15 U.S.C. §§7001-7021（2006）を見ておきたい．この法律は，国際通商および州際通商の促進に役立てるために，電子的署名について国際的なスタンダードを定めたものである．第7001条(a)項(2)は，「電子的署名または電子的記録が契約の締結に使われたことだけを理由として，その取引に関する契約の効果，効力，または強制可能性を否定されてはならない．」と規定している．

§18.43　Campbell v. General Dynamics Gov't System Corp., 407 F.3d 546（1st Cir. 2005）では，仲裁条項の強制のためには「現実の署名」が必要とされているが，この要件は連邦仲裁法によるものであり，署名が電子的になされたというだけで無効とされるものではない，と判決した．メーン州法による「署名」の要件についても，「eサイン」で十分であるとされている．Edwards v. Fiddes & Son, Ltd., 245 F. Supp.2d 251, *aff'd*, 387 F.3d 90（1st

Cir. 2004). 倒産手続に関する 7 C.F.R. §46.46(e)(1) の「署名」の要件についても，インターネット上の署名で十分であるとされている．*In re* Cafeteria Operations, 299 BR 411（Tex. 2003）．

§18.44　第7002条は，「連邦法の先占に対する例外」を規定している．同条(1)項は，1999年に統一州法委員会全国会議が，全州における立法のために，承認し，勧告した統一電子取引法を採択した州法ならば，本法に従わなくてもよいと規定している．州法がその統一法に抵触している場合には，本法がその州法を先占し，州法は無効とされる．この規定は日本人には理解しにくい規定であるが，本来，本法が規制しようとしている法領域の立法は，合衆国憲法によって授権されておらず，憲法判例の「先占の理論」に頼っていることを示している．

§18.45　電子署名の内容は本法では明確に規定されていないが，電子署名システムの連邦政府による承認を受けたシステムを当事者が選択できるものとしている．本人特定のために合理的な方法がとられていれば承認を受けられるが，本法第7005条は，この問題についての研究を義務づけており，随時，改善されてゆくものと思われる．

§18.5　電子資金移転

§18.51　電子資金移転は銀行の付随業務であり得るが，ATM機器は銀行以外の者も保有しており，銀行でなくてもなし得る業務である．実際上，銀行（日本銀行などの中央銀行も含む）は資金移転のために，アメリカン・エキスプレスやその他の金融関連の業者を使って資金移転を行うことがしばしばある．今日では，クレジット・カードが決済手段として多く使われるようになっている．銀行業務のプログラムが組み込まれたコンピュータ機器があれば，電子資金移転は可能であり，伝統的な決済方法の形をとらなくても，銀行機能を果たすことができるようになっている．しかも，資金移転が一瞬にして世界的規模で行われるために，準拠法の問題など電子資金移転に固有な問題が生まれている．

第18章　銀行取引契約と信用状

§18.52　そこで，電子資金移転を客観的にとらえ，UCC 第 4A 編が 1990 年に追加され，電子資金移転の1つ1つの要素に法律的意味を定義を与えている．これはフィクションの問題であり，経済的合理性を高めることが主要な目的となっている．第 4A 編が適用されるのは，安全確保手続に関しての審査に合格したコンピュータ・システム（アルゴリズムなど）を利用して行われる電子資金移転の取引だけである．このシステム利用の利便性は，迅速な決済機能にあり，それを利用した決済は，たとえ無権限の支持に従ったものであっても，いちおう有効とされ，そのことから生じる不都合は，そのシステムとは別個に処理・解決されることになる[4]．

§18.53　実際上，大量に電子資金移転が行われているのは，CHIPS や Fedwire を利用したものである．CHIPS は，ニュー・ヨーク州の手形交換所が構築したコンピュータによる決済システムであり，銀行間の決済が大規模のコンピュータにより一瞬にして処理されるように構築されている．このシステムを使えば，国際取引の買主（例えば，東京に住む者）がボストンの売主に代金を送金することが1瞬にして行うことができる．Fedwire は，連邦政府が構築したシステムである．アメリカの銀行制度では，商業銀行は州法銀行であり，他州の銀行に送金することは，連邦準備金システムを通じて行われており，この作業をコンピュータに行わせるために作成されたシステムである．CHIPS の方がより一般的な決済システムであり，Fedwire による決済に関する法的紛争は，州の UCC によって解決される．

§18.54　すでに述べたように，今日ではクレジット・カードを利用した決済が多く行われている．とくに世界的なレベルで送金を行うとすれば，CHIPS や Fedwire よりも大きな規模のコンピュータ・システムをもつクレジット・カードの方が，送金にかかる時間の点でも，安全性の点でも，すぐれた面をもっており，国家の中央銀行でさえこのシステムを利用することがある．これと関連して注意すべきことは，クレジット・カードによる決済は，

---

[4] *Cf.* Zengen, Inc. v. Comerica Bank, 137 Cal.App.4th 861, 40 Cal.Rptr.3d 666 (2006).

アメリカ契約法

UCC は直接規制する規定をおいていないということである．クレジット・カードは，基本的には消費者取引であると考えられており，連邦法によって規制されるからである．クレジット・カードによる電子資金移転については，消費者信用保護法などの連邦法（15 U.S.C. §§1601 et seq.）を参照する必要がある．

§18.6　信用状に関する法の起源

　§18.61　信用状の意義を説明した重要判例として引用される判例は Equitable Trust Co. of New York v. Dawson Partners, Ltd., [1927] 27 Ll. L.Rep. 49 である．この事件では，バタジア国のロッジ社がロンドン（イギリス）のドウソン・パートナーズにジャワ・バニラ豆を売りつけようとした．買主ドウソン・パートナーズは，その豆が最高級の品質のものであることの保証を得たいと考え，銀行の信用状の発行を取引の条件とし，その決済の条件として「宗主国オランダ政府の政府による特級品の品質証明書」の提供を要求した．本件の上訴人 Equitable Trust は，被上訴人の決済銀行であり，その通りの取り決めを行った．上訴人が決済したが，被上訴人は信用状の扱いに間違いがあったことを理由として，支払いを拒絶した．

　バタジア国には品質証明の制度はなく，当事者間で交渉の末，豆の取引の専門家による検査を義務づけてその報告書を作成させ，商業会議所がそれに裏書きを裏付けすることによってその証明に代えることになった[5]．この交渉の最終結果を打電するにあたり，香港上海銀行が介在した．銀行の通信では，単数と複数の区別がなされないことから[6]，ロッジ社には報告書は1通で足りると理解されてしまった．その報告書はロッジ氏の友人によって作成され，バタジア国の商業会議所により裏書きされた．しかし，ロッジ氏は元々詐欺師であり，本件原告銀行は，騙されて決済してしまった．この取引は信用状によることになっており，複数の報告書の提出が決済の条件になっ

---

(5) 本書 179 頁注(2)参照．
(6) 商慣習法であると思われる．ちなみに，イギリス法では Interpretation Act 1978 s.6(c)に規定されている．

第18章　銀行取引契約と信用状

ていたはずであるが，1通の報告書の提出だけで上訴人銀行が決済してしまったのであるが，イギリス控訴院はこれを有効な決済であると判決した．

しかし，貴族院（最高裁判所）は，信用状の取引の場合には，条件が厳密に守られなければならないと判決し，控訴院判決を破棄した．銀行決済に当たり，取引の原因関係が決済に影響を与えることはないが，書面の形式が厳格に守られていることが信用状取引の本質的に重要なことであると判示した．そして，この判決が，信用状取引に関する指導的な先例として，これまで尊重されてきた．

§18.62　アメリカ合衆国の法律は，少なくとも州法は，イギリス法を継受したものであり，信用状についても，イギリス法の考え方に従っている．アメリカでしばしば引用される指導的判例は，KMW International v. Chase Manhattan Bank, 606 F. 2d 10 (2nd Cir. 1979) である．この事件では，KMWとイラン国水資源・電力局との間で電柱の売買契約が締結され，履行保証の目的でKMWのために信用状が発行された．発行銀行はChase Manhattan Bankであり，信用状と関連書面が提示されたときに，Banque Etebarate of Tehranに支払がなされる約束になっていた．しかし，信用状が相手方に送付された後，イランで内乱が起こり，イラン国水資源・電力局は廃止された．そこでKMWは，本件訴訟を起こし，Chase Manhattan Bankによる決済を差し止めようとした．

§18.63　普通の契約であれば不可抗力を理由として契約上の義務がなくなり，差止命令は容易に得られるものと思われる．しかし，信用状の場合には，原因関係はその効力に影響を与えることはなく，信用状の条件となっている書面が信用状と一緒に提示された場合には，決済を拒絶することはできない．第2巡回区上訴裁判所は，商業会議所が発行したUniform Customs and Practice for Documentary Credits[7]を参照し，さらに差止命令に関する指導的諸判例を検討し，被告勝訴の判決を下した．アメリカでは，この判

---

(7) 国際商業会議所が作成した文書であり，商慣習法を記述した法源として，しばしば使われる．

195

決が信用状に関する指導的判例として，しばしば引用されてきた．

§18.7　日本の判例

§18.71　[**教材事例１**] で問題になっているのは，日本の光学機器の販売業者（原告）とイラン政府（モスカンパニー）との間で締結された気象用風船安定器5,000台の売買契約の決済を安全なものにするために発行された信用状の処理の仕方である．マジカル銀行がイラン政府の依頼を受けて，原告を受益者とする取消不能の信用状を発行した．信用状金額は4億5千万円である．日本国の一流銀行が発行した銀行保証状により，信用状金額の15％（前渡金）を受益者が受領できることになっており，被告銀行は，この保証状を発行した．原告はこの保証状を利用して15％の前渡金を受け取った後，受益者をアケボノ貿易に変更した．しかし，被告銀行は，原告のスタンドバイ信用状をもっており，前渡金の決済をこれによって行った．

§18.72　[**教材事例２**] の取引は，べっ甲細工等の材料および製品の輸出入の取引である．この取引の決済のために，信用状について，次のような合意がなされた．①通知銀行はアメリカ銀行パナマ支店，②補償銀行はアメリカ銀行本店，③受益者はビクトル・メンチョル・リベラ，④有効期限は昭和58年12月10日，⑤商品名はべっ甲羅ハラおよびツメ（正味重量1,000ポンド），⑥金額は6万5千ドル，とする．

この信用状による決済の準備を引き受けたのが，被告商工組合中央金庫であった．しかし，中央金庫は，アメリカ銀行とは直接的な連携関係はなく，通知銀行および補償銀行をチェース・マンハッタン銀行に変更した．リベラは当然，チェース・マンハッタン銀行に対し支払決済を請求したが，同銀行には十分な決済資金が残っていなかったために決済を拒絶した．被告がチェース・マンハッタン銀行に連絡をしたときに，「LC-5436」という信用状番号を付けていたが，実際上の信用状には「5436」としか記載されておらず，同銀行は同一の項目とは認めず，支払を拒絶したのであった．支払を拒絶されたリベラが原告に連絡をしたことから，原告は被告に調査を依頼

し，同時に別途，直接弁済をしたが，リベラが決済を受けたのは12月12日になってからであった．

東京地方裁判所は，「補償銀行たるチェース・マンハッタン銀行の事務処理上の過誤にその原因があるというべく，信用状の発行銀行たる被告は，その履行遅滞責任を免れる」と判決した．

§18.8　信用状の新しい利用方法

§18.81　本来の銀行業務よる収益だけでは成り立たなくなっており，付随業務が銀行を支える情況が生まれている．信用状の発行は，そのような付随業務の1つである．上記3で説明した取引において，信用状の発行は，2つの機能を果たしている．第1は，売主が買主から確実に代金の支払いを受けることである．第2は，買主が契約に適合した商品を確実に取得できることである．信用状を発行する銀行には，一定のリスクがある．しかし，銀行は船荷証券および保険証書を取得するので十分な担保をもっているし，その発行によって得る収益はますます大きなものになっている．買主とB銀行との間では，B銀行が決済をした後，買主の口座で清算されることになる．一般的には，買主の口座に決済に十分足りる預金があるが，これが不足していてもB銀行による買主への貸付という形がとられることもある．

§18.82　事前に貸越の約束が成立していれば，プロジェクト・ファイナンスという目的で信用状が発行されることもある．プロジェクト・ファイナンスとは，プロジェクトを信頼してなされる融資を意味する．例えば，英仏間の海底にトンネルを作る工事を日本企業が請負った場合，現地で何らかの理由で現金が必要となるとき，その金がプロジェクトのために使われる限り，簡単な手続で融資が行なわれる．このような融資は，大学院生がコンピュータ・ソフトウエアを開発して起業しようとしているような場合には，資本のない者に対する支援という意味ももち得る．

アメリカ契約法

[ディスカッションの論点]

1 §18.22で紹介した判例について，本章注(2)で引用した Sun 'N Sand, Inc. v. United California Bank, 21 Cal.3d 671, 582 P.2d 920 (1978) のように，会計責任者である妻が印鑑を弟に貸したことに原告の過失を問題にすることはできないか．

2 上の設題において，流通証券の偽造を発見する能力をもつ専門家として銀行の責任を問題にしているが，本当に銀行は偽造を見抜く能力をもっているか，議論しなさい．

3 フランスとイギリスの間に海底トンネルを造ったとき，建造費の算定が困難であり，予算を超過する額について，スタンドバイ信用状が利用されたという．この場合，その信用状は融資予約のような性質をもつが，その融資に対する担保は何か．

[自習課題]

1 大阪地方裁判所昭和51年12月17日判決における信用状の使い方を整理して説明しよう．この事件では，ファースト・ナショナル・シティ銀行が決済銀行であるが，東京銀行が被告となっているのなぜか．判決の理論は，アメリカ法と照らし，問題がないといえるか．

2 大阪高等裁判所平成11年2月26日判決を分析し，この信用状の使い方は伝統的なものであるかどうか，検討せよ．問題点はどこにあるか．

銀行が業務として行うことが禁止されることは，次のうちのどれか．なぜ禁止されるか．

1．変額保険の勧誘
2．外国為替等のデリヴァティヴ取引
3．債券譲渡投資
4．不動産媒介
5．財産運用の助言

第18章　銀行取引契約と信用状

[参考コラム]

- **銀行取引と預金者保護**　現在の銀行は，預貯金業務の外，それと付随して，金融商品売買，為替業務，与信業務を行っていることを本書で説明した．さらに，企業合併や投資計画の相談など，金銭の移動にかかわるさまざまな業務に関わっている．一般的に，取引金額が大きくなればなるほど，銀行は多くの利益を期待できるので，小口の取引には消極的な姿勢を示しがちである．そこで，銀行業務の中立性と小口の預金者保護のための法システムができている．

- **契約の決済方法の選択**　本書では，信用状を利用した決済方法に重点を置いて説明してきたが，今日では，コンピュータが発達しており，電子的決済を利用して，よりいっそう安全に，かつより迅速に，決済ができるように工夫されている．本書では，CHIPS と Fedwire のシステムに言及したが，もっと効率の良いシステムを導入することが検討されていると思われる．筆者には，それを正確に説明する能力がないので，本書ではそれ以上に立ち入ることはしないが，第1章の第2モデル契約を完成させるためには，この決済方法についても検討する必要がある．支払いをドルで行うか，円で行うか，の決定も重要であり，これについて専門家の助言を得るべきであろう．

199

第 19 章

投 資 契 約

［教材事例］
1 東京地方裁判所平成 19 年 5 月 23 日判決，金融・商事判例 1268 号 22 頁（**先物取引**）
2 東京高等裁判所平成 12 年 10 月 26 日判決，判例時報 1734 号 18 頁，判例タイムズ 1044 号 291 頁（**外国投資銀行が発行した社債を販売会社の損害賠償責任**）
3 東京地方裁判所平成 12 年 8 月 29 日判決，判例タイムズ 1055 号 193 頁（**不動産投資**）

［講義概要］　本章もまた，極めてアメリカ的な部分であり，日本の読者には理解しにくい章であるかもしれない．本章で扱う問題は，本書第 1 章のモデル契約 2 について，日本側で新事業を始めるための資金を自分たちで集めることができない場合，その新事業への投資を募集し，証券（利益配当請求権）を一般投資家に売却する方法で資金を集めるかもしれない．日本では，このような事業の進め方はまだよく知られていないが，モデル契約 2 のような場合によく使われる手法である．最近，日本でも「金融商品」ということばを表題に使った書籍が本屋で多く見かけるようになった．UCC 第 8 編が規定しているのは，この商品に関する「投資契約」の諸問題の扱い方である．日本の事例と比較しながら UCC 第 8 編の規定を学習する．また，「投資契約」は連邦法の規制を受けるし，不公正契約というエクイティの法理によりその効力が否定されることがある．これらについても本章で説明しておきたい．

§19.1　UCC 第8編「投資契約」

§19.11　アメリカ法上，投資契約も「証券」として扱われる（後述，§19.31 ハウイ判決参照）．日本でも「商品ファンド」などの取引が行われるようになったが，これも UCC 第8編が定める「投資契約」である．東京地方裁判所平成 17 年 7 月 20 日判決で問題となった第 1 勧業銀行が商品ファンド（商品投資ファンド）は，その 1 例である．このファンドを申込むと，商品投資受益権を購入し，匿名組合契約を締結することになる．3 口分 300 万円と手数料 4 万 5 千円の支払をすませた．その後，同銀行支店長から商品先物取引の勧誘を受けたため，原告はその契約を撤回して，さらに 10 万 5 千円を追加し，315 万円をその先物取引契約の委託証拠金とした．原告は，約 6 カ月後に元の商品ファンドの再開を求めたが，銀行はこの求めに応じなかった．

§19.12　UCC 第8編は「投資証券」を商品とする売買に関して規定している．UCC 第 2 編は物品売買に関して規定しているが，「証券」も物品の一種であり，売買契約の基本規定は「投資証券」の売買にも適用される．契約の成立について，旧規定（1978 年）は，「署名」があり，適切な引渡および支払が要件となること，10 日以内に異議の申し立てがないこと，を成立の要件として定めていた（§8-319）．この規定は，第 2 編の詐欺防止法（§2-201）に適合する規定であった．しかし，現在の§8-113（1994 年）は，「強制が求められる者の相手方当事者によって署名された書面または公証された記録が存在するか否かにかかわらず，強制される．」と規定している．「投資契約」はほとんどの場合，コンピュータによる電子取引であるので，電子取引契約の原則に近いものを規定した．

§19.13　日本では，「投資契約」に関する訴訟において求められる救済は，「契約締結上の過失（Culpa in contrahendo）」の理論によるものが多い．アメリカ法でも，ルイジアナ州やプエルト・リコ自治地区では，この理論が使われることがある[1]．例えば，Selley v. Trafalgar House Public Ltd. Co., 977

F.Supp. 95（1997）では，大規模な保養地建設契約が立てられ，ジョイント・ベンチャー契約が結ばれ，建設が開始された．最初に計画を立てた投資家は，収益の見込み違いがあることに気付き，その開発計画を廃棄した．そこで，その計画に乗り，建設を請け負った別の投資家が「信頼利益」および「逸失利益」の損害賠償を求め，プエルト・リコ地区裁判所は，この損害賠償請求を認めた[2]．

§19.2　マネー・ゲームとしての「投資契約」

§19.21　まず，日本経済新聞2008年（平成20年）11月21日の一面に掲載された「米シティに再編観測」というトップ記事に注目しよう[3]．

「（前略）部門売却を含めた抜本的なリストラを検討するという．米メディアによると，大手金融機関との合併や資本提携のほか，クレジット・カード事業や証券部門スミス・バーニーなどの部門売却も検討されるもよう．……（中略）……株価下落が止まらない場合，取引先から資金引揚げが加速したり，資本市場での資金調達にも支障が出たりする可能性がある．シティは，信用力の低い個人向け住宅融資（サブプライムローン）に関連した損失が膨らみ，昨年10月から1年間の累計赤字が約200億ドル（1兆9千億円）を超えた．」

§19.22　アメリカ経済の悪化にともない，多くの国民が住宅ローンの支払をするのが困難になり，不良債権が増大した．この問題の債権は，一括して証券化され，融資した金融機関の手を離れて第三者投資家に移行している．

---

(1) アメリカにおける「契約締結上の過失」について，F. Kessler and E. Fine, *Culpa in Contrahendo, Bargaining in Good Faith, and Freedom of Contract: A Comparative Study*, 77 Harv. L. Rev. 401（1964）を見よ．

(2) Selley v. Trafalgar House Public Ltd. Co., 987 F. Supp. 84（1997）において，アメリカ不法行為法の考え方との比較検討が行われている．

(3) 2008年頃の housing bubble に対処するため，Wall Street Reform and Consumer Protection Act（Dodd-Frank Act）of 2010 により，corporate governance reform を含め，多方面から規制がいっそう強化されている．

この第三者投資家は，さらにその証券の転売を繰り返し，最終的には上記のシティ銀行などによって買い取られていた．その結果，膨大な不良債権を銀行がかかえることになり，上記のような事態が起こっている．このような事態が起こる原因は，(1)シティ銀行が買い取った住宅ローン債権の中に返済の見込みのない債権が相当程度混じっていたこと，および(2)一括して債権を買い取ったとき，評価会社が提供した情報が甘かったこと，が考えられる．

§19.23 最高裁判所平成18年12月14日判決（最判民集60巻10号3914頁）では，証券投資信託MMF（Management Mutual Fund）の受益者が解約実行請求した場合，解約金支払の請求権が争われている．その受益者の債権者が投資契約上の証券を差押え，この請求権を行使しようとした．最高裁判所はこれを認めたが，UCCの一般的解釈に適合する判決である．この事件では，第一勧業アセットマネジメント株式会社が投資信託委託者であり，みずほ銀行が受託者であり，この信託運用で得た受益権を証券化し，本件被告等投資家に販売した．ただし，この事件の争点は，一部解約の通知が受託者に適切に伝えられていなかったことに過失があったか否かである．

§19.3 違法な投資契約——連邦法による「投資証券」取引の規制

§19.31 SEC v. W.J. Howey Co., 328 U.S. 293 (1946) では，倒産したグレープ・フルーツの農園業者が，農園の経営権を証券化し，細かく細分して経営の夢を投資家に売りつけた．広告のパンフレットは，農園経営はもうかる仕事であることを強調し，大きな夢を売っていた．しかし，もともと収益は期待できるものではなく，損失を多数の投資家の間で分散するという結果になった．そこで，証券取引委員会は，この投資契約を証券取引とみなし，証券取引法上の詐欺的取引として違法な取引であると判決した．投資家に真実を理解させる努力をしていないことに責任の根拠を求めている[4]．

---

(4) 過去3年間の事業実績および将来3年間の事業契約を説明する目論見書を渡すことを要求している．

§19.32　証券取引は証券媒介人によって行われるので，銀行は証券会社と連携をとるようになる．さらに，負担能力を超えた一般人に対する貸付は，担保が不足するおそれがあり，このリスクを保険にかけさせる（ヘッジ）ということも行われる．このような取引は，古い銀行法では禁止されていたが，現在の銀行法のもとでは許されている．さらには，消費者信用会社とも連携をとり，またクレジット・カードの発行により，銀行は消費者信用供与を行うようになっている．UCC第8編は，このような情況を当然の前提として，健全な「投資契約」が締結されるよう投資契約を規制契約にしている．

§19.33　投資証券は，受託者によって発行されるが，これにはsecurities certificate（証券証明書）が発行されるもの（uncertified securities）と，それが発行されないものがある．投資証券は流通証券となり得るので，第3編の証書に類似した性質をもっている．しかし，「証券証書（security certificate）」には第3編の適用はない（§8-103(d)）．この証書は，むしろ株券に類似したものであり，コントロール（支配権）により，優先的権利を取得することができる．

§19.4　日本の判例との比較

§19.41　東京地方裁判所平成19年5月23日判決［教材事例1］を検討しよう．この事件では，破綻した商品先物取引会社が行った商品先物取引が違法であると認められ，損害賠償が命じられたが，会社には支払能力がないため，取締役個人の責任が追及された．改正前商法266条の3に基づく取締役の責任は一部のみ認められた．ちなみに，原告は昭和38年10月12日生まれの女性であり，フィナンシャル・プランナーの資格をとるために「ハロー先物教室」に申込み，本件取引を開始した[5]．

§19.42　東京高等裁判所平成12年10月26日［教材事例2］の事件では，投資家（原告）が，外国投資銀行が発行した社債を購入したが，同銀行が倒

---

(5) この事件について，行澤一人「地方公債を取引するディーラーによるマークアップ開示規制」商事法務1745号（2005年）55・58頁を見よ．

産し，その社債が無価値になってしまったので，その社債の販売者（証券会社）を相手として損害賠償を請求した．本件の東京地方裁判所は，一般投資家に対する被告販売者の注意義務違反を認め，330万円の損害賠償と認めた．しかし，上訴審では，証券取引法15条2項が要求する目論見書は交付されていると認定し，事業経営上のリスクの説明についても，原告はプロの投資家であり，BBB+という情報を受理しているならば，リスクは理解したはずであり，説明義務違反はない，と判決された．

§19.5 詐欺的取引の規制

§19.51 上述§19.21で紹介したハウイ判決の事件には，詐欺的な側面が含まれていた．日本でも，詐欺的な投資契約は少なくない．大阪地方裁判所平成17年6月27日の事件は，組織犯罪（マルチまがい商法）の刑事事件である．被告人の外4名が出資金の2倍の配当金が得られるなどといって詐欺を行い，1億円を超える金員を詐取した[6]．特別記念金貨コインの販売を装った売買契約が行われたが，買主が別の買主を紹介したときは，ロイヤルティが支払われることになっていた．この事件では，郵便口座が決済の目的のために使われたが，法律上，銀行口座が使われたとしても同じである．詐欺的契約の代金の振り込みに銀行口座（郵便口座）が使われる場合でも，形式的なルールが守られている限り，機械的に決済処理が行われるのであり，詐欺取引に悪用されるおそれがある[7]．前記§19.51でマルチまがいの詐欺事件を説明したが，UCC第8編（投資契約）はそのような詐欺的事件を規制契約と呼んでいる．

---

[6] 架空の大学の学位を売りつけたり，架空の投資話を作り出した．このような手口はマイアミが発祥地であると思われる．5人の内の1人は，浄水器詐欺のベテランであり，直ちに幹部になった．1人は企画，1人は契約書等の作成，1人は苦情処理担当．首領格は，渉外担当で贅沢三昧の生活をしていた．

[7] ただし，アメリカでは，組織犯罪等に関係する資金移転は違法とされ，もし金融機関がそれを知りながら移転すれば幇助罪に問われる．18 U.S.C. §1956参照．

§19.52　銀行は，顧客から預金を預かり，集まった基金から別の者に金銭を貸付け，返済されるときに利息を取得して利益を得ることを主たる業務としてきた．また，§18.12で説明したように銀行はさまざまなサービスを行っているが，とくに売買取引において決済機能を果たし，その手数料による利益も得ている．銀行には顧客の財政状態に関する多くの機密情報が集められ，この情報が独立した財政的価値をもっている．UCC第5編が規律する信用状は，この情報を利用した付随的な業務であるといえる．銀行の活動は，全体としては，国家の経済秩序の安定と大きな関わりをもっており，その業務は厳しい規律のもとに置かれている．

§19.6　投資契約としてのフランチャイズ

§19.61　フランチャイズ契約は長期継続契約であり，その契約上の義務の履行についてしばしば紛争が起こることから，本書第11章においてその契約の内容および履行における信義誠実義務について説明した．既に述べたように，日本の裁判所は，「契約締結上の過失」の理論によりフランチャイジーに一定の救済を与えてきた．しかし，「契約締結上の過失」の理論は，プエルト・リコ準州やルイジアナ州のように，大陸法の影響の見られる州の少数の判決で使われただけで，アメリカ法ではこの理論はむしろ意識的に拒絶されてきたように思われる．投資契約にその理論を当てはめる場合，その理論の問題点が見えてくるので，本節でその問題点を検討することにしたい．

§19.62　千葉地方裁判所平成19年8月30日判決の事件は，たこ焼き店のフランチャイズの締結に際して，フランチャイザーが，自営業を営んだことのない主婦のフランチャイジー候補者に対し，開業が困難であることを説明せず，加入金等を受け取って返還を拒絶した事件である．フランチャイズ契約の締結の判断に必要な情報を提供・開示しなかったことに信義則違反を認めた．フランチャイザーに対しては，約170万円の支払いを命じ，また店の修築工事を請け負った建設会社に対して約30万円の支払いを命じた．建設会社に対する賠償金は，原状回復に必要な費用であり，フランチャイザー

に課された損害賠償責任は，説明不足から生じた損害を填補する趣旨の賠償であるが，フランチャイジーの側の過失と相殺した残高として計算されている．

§19.63　千葉地方裁判所の判決は，フランチャイジーの側から積極的に電話をして応募しており，情報を自分で収集し，分析すべきであったという．しかし，「中学生のときに食べたたこ焼きの味が忘れられないので開業したい」という普通の主婦に，たこ焼き屋の経営は不可能であると考えるべきで，もうかるものでないことを説明すべきであったともいう．つまり，本件のフランチャイズ契約の意思形成に欠陥があり，真の契約は成立していないと述べていると思われる．契約が成立していなければ，能力に欠ける建設会社に店の建設を請け負わせることは起きていないはずであり，その契約が最初から成立していなかったことを前提として理論を立てるべきである，とアメリカ法では考えるものと思われる（§19.31 参照）．この事件ではそうでないかもしれないが，組織暴力団がたこ焼きやの保護を名目に毎月一定の金額を巻き上げる仕組みと本件の取引はあまりにも近似している．

§19.64　フランチャイズ契約は，アメリカ社会が生んだ1つの合理的な法的仕組みであるが，アメリカ法でも古くから問題になっている．Bushwick-Decatur Motors v. Ford Motor Co., 116 F.2d 675（2d Cir. 1940）は自動車販売のフランチャイズが問題になった典型的な事例である．この判決では，製造元（または販売元）が自由にディーラーとの販売契約を解除できると判示されたため，ディーラー（フランチャイジー）の保護（契約解除権の制限）の必要性が学術論文で主張されるようになり，1956 年には連邦法が「信義誠実」に解除権が行使されなければならないと規定し，多くの州もこれにならう法律を制定した[8]．これは，いわゆるデュー・プロセス論であり，Parktown Imports, Inc. v. Audi of America, Inc., 278 S.W.3d 670（Mo.

---

(8) Federal Automobile Dealers' Day in Court Act, 15 U.S.C. §1222（1956）は，販売店の good faith を義務づけている．Cf. Scuncio Motors, Inc. v. Subaru of New England, Inc., 555 F.Supp. 1121（R.I. 1982）, aff'd, 715 F.2d 10（1 st Cir. 1983）．

2009）では，6マイル以内の場所に別の販売店を設立するためには，fair notice と hearing が必要であると判決された[9]。

§19.7 「投資証券」取引の社会的背景

§19.71 世界の有数の経済大国となった今日の日本では，情況が大きく変わってきている．UCC 第4A 編が関係する資金移転業務は，もはや銀行が独占できる仕事ではない．顧客についても，企業にゆとりが生じてくれば，企業自身が割賦販売などの形で消費者に金銭貸付を行うようになり，銀行の融資を求める者が少なくなり，基金を有効に使えなくなっている．基金が銀行の金庫に残っていたのでは銀行の利益が得られないので，銀行の方からその基金の利用者を求めなければならなくなっている．さらに，日本の銀行は，土地を担保として融資することが多かったが，地価の下落により，担保機能を果たせなくなり，不良債権を抱え，倒産の危険を感じる情況が生まれた．UCC の諸規定は，これらの諸問題に対する解決策を提示している．

§19.72 上に説明したことは，アメリカが20世紀に経験したことでもあり，UCC は諸問題を解決するために叡智を絞って出した解答である．その基本的な考え方を説明するために，日本の証券化の事例を取り上げることにし，UCC の考え方を当て嵌めてみることにしよう．例えば，JR の不良債権を処理するために，東京都新宿区の所有地をある受託者に公正市場価格（競売がなされたときに想定され得る競売価格よりはるかに高い価格）で売却し，その所有権が証券化されたと仮定しよう．受託者は，この土地を開発して大きな利益をもたらす計画を示し，権利を小口化（例えば，1口30万円）して権利を証券市場で売却した．この権利を一般人が「投資」目的のために購入した．その計画がずさんなものであれば，その投資家は紙切れを高額で買ったことになる．自己責任という名目でその投資家が損失を負担させられることになる．さらに言えば，土地所有権がなくても，大規模な事業計画を証券化

---

(9) E. Gellhorn, *Limitations on Contract Termination Rights – Franchise Cancellation*, [1967] DUKE L.J. 465. も見よ．

アメリカ契約法

することさえ可能であり，この場合にはリスクはいっそう大きなものになる．

§19.73　今日のアメリカの銀行が提供するサービスについては，§18.12で説明した．そのサービスの中で，多くは「投資契約」に関わっている．UCC第8編は，これらの銀行サービスの中で「投資証券」に関するサービスに注目し，安全な取引が推進されるようにその取引を規律することを目的としている．今日，日本でも証券化がいろいろな形で進められている．証券化取引が一般化されるとき，日本でも同じような厳格な規制が必要になると思われる．しかし，現実には，日本の規制はアメリカほど緻密なものになっておらず，本書で取り上げた事例が示しているように，それが詐欺的な取引が行われる原因となっている．

§19.74　日本政府は，経済成長を早期に実現するために，中小企業に対しても資金を融資することを奨励してきた．しかし，貸し付けた企業に倒産されたのでは銀行が困るので，経営に必要な情報を提供して，企業と密接な関係を維持してきた．そして，万一，銀行自身が経済的に困難な立場におかれた場合でも，余裕のある大銀行と合併させることにしたり，一時的に国家がその株式を買い取ることにより，銀行の倒産が避けられてきた．とくに国際取引は国策として助長され，プラント輸出などと関連した大規模な資金貸し付けにも，銀行が重要な役割を果たしてきた．諸外国から見れば，日本の銀行は国家事業であるかのようにおそれられてきたのは，どの銀行でも取引条件が同じであり，資本比率が低くても，いわば日本政府の保証を得て，リスクの高い貸付さえ行ってきたことにある．

［ディスカッションの論点］

　本書第1章のモデル契約2と関連して，新しい事業を行うための資金を集めるため，投資契約の募集を行うことを考えてみよう．

　1　募集のためのパンフレットを作成し，出資を求めた．応募する会員には2種類ある．Aグループは，事業の利益の配分を期待する会員であり，年2回利息分に相当する利益配分を定期的に受けるが，当初3年間は出資金

の還元は許されていない．Bグループは，将来事業にフランチャイズなどの形で事業に参加することを目的とする会員であり，開業を目的とした講義を受け，その準備を行う者である．この講義を受けるために，年30万円の授業料の支払いが必要となる．いずれの場合でも，会員が他の会員を10名紹介した場合には，特典を受けることができる．本章で検討した諸判例を参考にして，このプロジェクトの問題点を説明しなさい．

2　このプロジェクトについて，貴方が銀行融資担当者として相談を受けたものと仮定しよう．銀行が融資するための条件をどのように設定すべきか，検討しなさい．融資の際に，担保権はどのように設定するか，考えなさい．

3　上記の事業を進めるために，貴方は，どのような事業組織を作るべきか，起案しなさい．また，スタッフを雇傭するための労働条件について，検討しなさい．

[参考コラム]

- **創業融資の方法**　第1章第2モデル契約に関係するプロジェクトについて，創業資金をどうするかが問題となるが，日本政策金融公庫または信用保証協会，地方自治体，民間の銀行の相談窓口へ行って相談するのが普通である．その際，事業計画書および事業者の経歴書などを提出して審査を受ける．ここで融資が得られなければ，ディスカッションの論点で議論したような，私的募集によって資金を集めることになる．これに失敗した場合，ヘッジ・ファンドのような基金の資金に頼ることになる．
- **ヘッジ・ファンド**　富裕層がゆとりのある金銭を投資の目的で出資し，リスクの高い株式などに投資をするファンド．租税回避などを目的として，ケイマン島などの住所で投資が行われることが多い．ヘッジ・ファンドは，極端な利益追求に走る会社乗っ取りをするとき，ハゲタカ・ファンドと呼ばれることもある．
- **ルイジアナ州**　アメリカ南部のメキシコ湾に接した州であり，湿地が多い．元々はフランスの植民地であり，その州名はルイ14世に由来する．しばらくスペイン領となっていたが，1800年に再びフランス領となり，1803年にアメリカ合衆国がフランスからこれを購入した．今日でも，フランス系やスペイン系の住民が多く住んでおり，州法は大陸法の影響を受けている．州の首都はニューオリーンズである．アラバマ，ミシシッピ，フロリダ，テキサスなどの諸州と共に「低地南部地域」を形成している．ハイテク産業など，工業化が進みつつある．
- **プエルト・リコ準州**　プエルト・リコはコロンブスが1493年に発見したカリブ海の小島であり住民はスペイン系の住民が多いが，1952年にコモンウェルスとなり，アメリカ市民権を得ている．州に準じる扱いを受けており，連邦議会の議席は与えられていないが，連邦最高裁判所への上訴権は認められている．判例集などは州と同等の扱いがなされている．日本企業もある程度進出しており，本書でもプエルト・リコ準州の若干の事例を取り上げた．

第20章

倉庫寄託契約と貨物運送契約

[教材事例]
1 東京地方裁判所平成10年5月13日判決，判例時報1676号129頁（**引越家具紛失事件**）
2 札幌高等裁判所昭和42年3月23日判決，判例タイムズ205号98頁（**倉庫に保管された茶の事件**）

[講義概要] 本章で倉庫寄託契約と貨物運送契約は，他人の物の占有を維持し，契約終了時にその占有を正当な権利者に引き渡すことを内容とする契約である．資本主義社会においては，物やサービスが流通することが必要であるが，その核心にある重要な機能を果たすものがこれらの契約である．その公的性質のゆえに，倉庫業者や運送業者が発効する証券について，UCC第7編は，権利義務関係を明確にするための規定を置いている．倉庫寄託契約や運送契約は，サービスを提供する契約である．寄託契約の指導的判例は Coggs v. Bernard であり，この判例を最初に説明する．本章では，倉庫業者や運送業者が発行する「証券」の効力にも注目する．これらの契約は，それぞれの約款に従ってなされる契約であり，附合契約の典型例である．

§20.1　Coggs v. Bernard 判決

§20.11　Coggs v. Bernard, 2 Ld. Raym. 909; 13 Am. L. R. 609（1612）は，寄託についての基本判例である．この事件では，被告は，倉庫の中におかれ

ていた酒樽を移動させたときに，その樽に傷をつけ，損失を生んだ．運送業者であれば，その移動は業務の一部であり，移動サービスに対する代金を請求する．従って，その扱いについて特別な注意を払う義務を運送業者は負うが，本件では，その移動は無償のサービスであった．そこで，人から物品を預かったとき，その物に対しどの程度の注意義務を負うかが問題になっている．寄託を受けた時，物に対する注意を払うことが一種の負担（約因）であり，無償であっても，自己の物に対する注意と同程度の注意を払う義務がある，と判決した．この判決において，6種類の寄託契約が分析され，それぞれの場合の法的責任が説明されている．

§20.12　ブラックストーンは，寄託契約（bailment）（来栖三郎のように，ここでは委任契約と訳すべきかもしれない．⇒§21.31）に特別な関心を示した．イギリスの大学での最初のイギリス法講義はブラックストーンによってなされたが，その講義では契約法は余り重要視されていない[1]．ブラックストーンは，「契約は，十分な約因により，ある特定のことをすること，またはしないこと，を内容とする合意である．」と述べているが，具体的な契約法の問題としては，①売買または交換，②寄託（bailment），③賃貸借（hiring or borrowing），④借金（debt）を説明しているにすぎない．§9.11で説明した枯れ草の売買契約に関する設問の中で，ホンノルド（Honnold）は，このブラックストーンの理論を当てはめることを要求している．つまり，買主が枯れ草の代金を現金で支払った後，牧場に残された枯れ草に対する注意義務が，bailmentによるものであるというのである．

§20.13　運送業者も倉庫業者も，寄託（bailment）のサービスを商品として売る商人である．有償寄託契約を本章では検討することになるが，貨物証券や倉庫証券も原則として流通証券であり，UCC第3編の諸規定の適用がある．例えば，東京築地の倉庫に保管されるマグロは，人の手に触れられればそれだけ商品が劣化するので，マグロの売買には，その流通証券の売買の形で進められる．場合によっては，その流通証券の権利が，さらに第三

---

(1) BLACKSTONE, COMMENTARIES (1766) vol. 2, pp. 446-470.

第20章　倉庫寄託契約と貨物運送契約

者に転売されることもある．また，§14.2において，ブリ，ハマチ，カンパチ等の養殖のためのいけすが倉庫として使われ，その倉庫に保管される担保物（生きた魚）に対する担保権の優先順位の確定を求める訴訟を紹介したが，魚の管理を漁業組合に任せずに，倉庫業者に保管に当たらせたのは，正当な権利をもつ者に生きたままの魚を引き渡す義務を，倉庫業者が負っているからである．

§20.2　貨物証券および倉庫証券の使い方

§20.21　第17章§17.14で示したチャート図は，売買契約の履行における物品および決済の流れを示している．信用状がなくても，売買契約は締結することができる．そのチャート図を簡略化し，その中に物品貨物の流れを書き込むと次のような図になる．

```
売主 → 運送業者1 = 運送業者2 → 倉庫業者 → 買主
 ↑                                          ↓
S銀行 ←―――――――――――――――――――――――― B銀行
```
（売主取引銀行：確認銀行）　　　　　　（買主取引銀行：信用状発行銀行）

買主がサンフランシスコのレストランであり，50トンのマグロを売主水産会社（東京）から購入する継続的契約をしたと仮定しよう．売主は買主と面識がなく，買主の支払能力に不安をもっていた．他方，買主は，マグロが良好な状態でサンフランシスコに到着することを願っていた．こういう状況の下で，L/C, Tokyo FOBの条件で売買契約が成立した．この売買契約でも，§17.14と同じように，次のような約束を含んでいる．

「買主は，本契約の後＿日以内に，売主を受益者に指名した，購入代金の額の取消不可信用状を，買主の取引銀行に発行させなければならない．その信用状の条件は，200＿年＿月＿日に，またはそれ以前に，以下の書面を買主の取引銀行に提示することである．

1　信用状

アメリカ契約法

　　2　本契約により売却される物品を適切に記載した船荷証券
　　3　領事 invoice
　　4　＿＿によって発行された検査証
　　5　本契約に記述された物品の保険証書」

　上のチャート図に当て嵌めてみると，売主水産会社（東京）は，東京の運送業者1に契約商品の引渡を行い，それと引換えに船荷証券を受け取る．その運送業者は，東京の築地の倉庫に保管されているマグロをサンフランシスコへ輸送する．このような取引において発行された信用状は，商品の発送後に，S銀行にその証券を買い取ってもらうことが意図されている．

　§20.22　これを参考にして，本書§1.11で取り上げたヴィンテイジ・カーの売買について，2台の自動車が日本に運ばれるプロセスについて考えてみよう．売主は，ロス・アンジェルスの運送業者と運送契約を結び，その業者に自動車を引き渡したときに，貨物証券を受け取る．ロス・アンジェルスの運送業者は，その自動車を港まで運送し，海上運送業者（場合によっては，航空運送会社）に引き渡し，その業者が東京まで運ぶ．一端は保税倉庫で保管され，税関の手続を経た後，買主がそれを直接受け取るか，別の運送業者が買主を代理して手続を済ませて，買主のところまでそれを運送する．その自動車を受け取るに際して，その時までに買主に送付された先の貨物証券が呈示される．貨物証券と交換に自動車が引き渡され，これにより契約の履行が完了することになる．運送契約にはいくつかの選択肢があり，どの選択肢を選ぶかによって，料金も変わるし，損失の危険を誰が，どの程度負うかについて，相違が生じ得る．

　　　§20.3　運送中の物品の紛失──［教材事例1］の分析検討

　§20.31　東京地方裁判所平成10年5月13日判決［教材事例1］の事件では，原告は，家財道具をキャリフォーニア州へ運送する契約を，被告と締結した．その家財の中に高価な絨毯4枚が含まれていたが，この4枚が運送中に紛失した．そこで，原告は，時価相当額9,642万2,400円，不法行為に対

第 20 章　倉庫寄託契約と貨物運送契約

する慰謝料 300 万円，および弁護士費用 1,000 万円を請求した．被告は家財道具を受け取ったとき，原告と一点ごと確認し，項目目録を作成した．その目録の中に 4 枚の絨毯が含まれていた．キャリフォーニア州の運送先で梱包貨物を開けたとき，その 4 枚は含まれていなかった．東京地方裁判所は，時価相当額の損害賠償を認めたが，慰謝料および弁護士費用は認めなかった．被告は，標準契約約款が賠償額の最高限度額を規定しており，損害賠償はその限度に制限されるべきであると主張した．目録の項目に問題の絨毯が特別高価なものである旨の記載があり，この被告の主張は，裁判所が認めなかった．

§20.32　［教材事例1］と東京地方裁判所昭和 36 年 4 月 21 日判決とを比較しよう．この事件では，倉庫から鋼鉄 300 万トンが引き出され，ロスアンジェルス港へ輸送されることになったが，海上運送の船荷証券には，「一級市場品の平炉鋼鉄厚板」という記載があり，この記載は運送品と一致していなかった．そこで，買主（ネヴァダ州法人）は，売主を相手にせず，運送人（ノルウェー法人）に対し保証違反の責任を追及した．しかし，東京地方裁判所は，「一級市場品」は公的な基準ではなく，そもそも運送品の記述に間違いがあるとして，原告の請求を棄却した．もともと問題の鋼鉄は，原告の日本営業所が準備したものであって，被告運送会社が運送を引き受けるときに，曲がり錆などがあり欠陥については責任を負わない旨の書面を作成して渡していた[(2)]．

§20.33　運送契約もグローバル化が進んでおり，アメリカ法と日本法との間には余り大きな違いはないように思われる．Joseph Freedman Co. v. North Penn Transfer, Inc., 388 Mass. 551, 447 N.E.2d 657 (1982) では，貨物証券 (bill of lading) には apparent good order と記載されていたが，これは貨物の状態および内容は個別的な審査がなされていないことを意味し，貨物の包装などに異常がなければ，運送業者は，善良な管理者としての注意義務を果たした一応の証拠 (prima facie evidence) となる，と判示された．ま

---

(2) この判決では，「1936 年米国海上運送法第 3 条 4 項」の適用も検討している．

アメリカ契約法

た，Shirazi v. United Overseas, Inc., 3554 S.W.2d 651 (N.D. 1984) では，家庭用商品の door-to-door delivery の運送契約が締結されたが，到着したとき，商品は紛失していた．その契約書には，裏面の免責条項(3) も契約の一部であると印刷されていた．しかし，その部分に署名が付されておらず，むしろその部分を読んでおらず，裏面の免責条項は契約に含まれないと判決した．

§20.4　倉庫に保管中の物品の劣化——［教材事例2］の分析検討

§20.41　札幌高等裁判所昭和42年3月23日判決［教材事例2］では，参加人増本製茶株式会社が，木箱入りの緑茶を被告（控訴人）倉庫会社に寄託した．これに対し倉庫証券が2通発行され，この倉庫証券は裏書きにより多数の手を経て原告に渡った．原告は，内容を確認したいと考え，保管場所で倉庫会社の立ち会いのもとで検査したところ，内容は証券上の記述と一致していなかった．この場合，倉庫業者は，その記述に合致する「もの」を引き渡す義務を負うが，本件では，本件の「もの」は「検査不適当物」であるかどうかが争点となり，裁判所は，倉庫業者が木箱を開いて検査していないことを重要視した．受寄物の引き渡しについて，倉庫業者が運送業者を選択してそれを行うこともある．

§20.42　運送業者も倉庫業者も，受寄物の保管について，善良な管理者としての合理的な注意を払う義務を負っている．運送業者と倉庫業者は，古くから互いに協力しながら成長してきた業界であるが，古くは倉庫業者の方が社会的身分が高いと考えられていたようである(4)．しかし，最近では，倉庫業者の方は，あまり大きな合理化がなされていないのに対し，運送業界の方は，IT技術を使って著しく近代化されている．運送業者は，預かった

---

(3) 免責条項は，寄託物品のlbに対し10ドル，1パッケージに対し500を責任限度額とすると定めていた．ちなみに，本件の賠償請求額は 6,329.50 ドルである．

(4) 日本では，タクシーの前身は雲助であり，倉庫の前身は本陣宿であるといわれている．倉庫業者は，他人のもっとも貴重なものをあずかるのであり，高い信用を得ている．

第20章　倉庫寄託契約と貨物運送契約

品物を傷つけずに運送できるような包装方法を採用するようになり，その包装に電子的な印を付けて，品物の管理も合理化された．日本では，預かった品物は翌日には配達できるような運送ネットワークができており，品物を倉庫に保管する時間が著しく短縮された．国際運送の領域でも，コンテナ輸送の改良により，国内輸送と余り変わりのない迅速さで，商品の配達ができるようになった．

§20.43　上述のように，倉庫業界は大きな改革を必要とされており，倉庫は，仕入れた商品を保管し，商品の劣化等，保管中のリスクに対し，危険回避機能を果たしている．しかし，百貨店やその他の大規模業者は，生産者から消費者まで，できる限り迅速に移動させようとしており，倉庫はむしろ不必要なものになっている．同様に，コンビニエンス・ストアなども，独自の保管場所をもつようになり，すべての業界に関わり得る倉庫業界が，その独自性をほとんど失っている．本章で紹介した引越貨物の保管や，新鮮な食料品を劣化させずに保管するサービスが本来の仕事となりつつある．UCCは，その第7章において倉庫寄託証券と貨物運送証券とならべて規定しているが，その共通するサービスに注目していることが理解できる．

§20.5　UCC の規定との比較

§20.51　倉庫契約は，「寄託」の側面と「流通証券」の側面とをもっている．「寄託（bailment）」による義務は，第1に，預かった「もの」を善良な管理者として保管することである．第2に，その「もの」に対して権原をもつ者（証券保持人）にそれを引き渡すことである．東南アジアのプラント輸出契約において，倉庫会社が電力発電機器の引渡しを要求され，倉庫業者は，日本からそれを東南アジアまで運送し，その船舶の運航の必要上，河川の橋のかけ直しまでしたと聞いたことがある．

§20.52　「船荷証券」「倉庫証券」などは流通証券である．倉庫に「もの」を保管したままでは何ら新しい価値は創造されない．そこで，その証券が「もの」そのものの代替品として売買がなされ，市場を転々と移動する．運

219

送業者または倉庫業者は，この流通を禁止することもできるが，原則として流通証券である．したがって，UCC 第3編の諸規定は，それらの証券にも適用される．

§20.53 倉庫証券または貨物証券を発効した受寄者（倉庫業者または運送業者）は，その証券を保有する正当保持人に対し，受寄したものを引き渡す義務を負う（UCC §7-403）．Joseph Tate, Inc. v. Action Moving & Storage, Inc., 383 S.E. 2d 229 (N.C. 1989) では，教材事例1の場合と同じように家財道具一式を転居先に運送する契約が締結され，引越先のリベリアまで運送されたが，一時，到着地の倉庫に保管された．倉庫保管料が契約代金に含まれていなかったため，受寄物は貨物証券の正当保持人に引き渡されなかった．倉庫に保管された時から6カ月が経過し，倉庫業者は受寄物を第三者に売却してしまった．このような場合，倉庫業者による不法転換［横領］になると認定され，倉庫業者に対し損害賠償が命じられた．

§20.54 倉庫証券上の権利者が倒産した場合，担保物は破産財産となり，それを売却して得た売上金は，債権者間で公平に配分されることになる．その際，すでに第14章で説明したように，完全化された担保権者は優先権をもっている．しかし，UCC §7-503は，倉庫業者がリーエン（先取特権）をもつ場合には，このリーエンが優先することを認めている．また，担保権の対象となっている物品が倉庫に保管された場合，担保権者が異議をとなえないで入庫されたときは，担保権者よりも倉庫証券の正当保持人が優先権をもっている．

━━━━━━━━━━━━━━━━━━━━━━━━━━━━━━━━━━━

［ディスカッションの論点］

1 §20.12において，マグロの保管が倉庫業者によって行われていた事例に言及したが，このような取引になぜ倉庫業者が関係するのか，議論しなさい．

2 歴史的には，倉庫業者は，貴重な財産を預かる職業であるため，社会的に高い地位（信頼）を得ていたが，運送業者の方が倉庫業者に近い地位に

着きつつあるように思われる．両者は同じように他人の財産を預かる職業であるが，契約法上，その財産の権利者に対する注意義務は同じか．

　3　質屋がときどき質流れの物品を売却することがあるが，特に混合寄託を行う倉庫業者は，関連商品の売買を行うことも少なくない．この売買は，通常の売買と異なるところがあるか．

　2　コンテナ輸送はどのような利点があるか，検討しなさい．本書第1章の中古自動車売買において，コンテナ輸送は利用できるか．

[参考コラム]

- ブラックストーンの契約法　ブラックストーン（Sir William Blackstone, 1723-80）がアメリカ法に大きな影響を与えていることは，§2.11で紹介したホームズの古典『コモン・ロー』からも明らかである．しかし，契約法の理論については，著しく貧弱である．超古典的な書籍『コンメンタリーズ』第2巻30章（1766年）で契約法を説明しているが，大部分がbailment（寄託）の理論を説明していて，日本人の英米法学者が注目してきたSlade's Caseなど，全く言及されていない．本書§9.16で牧場の枯れ草の売買契約の事件を検討したが，契約の対象物である枯れ草が焼失したことについて，売主の保管責任（bailment）が法的にどのような性質のものであったかがブラックストーンの主要な関心事であったと思われる．

- ロジスティクス（倉庫業と運送業）　比較的最近まで，倉庫業は運送業より重要視されていたように思われる．商品が傷まないように保存することがビジネスの中で重要な意味をもっていた．しかし，最近では，コンピュータの利用によって，商品管理を合理化し，生産された場所から消費者へ直送できる仕組みが作られ，商品を倉庫に保存することを省略しようと努力がなされている．運送業者自身が，倉庫を支配できる立場に立ちつつある．製造業者の立場からすれば，商品を倉庫に入れておく期間をできる限り短縮しようとしており，倉庫業界は，本格的な改革を必要とされている．倉庫業者が扱う商品の売買も行うようになったり，自動

車を買って運送業も兼業したり，スペースを貸して賃貸借を行うようになっている．しかし，倉庫業者には固有の領域が残っている．他人の商品を占有し，管理を行い，その他人の請求に応じて引き渡すことである．§14.21で生け簀倉庫の事例を紹介したが，倉庫業者がこの事業に関与した理由はこの点にある．また，絵画の保存など，倉庫業者にしかできない仕事がある．

第 21 章

雇用契約・請負契約・委任契約

［教材事例］
1 東京地方裁判所平成 15 年 3 月 31 日判決，ジュリスト 1266 号 204 頁（**日本ポロライド退職事件**）
2 札幌地裁小樽支部平成 12 年 2 月 8 日判決，判例タイムズ 1089 号 180 頁（**請負代金請求事件**）
3 最高裁判所（2 小）平成 19 年 7 月 6 日判決，民集 61 巻 5 号 1769 頁，判例時報 1984 号 34 頁（**請負契約上の地位の譲受けを前提として瑕疵担保責任に基づく瑕疵修補費用又は損害賠償を請求した事件**）
4 さいたま地方裁判所平成 19 年 3 月 17 日判決，裁判所ウェブサイト 28132086（**弁護士委任契約**）
5 最高裁判所（2 小）昭和 56 年 1 月 19 日判決，民集 35 巻 1 号 1 頁，判例タイムズ 1318 号 173 頁（**不動産賃貸借事務委任契約**）
6 大阪地方裁判所平成 20 年 2 月 21 日判決（**医療過誤訴訟**）

［講義概要］　本章では雇用契約，請負契約および委任契約を説明する．雇用契約は，労働者が一定期間にわたって労務サービスを提供することを約束し，使用者がそれに対する報酬（給料）を支払うことを内容とする契約である．契約期間の定めがなければ，使用者はいつでも「正当事由」があれば解雇できる．請負契約は，請負人が仕事の完成を約束し，注文者がその完成に対して報酬を支払うことを約束する契約である．委任契約は，一定の法律行為を行うことを相手方に委任し，委任行為が終了したときに，その報酬を支払う約束を内容とする契約である．これら 3 つの契約は，非常に異なった性質の契約であるが，労務サービスの提供に関係する

契約として，本章で扱うことにした．

§21.1　雇用契約──［教材事例1］の分析検討

§21.11　雇用契約は州法の問題であるが，連邦の労働法が雇用契約について厳格な規制を定めており，雇用契約の事例を扱う場合には，この連邦法にも注意を払う必要がある．しかし，その研究は労働法の対象とされてきており，アメリカのロー・スクールの契約法講義では，深く立ち入って講義されることはない．ここでも，紙面の都合上，深く立ち入ることはできないが，連邦法は，労働組合の活動および労働者の安全性に関する規制であり，雇用契約の自由については，州法に任せているくらいのことは知っているべきである[1]．雇用契約の場合，使用者は，連邦法により社会保険などの負担を負う[2]．また，従業員が職務の遂行中に不法行為を行った場合，その使用者が州のコモン・ローにより責任を負う[3]．

---

(1) 労働法についても，アメリカ法はイギリス法を継受しているが，イギリス法とは異なるシステムを作り出してきた．第1に，合衆国憲法は，連邦議会に労働法の立法権を与えていないため，労働法は原則として州のコモン・ローの領域である．しかし，主にニューディールの時代に，連邦法の領域においても，さまざまな規制が導入された．第1に，労働三法（労働基準法，労働組合法，労働争議法）は連邦法であり，日本の労働法のモデルになっている．これらの立法の外，1964年の市民権法（Civil Rights Act）は，労働法とは関係なく，アメリカに進出した日本企業も遵守を強制される（後述，§24.41参照）．合衆国憲法第14修正のデュー・プロセスもまた，日本の企業活動の規制規範となり得る．

(2) 例えば，Employee Retirement Income Security Act of 1974（ERSA），29 U.S.C. §1001 et seq.（1974）は，労働者の年金制度を導入し，Occupational Safety and Health Act of 1970（OSHA），29 U.S.C. §§651-678（1988）は，労働者の職場の安全性および労働者の健康管理について規定している．その他，Americans with Disabilities Act, 42 U.S.C. §12101 et seq., Age Discrimination Act, 29 U.S.C. §621 et seq. などの連邦法がある．

(3) Federal Employers' Liability Act（FELA），45 U.S.C. §§51-60．この連邦法

第 21 章　雇用契約・請負契約・委任契約

§21.12　本書第 1 章で，第 3 モデル契約の問題を示すために，東京地方裁判所昭和 42 年 7 月 9 日判決，下級民事裁判例集 20 巻 5・6 号 342 頁，判例タイムズ 210 号 174 頁を取り上げた．この事件は，労働組合とはまったく関係のない事件であり，ニュージャージ州法の事件である．この事件で争点となる問題を解決するための契約の書き方は，改めて第 27 章で説明する．しかし，雇用契約の形式については，問題の契約は余りにも曖昧であり，ここでは東京地方裁判所平成 15 年 3 月 31 日判決［教材事例 1］を説明し，この事件に含まれる問題点を分析し，検討することにする．この事件も完全に州法の事件であり，連邦法と無関係であるが，他方，契約の形式はアメリカ型ではあるが，準拠法についてアメリカ法の合意がなければ，日本法が準拠法であり，日本の労働法の事例であると理解し得る事例である．

§21.13　［教材事例 1］の原告は，ポロライド社の日本支店である．被告は同社の社員であり，退職に当たり給与に関する清算について争われている．被告は，平成 3 年 3 月に早稲田大学政治経済学部を卒業し，P インク会社に 3 年勤務した後，ノースウェスタン大学に留学し，MBA（経営学修士）を取得した．帰国後，2，3 の企業で役員等として勤務してから，原告日本ポロライド社に雇用されるにいたった．給与は年俸制になっており，毎年 4 月前後に交渉後，金額を確定することになっていた．平成 13 年度の年俸は 1,650 万円であった．この年俸のほか，サイニングボーナス，インセンティブボーナス，およびストックオプションが別途認められていた[4]．

の適用は，州際鉄道輸送などに関わる労働者だけに限られる．しかし，多くの州がこれに類似した州法を制定している．これらの法律の目的は，リスク引受（assumption of risk）の法理など，労働者に厳しい負担を負わせるコモン・ロー法理を否定することである．Cf. Hansen v. Dodwell Dock & Warehouse Co., 70 P. 346 (Wash. 1918). これらの法律は強行法規であり，使用者の責任を免責する契約条項は無効である．Dice v. Akron, C. & Y.R. Co., 342 U.S. 359 (1952). 但し，日本民法 715 条 3 項が定める「求償権」は，アメリカ法でも認められている．Sprague v. Boston and Maine Corp., 769 F.2d 26 (1st Cir. 1985). この使用者責任の免責を定める契約条項は無効である．Dice v. Akron, C. & Y.R. Co., 342 U.S. 359 (1952).

§21.14　ポロライド社は連邦破産法第11章による会社更生手続きに入ったことから，被告は退職を求めた．原告は，被告の退社が雇用後1年以内であるため，すでに支払った200万円のサイニングボーナスの返還を求めた．そこで被告は，反訴を提起し，雇用契約に基づく債務の履行としてインセンティブボーナス123万7,500円，雇用契約に基づくストックオプション支給債務が履行されていないと主張して，債務不履行に基づく損害賠償100万円，不法行為に基づく損害賠償（慰謝料，弁護士費用）112万4,960円及びこれらに対する遅延損害金の支払いを求めた．東京地方裁判所は，上述の雇用契約は英文で書かれているし，アメリカ法によるものであることを認めたが，事件の審理を進め，原告の訴えおよび被告の反訴の両方を棄却した．

§21.15　上記のポロライド社のボーナス支給をめぐる訴訟において，東京地方裁判所昭和42年7月9日判決，下級民判20巻5・6号342頁，判例タイムズ210号174頁（アメリカ雇用契約）は，アメリカ法の雇用契約であり，アメリカ法に照らして解雇を正当とした．しかし，その判決自身が引用するアメリカ判例は，解雇理由が「正当」なものでなければならないと判示しており，同判決には「正当」事由についての説明が欠けている．もしこの日本の判決の効力がアメリカで争われるならば，この点が問題になり得る．一般的に言えば，英米法における雇用契約は，原則として，対等な当事者間の契約であると考えられており，解雇の問題についても，当事者間の合意によって解決されるべき問題であり，もし合意が存在しなければ，労働者の解雇は使用者の自由である．アメリカ法における「解雇法理」については，中窪裕也「アメリカ法における解雇法理の展開」千葉大学法学論集6巻2号（1991年）81-140頁に，数多くの判例を分析検討しながら，詳しく説明されている．

§21.2　請負契約──［教材事例2］および［教材事例3］の分析検討

§21.21　請負契約は，建設事業と関連してしばしば使われる契約であ

---

(4) この契約はいわゆる外資系雇用契約であり，競争社会における実力主義に基づくものと思われる．

第21章　雇用契約・請負契約・委任契約

る．アメリカ法でも，これに関する訴訟は多数ある．そこで，American Institute of Architects（アメリカ建築業者協会）が典型的な契約について標準様式を作成し，これを使うよう奨励している．契約紛争の処理についても，合理的な仕組みを考案している．建築契約の場合，多数の当事者が関わることから，(1)関係当事者（設計者，施行者，内装業者など）が一緒に集まり，全体が関連づけられた多数当事者契約を作る方式，または(2)注文者と総請負人（general contractor）との間で契約を締結し，総請負人がその責任において下請人（subcontractor）との契約を結ぶという方式のいずれかをとっている．日本のゼネコンと下請けの関係とは多少違ったところがある[5]．

§21.22　請負契約の元請けと下請けの関係は，アメリカ法上，余り明確ではない．James Baird v. Ginbel Brothers, 64 F.2d 344 (2d Cir. 1933) では，元請会社が請負事業の入札に当たり，参加希望する下請け業者を募集し，本件被告である下請け業者は，最低額の契約代金を提示した．これを受けた元請業者は直ちにこれを採択し，これに基づく入札をして落札した．しかし，下請け業者は計算間違いに気付いて直ちに元請業者に通知したが，元請業者は既に下請け契約が成立しているとして，その履行を強制しようとした．ラーニッド・ハンド裁判官は，下請け契約は成立していないとして，原告元請業者の訴えを棄却した．これに対し，Drennan v. Star Paving Co., 333 P.2d 757 (Cal. 1958) では，同じような状況のもとで，トレーナー裁判官が，下請け契約は成立していると判示し，下請け業者の損害賠償責任を認めた[6]．ただし，コモン・ローによる元請業者の「信義誠実義務」に従って，最善を尽くして第三者下請け業者に当該の仕事をやらせ，その業者に支払った代金から契約代金を差し引いた金額が損害賠償額であると認定した．アメリカ法の伝統的な理論は前者であるが，後者の判決はリアリズムの影響を受けた新理論である．

---

[5] 日本の契約では，ゼネコンが契約上の責任を負い，下請けが直接訴訟に関わることは少ない．
[6] トレーナー裁判官は，§8.22で紹介したグリーンマン判決にも見られるように，「法と経済」学の影響を受けたリアリストである．

アメリカ契約法

§21.23　Clearwater Constructions, Inc. v. Gutierrez, 626 S.W.2d 789 (Tex. 1982) では，被告クレアウォータ建設は，Corps of Engineers（米国政府）と請負契約を締結したが，請負工事中の事故のため，原告の夫は死亡した．原告妻は，consotium の喪失を理由として損害賠償を求める訴えを起こし，原審テキサス州地方裁判所はこの訴えを認めた．しかし，同州最高裁判所は，その判決を破棄した．テキサス州労働者災害補償法（1967年）は，夫の訴権を認めているが，その妻は第三者受益者として認めていないためである．ちなみに，使用者責任は，雇用契約が存在する場合に生じるが，請負契約の場合，注文者は使用者ではなく，使用者責任を負うことはない．

§21.24　[**教材事例2**] を請負契約のモデル事例として分析検討することにしよう．この事件では，被告は 1,950 万円で新築家屋の建築請負契約を締結した．その後，床の間は不要であるということになり，その建築費 15 万円が値引きされた．被告は，追加工事として玄関フードの設置を注文し，この建築費として別途 20 万円の請求がなされた．予定通り建物は完成し，被告は工事代金および立替金（約 102 万 5 千円）のうち 1,480 万円を支払った．入居してしばらくたってから多数の欠陥が発見され，被告は残りの代金の支払いを求めて本件訴訟を起こした．梁柱の一部が基準より薄い木材になっており，危険性があるというだけでなく，壁紙に亀裂があったり，歪みが生じたりしていた[7]．

§21.25　札幌地方裁判所は，主に被告の主張を認め，財産的損害額の算定について，「瑕疵の補修に過大な費用を要しない場合には，瑕疵の補修に要する費用相当額であり，過大な費用を要する場合には，瑕疵が存在することにより低下した目的物の価値総合額である」と判示した．そして，本件では，北海道建設工事紛争審議会の調停のプロセスで，被告が 577 万 4,453 円を相殺することを許容していることから，裁判所が認定した損害額からその

---

(7) 階段の手すりの瑕疵について，請負人が，「うちのよりアメリカ製の格好のいいのがあるから，それをつけましょう．」と言ったと具体的に供述していることに照らし，被告の供述は「信用することができる．」と認定している．他の瑕疵についても，裁判所は具体的に補修にかかる費用を検討している．

第21章　雇用契約・請負契約・委任契約

金額を差し引き，被告2名に対し，それぞれ125万6,756円を支払うことを命じた．また，本件では，補修費用は損害賠償額を超過するものと考えられるとして，例外的にそれぞれ50万円の慰謝料の支払いを命じた．瑕疵担保責任の期間についても争われているが，民法638条1項により，引渡しの時から5年間（除斥期間）であると判決した．

§21.26　最高裁判所（2小）平成19年7月6日［教材事例3］の判決も見ておこう．この事件では，建物の設計者，施工者，工事管理者が，建築された建物に瑕疵があり，生命，身体または財産を侵害された住人に対し，不法行為責任を負うと判決された．この事件は，福岡高等裁判所へ差し戻され，同裁判所は，平成21年2月6日に判決を下した．この控訴審判決は，「居住者等の生命，身体または財産に現実的な危険が生じていない」と認定し，不法行為の成立を否定した[8]．しかし，最高裁判所は，再び福岡高裁の判決を破棄し，「建物としての基本的な安全性を損なう瑕疵」に関して，「当該瑕疵の性質に鑑み，生命，身体または財産に対する危険が現実化することになる場合には，瑕疵に該当する」と判示した．不法行為は成立していると認定し，修補費用相当額を損害賠償額として，設計・施工者等に支払いを命じた．

§21.27　多少複雑な事件であるが，東京地方裁判所平成24年3月20日判決，判例データベース25481092も検討しておこう．この事件は，スルガ銀行が日本アイ・ビー・エムに「新経営システム」の構築に関する請負契約を結んだが，期待通りのシステムができず，その損害賠償を請求した事件である．するが銀行の全部の業務を行う「新システム開発」を請け負う基本合意による多数の個別契約が締結されたが，これを履行するために，銀行側の説明が不十分であり，IBM側から見れば被告にプロジェクト・マネジメント義務違反があった．しかし，東京地方裁判所は，約75億円の損害賠償の支払いを命じた．

---

[8] この事件の原告は，問題の建築物を既に転売しており，その建築物によって危害を受ける可能性はほとんどない．アメリカ法では不法行為訴権であるtrespassと不法行為訴権であるassumpsitとは別の訴権であり，trespass訴訟として起こされた本件の訴えは，却下されたと思われる．

229

§21.3　委任契約の特徴

§21.31　本書§3.11で紹介した来栖三郎は，委任契約について興味深い比較法の視点を指摘している．

「英米法においても委任（mandate）ということばはあるが，フランス法，ドイツ法および日本法などとは可なり異なった意味に用いている．英米法で委任とは，契約当事者の一方が相手方から<u>動産の引渡</u>を受け，<u>無償</u>で，相手方のためにその動産についてある行為をすること，例えば時計なら修繕するとか，生地なら着物に仕立てるとか，荷物なら運搬するとか，することを約する契約で，ベールメント（bailment）の生じる一場面だとされている．ベールメントとは，通常，寄託と約されているが，これまたフランス法やドイツ法や日本法でいう寄託とは意味が違い，一定の目的の下に他人の動産を一次的に占有している場合であり，……（中略）……一次的に他人の動産を占有する関係を生じる場合をすべて包含し，それを有償ですると無償でするとを問わない．」（507頁）

このように一般的に述べた上で，英米法における委任契約を詳細に説明している．

§21.32　本書では，ベールメントは倉庫寄託契約と関連して説明した（⇒§20.1）．ベールメントに関して，Coggs v. Bernard 判決はもっとも重要な指導的判例であると理解されており，ホームズの『コモン・ロー』も非常に注意深く解説している[9]．確かに，酒樽を保管し，所有者が引渡を求めるときまで商品が劣化しないように管理し，要求に応じて引渡をすることは，「委任」の一形態であり，これも委任契約に含めることは間違いではない．しかし，本章では，弁護士や医師など，専門的な技術やサービスを提供するサービス契約の場合について，比較考察することにしたい．もっとも，

---

[9] Coggs v. Berrard, (1703) 2Ld. Raym. 909 ホームズの解釈にはかなりの批判がある．ちなみに，古典的著書であるブラックストーンの『コンメンタリーズ』の契約法の章も bailment の説明に大きな紙面を割いている．

第21章　雇用契約・請負契約・委任契約

アメリカ契約法の書籍では，委任契約が独立した契約類型として説明されることはないので，本書では，まず日本の判例を分析検討し，本章末尾に付した「参考コラム」の中で「サービス契約」を取り上げ，日本法に対応した形でアメリカ法の考え方を説明することにする．

§21.33　委任者が委任状（power of attorney）を作成し，受任者が一定の法律行為を行うことを約束する契約を委任契約という．委任者本人の代理権付与を伴うことが多く，代理に関する法律が適用されることになる．受任者は，無償の場合には，slight diligence を払うだけでよいとされるが，gross negligence については責任を負う．日本民法でも，「有償ならば，善管注意義務を負うが，無償ならば，自己の財産におけると同一の注意」を払えば足りるとされている．Williams v. Conger, 125 U.S. 397（1988）参照．この事件では，ultra vires の原則も問題になっている[10]．土地の管理を委任された場合，その土地を売却することもできるかどうかが争点となっている．

§21.34　委任契約は，特約がなければ無償が原則であり，有償で行うためには，契約時に明瞭な取り決めをしておく必要がある（日本民法648条2項参照）．徳島地方裁判所昭和44年12月16日判決（アメリカ人弁護士との委任契約）では，徳島のストッキング製造者がその製品をアメリカに販売しようとしてニューヨークの弁護士の協力を求めたところ，その弁護士は親切に扱ったが，顧客との契約の締結には至らなかった．しかし，時間に基づいて弁護士報酬を請求した．徳島の会社はその支払いを拒否した結果，訴訟で争われた．

§21.35　第1章で取り上げた3つの事例に弁護士として関わり，契約書を作成することになったとしよう．それぞれについて委任契約はどのようなものになるか検討しよう．その一例として，弁護士委託契約の書き方を示しておこう[11]．

---

(10) この「権限踰越の原則（ultra vires）」は，会社法ではほとんど廃棄された状態にあるが，特に地方自治体などの事業に関わる契約では，今日でもしばしば使われている．

アメリカ契約法

Frank C. Newman
Attorney-at-Law
101 Great Street, Big City, California

I, the undersigned client, hereby retain and employ Frank C. Newman as my attorney to represent me in my claim for damages against [　　].

As compensation for said services, I agree to pay for the costs of investigation and court costs, if necessary, and to pay my attorney from the proceeds of recovery, the following [244頁§22.53]

§22.53 （途中に挿入する）画家が絵画の作成の依頼を引き受ける約束をした場合，その作成を弟子にやらせることは許されない．患者の治療について特定の医師が契約を結んだ場合，能力のない別の医師にその治療を委任することは，本人の別個の同意がない限り，許されない．

fees:

33-1/3%　if settled without suit

40%　　　if suit is filed

50%　　　if an appeal is taken by either side

It is agreed that this employment is on a contingent fee basis, so that no recovery is made, I will not owe my attorney any amount for attorney's fees.

Dated this ___ day of _____, 20**
(seal)
[client] _____

I hereby accept the above employment.

(seal)
[attorney] _____

---

(11) この実例は，B.J. Kolasa and B. Meyer, Legal Systems 79 (1978) を参考にした．

§21.4 相続財産処分の弁護士への委任――［教材事例4］の分析検討

　§21.41　さいたま地方裁判所平成19年3月28日判決［教材事例4］において争われた委任契約を分析し，当事者がどのような約束をしたか，検討してみよう．本件は相続財産の分配をめぐる事件である．Bは被告弁護士に対し，Bの母親の「全財産を取得するために，後日裁判で争われても同合意が有効と認められるように公正証書遺言またはこれに代わる的確な書類を作成することを委任」した．しかし，Bは取得すべき財産を取得できなかった．そこで，被告弁護士に対し，第1に，債務不履行による財産相当額の損害賠償を，第2に，弁護士の技術水準に適った相当な方法によって誠実に職務を遂行しなかったこと（説明義務違反）に対し，精神的慰謝料の支払いを求めた．これに対し，被告弁護士は，反訴を提起し，名誉毀損を理由として1,000万円の損害賠償（慰謝料）を請求した．

　§21.42　さいたま地方裁判所は，第1点については，「原告が徳島訴訟で敗訴したことによる損害と被告の弁護活動と因果関係を認めるには足りない．」と判示した．第2点について，「弁護士の事務処理について，そのような弁護士が一般的に期待される弁護士としての事務処理から著しく不適切で不十分な対応しかしなかったと認められる場合には，損害賠償を認めることができると解する（最高裁判所第(1小)法廷平成17年12月8日判決，島田任郎補足意見）．そして，本件における被告の弁護士としての事務処理は，前記認定のとおり，著しく不十分であると認定できる．ただ，原告が平成7年5月12日にBを博愛記念病院から連れ出すなどの経緯及び当時のBの状態等をも踏まえ，原告に200万円の限度で慰謝料請求を認めることが相当である．」と判決した．

§21.5　不動産の管理・処分の委任――［教材事例5］の分析検討

　§21.51　最高裁判所(2小)昭和56年1月19日判決［教材事例5］では，

アメリカ契約法

訴外 A が社員用の共同住宅を建設し，この住宅の管理等すべての関連事務を本件被告不動産会社に委任した．880 万円の保証金を被告に預け，被告がこれを利用することが許される代わりに，不動産管理の手数料は無料とすることが約束されていた．被告がその保証金を利用する場合には，月1分の利息を支払うことになっていた．後に訴外 A はこの契約上の権利を本件原告に譲渡した．社員住宅であるため賃料の値上げなどをしないことが了解されていたが，被告は賃料を倍額に増額した．それらの行為が委任の趣旨に反するとして，原告は委任契約を解除し，880 万円の返還を請求した．東京地方裁判所は，「受任者の利益のためにも委任がなされた以上，やむをえない事由がない限り，本件管理契約を解除できない．」と判決し，控訴審である東京高等裁判所も，この判決を肯定した．

§21.52　最高裁判所は，この判決を破棄し，審理をつくすよう原審に差し戻した．「受任者の利益のためにも委任がなされた場合であっても，委任契約が当事者間の信頼関係を基礎とする契約であることに鑑みれば」，受任者が著しく不誠実な行動をしている場合には，委任契約を解除できると解するべきである，と判決した．そのような事由がない場合であっても，委任者が解除権を放棄したものと認定できない場合には，民法第651条により，委任契約を解除できる．これにより受任者が損害を被ることを立証したときは，その不利益を解除委任者が填補すると解するのが相当である，と判決した．

§21.6　医師の医療過誤の責任──[教材事例6]の分析検討

§21.61　大阪の国立大学病院において，患者は舌白板症と診断され，定期的に通院していたが，癌が転移していると診断され，入院治療を受けることになった．手術を受けたが結果は思わしくなく，患者は診療や治療の結果についての詳しい説明を求めたが，大学側は十分な説明をしなかった．カルテ等の診療記録を開示するよう求められたが，大学側は紛失を理由として開示できないと回答した．そこで，医療過誤を理由として1,700万円の損害賠償を求める訴訟を患者が提起した．大阪地方裁判所は，「説明・報告するこ

第 21 章　雇用契約・請負契約・委任契約

とが相当でない特段の事情がない限り，診療契約に基づき当該事項を説明・報告する義務を負う．」と判決した．また，「紛失によるものであったとしても，当該医師には診療契約に基づく顛末報告義務の不履行があった．」と認定した．そして，結論として，被告大学病院は患者に 30 万円の損害賠償金を支払えと命じた．

§21.62　上記の判例はアメリカ契約法の理論に従っているように思われる．患者が病院を訪れて医者に診療をしてもらうとき，医療契約という類型的な契約が成立するが，この契約により，第 1 に，医者は患者を診察して，どのような病気の可能性があるかについて説明し，どのような対処方法があるか，またどの程度の費用がかかるか，説明しなければならない．第 2 に，患者が自己の意思に基づいて，治療方法の内容を選択したとき，医師はその選択に従って誠実に治療に当たる義務を負う．上の判例では，治療の結果についての説明義務の違反が問われているが，この説明がなければ，患者がどのようにしたらよいかについて自己決定権を剥奪される．

§21.63　ここでは，診療契約による説明・報告の義務違反に注目したが，弁護士の実務においては，医療過誤（過失責任）やその免責の特約に関する解釈が争われることが多い．実際の訴訟では，契約上の履行責任よりも，問診，触診，検査，投薬，麻酔，手術，輸血，消毒，ガン告知，看護師に対する指示・指導などにおける注意義務違反が問題とされる．この問題は過失責任（医療過誤責任）という不法行為法上の問題（⇒§8.32）であり，損害賠償額の算定方法にも違いがある[12]．手嶋豊「アメリカにおける診療契約論に

---

(12) 田島裕『法律情報の検索と論文の書き方』（丸善，1998 年）82-92 頁に置いて，この問題の理論について考え方を整理した．また，田島裕『法律情報のデータベース』（丸善，2003 年）26-35 頁において，Kennedy v. Parrott, 243 N.C. 355, 90 S.E.2d 754 (1956); Preston v. Hubbell, 86 Cal.App.2d 53, 196 P.2d 113; Bang v. Chas. T. Miller Hosp., 88 N.W.2d 186 (Minn. 1958); McPherson v. Ellis, 287 S.E.2d 892 (N.C. 1982); Canterbury v. Spence, 464 F.2d 772 (D.C. Cir. 1972); Simpson v. Dickson, 167 Ga.App. 344, 306 S.E.2d 404 (1983) など，アメリカ法の主要な判例を分析検討した．

アメリカ契約法

ついて」神戸法学雑誌59巻4号（2010年，324-346頁）が，この問題と関連して日米の判例を比較検討しているので，理論を整理しておこう．

[ディスカッションの論点]

1　雇傭，請負，委任の3つは，いずれもサービス（役務）の提供という要素を含んでいるが，委任契約の場合には，契約の対象であるサービスが専門性をもつことが多いため，その契約上の義務を第三者に再委任することは許されない．画家が1枚の画を描くことを引き受けた場合，弟子にそれを描かせることは許されるか．

2　§21.35で取り上げた弁護士や医師の専門家責任に関わる判決では，当事者間の契約により約束された内容とは別に，資格をもつ専門家としての義務が認められているように思われる．この義務はいわゆる職業倫理に関わるものであるが，どのような具体的な事例において問題になるか，議論しなさい．不法行為法の判例であるが，公認会計士の責任に関する Ultramares Corp. v. Touche, 255 N.Y. 170, 174 N.E. 441（1931）も参照せよ．

3　雇用契約の訴訟における準拠法の決定について，当事者主義の原則がとられているが，本書第1章の**教材事例3**では，アメリカの裁判所の裁判管轄に服し，準拠法をアメリカ法とする判決が下された．日本の裁判所でも裁判できるものとし，日本法を準拠法とすることはできなかったかについて，議論しなさい（東京地方裁判所昭和40年4月26日判決，労民16巻2号308頁参照）．

[参考コラム]

専門家の契約上の義務　　東京高等裁判所平成22年1月20日判決（法律時報83巻9・10号114頁）は，つくば市が早稲田大学との間で小型風力発電システムを設置する業務委託契約を締結し，契約が失敗した事件である．契約通り履行されれば，つくば市のすべての小中学校に自家発電装置が設置されることになっていた．しかし，完成した風力発電機は実用に耐えるものではなく，つくば

市は早稲田大学を相手に不完全履行に基づく損害賠償請求訴訟を提起した．第1審東京地方裁判所は，原告3，被告7の割合で責任を認め，早稲田大学に対し約2億9千3万円の支払を命じた．しかし，東京高等裁判所は，その割合を逆転し，早稲田大学の損害賠償額を約958万円に減額した．ところで，Sullivan v. O'Connor, 363 Mass. 579, 296 N.E.2d 183 (1973) で説明されているように，上記の判決の論理は，不法行為法の論理であり，契約法のそれではない．早稲田大学が負う責任が契約責任であるならば，受け取った契約代金の返済がその責任であるはずである．J. T. BOCKRATH AND F. L. PLOTNICK, CONTRACTS AND THE LEGAL ENVIRONMENT FOR ENGINEERS & ARCHITECTS (7th ed. 2011) には，建築業者および建築士の専門家責任について詳しく説明されている．

　上の事件には，もう1つ特殊なファクターが関係している．問題の契約は，国の交付金・補助金を得て行われているし，契約上の委託者は市である．契約代金が税金に関係しており，このような事件では，普通の契約の事件とは異なる判断が示されることが多い．公的団体の契約については，本書では議論しなかったが，CHERIE DOOTH AND DAN SQUIRES, THE NEGLIGENCE LIABILITY OF PUBLIC AUTHORITIES (2006) で詳細に説明されている．ちなみに，上記の判決は，早稲田大学に専門家責任を負わせているが，同大学は小型風力発電システムの業者でなく，むしろ素人である．また，つくば市と早稲田大学の責任の比率を東京高等裁判所が逆転させたが，つくば市には設置について打つ手はなかったはずであったのに，逆転させる理由がまったく説明されていない．

第22章

第三者の権利

[教材事例]
1 東京地方裁判所平成15年3月25日判決,判例時報183072（オーナーズ・システムに係わる不動産共有持分の競売）
2 最高裁判所(2小)平成24年6月29日判決,判例時報2160号20頁,判例タイムズ1378号86頁（貸金業者から貸金債権を一括譲渡された親会社に対する,貸金業者の顧客債務者（第三者）による過払金の返還請求事件）

[講義概要] アメリカ法では,陪審による裁判を受ける権利が憲法によって保障されており,当事者主義の裁判が理想的な裁判の形とされてきた．おそらくそのために,契約法の訴訟においても,契約当事者2人の間の紛争というとらえ方がなされ,契約に関係のある第三者の法的地位について,体系的な説明がなされてこなかった．一般的に,第三者のための契約は存在しないと説明されることがある．しかし,実際上,本書でも第三者の権利に関する事件をいくつか検討してきた．そこで,契約法の紛争解決の問題に議論を移す前に,実体に関する最後の章として,第三者の権利について整理しておこう．

§22.1 契約関係の法理

§22.11 家族の日常生活の必需品を子供がスーパーで購入した場合,この売買契約は家族全体のための契約であり,その当事者は家族全体であると

アメリカ契約法

理解される．§8.22でトレイナー裁判官による Yuba Power Products 判決を紹介したが，この事件において，原告が契約責任でなく，不法行為責任を追及したのは，問題の電気ノコギリを購入したのはその妻であり，契約関係（privity of contrct）の法理により，原告適格がないとされるおそれがあったためであると思われる[(1)]．Robert A. Hillman, Principles of Contract Law 334（2d ed. 2009）は，友人 Taylor から40ドル借金しており，別の友人 Alice が「家の庭の芝生を刈り取ってくれれば，その40ドルを Taylor に払ってあげる」と約束した事例を例示している．この事例において，芝生の刈り取りの仕事をしたのに，Alice は一銭も支払いをしなかった．この場合，Taylor が Alice に40ドルの支払いを請求したが，Alice との契約の関係人ではなく，請求権をもたない．

§22.12 契約関係（privity of contract）は，子供が親に代わって買い物をし食品を買った場合，この契約は店とその子供の家族との関係であり，その家族を構成する者がすべてその契約関係にあることを意味する．厳密な血縁関係でなく，同一世帯として共同性格を行う者は，その関係がある．第1章の第1モデル契約（中古自動車売買契約）では，鈴木という人物が原告の代理人または使者となり，契約が締結された．この例では，鈴木が代理人であることを売主が理解していなかったようであり，売主は，現物売買契約をしたと理解していたと思われる．いずれにしても，鈴木は契約関係にない．

§22.2　三者関係の契約と抗弁権の切断──［教材事例1］の分析検討

§22.21　第15章において，リース契約を説明したが，消費者がある物品を購入するにあたり，その代金をリース会社が融資する形のリース契約を説明した．この場合，リース会社は，消費者物品売買契約とは無関係であり，この契約により認められる抗弁は，リース契約上に債権に対してまで主張することはできない．これに対し，宅地の分譲契約が締結されたときに，銀行が提携銀行として融資を行った場合，銀行は3当事者型の契約の一当事者で

---

(1) UCC §2-318 参照．

あり，抗弁権の切断は認められない．イギリス法では，この法理は明確に制定法に定められているが，アメリカ法でも，コモン・ローの法理として確立している[2]．

§22.22　日本の東京地方裁判所平成15年3月25日判決（判例データベース28081776）と比較検討しよう．この事件では，オリエントコーポレーションの子会社が，提携金融機関として，元畳職人が企画した「シャトレーイン京都」などのホテル経営投資システムに融資した．このシステムによれば，オーナーズクラブが形成され，1口500万円と一口1,000万円の2種類の会員の募集が行なわれた．ホテルの各客室ごとに区分所有権を設定し，会員がその所有権を共有するという仕組みを作り，その所有権を企画者に賃貸し，ホテル経営に当たらせた．しかし，まもなくホテルは倒産し，区分所有者たちは融資人であるオリエントコーポレイションに対し損害賠償を求めたが，東京地方裁判所は，同金融機関がホテル事業に連携しているとまではいえないと判決した．

§22.3　信託が擬制される契約の受益者（第三者）

§22.31　この型の問題は，贈与契約の場合に生じる．例えば，イギリスの古典的判例 Dutton v. Poole, 83 Eng. Rep. 523（K.B. 1677）では，父親が森林の木材を娘に遺贈することを約束した．しかし，長男がこの木材をほしがり，1,000ポンドを妹に贈与することを父親に約束して，その木材を自分のものにした．この長男は，父親の死亡後も1,000ポンドを妹に贈与することはなかった．妹は長男を相手にその支払いを求めて訴訟を起こしたところ，キングズ・ベンチ裁判所は，父親の愛情を約因として，長男が妹に支払う契約が有効に成立していると判決した．

§22.32　上記の判決の後，産業革命の時代に，Tweddle v. Atkinson, 121 Eng. Rep. 762, 764（Q.B. 1861）は，父親の愛情だけでは約因は不十分であ

---

[2]　イギリス法について，Consumer Credit Act 1974, ss. 12 and 75 参照．

ると判決した．上記の事件では，娘は父親の遺産管財人を相手に訴えるべきであったとする判決を出した．しかし，Pneumatic Tyre Co. v. Selfridge & Co., [1915] App.Cas. 847, 853 (H.L. 1915) では，この判決は不確定な判決であるとして，父親の愛情だけでは約因は十分であるとする法理がコモン・ローであると述べ，Law Reform Committee もこれを肯定した．この法理を明確にするため，イギリス議会は，保険契約などの一定の契約について，第三者受益者が直接契約当事者を訴える訴権をもつことを確認する法律を制定した(3)．

§22.33 アメリカでも，リステイトメント（第1版）契約法は，上記 Dutton 事件の娘のような第三者を incidental beneficiary と呼び，保護する規定を置いた．しかし，保護の範囲が明瞭でないため，同（第2版）では，intended beneficiary という用語に改正し，保護の範囲を明確化した．incidental beneficiary と intended beneficiary の相違は，H. R.Moch Co. v. Rensselaer Water Co., 159 N.E. 896 (N.Y. 1928) と Bassier Parish School Board v. Lemon, 370 F.2d 847 (5th Cir. 1967) と比較すると理解できる．前者の判決では，倉庫業者が火災にあったとき，水圧が低かったため，消火活動が停滞し，多大の損害が生じた．そこで，ニューヨーク市が水道供給会社と締結した水供給契約上の責任を倉庫業者が訴追したが，Cardozo 裁判官は，incidental beneficiary であると判示した．これに対し，後者の判決では，アフリカ系アメリカ人の子どもたちが学校に入学する手続をしようとしたところ，学校は学校の施設に余裕がないことを理由として入学を拒絶した．裁判所は，子どもが intended beneficiaries であると判示し，学校は入学を受け入れる義務があると判決した．

---

(3) Contracts (Rights of Third Parties) Act 1999. 本書第4章で説明した「約因」との関係で，約因の受益者は契約関係の内部の者だけに限定するのがコモン・ローの原則であるが，契約の中に氏名が明示的に記載され，その者を特定できるときは，当該第三者は自分の名前で権利を主張できると規定した．Cf. Darlington Borough Council v. Wilshier Northern Ltd. [1995] 3 All ER 895, 903-4, [1995] 1 WLR 68, 76 (per Lord Steyn).

§22.4　債権譲渡を受けた譲受者（第三者）──［教材事例２］の分析検討

§22.41　契約上の債権も，物権法上の財産であり，この財産も売買の対象になる．第17章で取り上げた流通証券取引の多くは，この型の無体財産売買である．第19章で説明した投資契約も，債権を第三者に売却することが前提として成り立つ契約である．本書第16章§16.2でクレジット・カード取引について説明したが，カードを使って行われた消費者の契約は，第三者であるクレジット会社がすべて買取り，カード会社が債権の取り立てに当たることになる．住宅ローンのようなかなり高額の売買契約の債権についても，その代金の取立を銀行が引き受けることになっているために成り立つ慣行であり，第三者である金融業者の取引の安全をはかる必要がある．

§22.42　債権譲渡の事例については，担保権と関連して§14.32でいくつかの指導的判例を紹介したが，譲渡を受けた第三者の利益保護については，エクイティの観点から若干の説明を補足しておきたい．債権譲渡が二重に行われることがある．この場合，最初の譲受人が優先権をもつ条件について，アメリカ法では３つの異なる考え方がある．第１は，N.Y.ルールと呼ばれるもので，たとえ第２の譲渡の履行が完了している場合でも，第１譲受人が優先権をもつというものである[4]．第２は，Englishルールと呼ばれるもので，原則として第１譲受人が優先権をもつが，第２譲受人が第１譲受人より先に債務者に譲渡の通知を完了している場合には，第２譲受人が優先権をもつとするものである[5]．第３は，Massachusettsルールまたは「４馬」ルールと呼ばれるもので，次の４つの場合を除き，第１譲受人が優先権をもつとするものである：①第２譲受人が既に代金弁済を受けている．②債務者と新しい契約をしている．③債務者に対する確定判決をえている．④書面により，第２譲受人が権利をもつことが確認されている[6]．

---

[4] Superior Brassiere Co. v. Zietbaum, 212 N.Y.S. 473（1925）．

[5] Salem Trust Co. v. Manufacturers' Fin. Co., 264 U.S. 182（1924）．*Cf.* Dearle v. Hall, 3 Eng.Rep. 475（Ch. 1828）．

§22.43　最高裁判所（2小）平成24年6月29日判決［**教材事例2**］は，グループ金融会社の親会社とその子会社との間で債権譲渡に関する基本契約が結ばれたが，その契約の受益者（第三者）である顧客が親会社に対して過払金の返還請求をした事件である．その債権譲渡基本契約書は，借主を受益者とする第三者のための契約であるが，その締結時に譲受会社は返還請求権の存在を知らなかったのであり，借主の受益の意思表示がないから，請求権は消滅していると判決した．英米法では，第三者のための契約という観念が欠如しており，また利息制限法もキャリフォーニア州など数州しか存在しない．このような事例では，譲渡された契約法上の地位の中に請求権を含めないことが公正か否かという視点に立って，裁判官がエクイティによって判断することになると思われる．

§22.5　履行債務の委任を受けた者（第三者）

§22.51　この型の取引の例として，建築の注文者が前章で説明した請負契約を締結し，受注当事者が下請けにその履行を委任した場合について考えよう．契約上の債務である履行義務を第三者に委任することがないわけではないが，委任契約などにおいては，相手の能力を信頼して契約がなされるので，第三者に履行を委任することは信頼を裏切ることになる．

§22.52　Contemporary Mission, Inc. v. Famous Music Corp., 557 F.2d 918 (2d Cir. 1977) の原告は，非営利団体であり，被告音楽会社と契約を結び，同団体が選定する音楽や映像を被告会社が放映することを約束した．しかし，予算などの財政的理由により，第三者に放映を委託しようとした．原告は，このような契約においては，契約上の義務を委託することは許されないと主張した．第二巡回区連邦上訴裁判所は，契約履行の内容がサービスの提供である場合，第三者へ委任するためには債権者の明示的同意が必要であると判決した．ファンズワースは，建築の注文者が当事者Aにある仕事を注

---

(6) UCCおよびリステイトメントが採っているルールで，多くの州がこれに従っている．

文し，別の仕事を当事者Bに注文したが，BはAの仕事が終わってからしか仕事ができず，そのために請け負った建築を納期までに完成できなかった場合，Bは契約違反に問われると理解されている．

§22.53　委任契約は，原則として第三者に再委任することはできない．例えば，ある俳優の出演契約が締結された場合，その俳優の代わりに別の俳優を出演させることは許されない．例外的に再委任が許されたとしても，再委任を受けた者が契約を履行しない場合，その契約違反の責任は，本来の受任者が負うことになる．

[ディスカッションの論点]
1　第1章の第2モデル契約Bのような契約の場合，Exclusive Distributorship Agreement（総代理店契約）の形をとることがしばしばある．この契約の場合，アメリカの本店は，日本の新会社に対しどのような支配力（control）をもっているか．
2　アメリカ法では陪審を付した当事者主義の訴訟が一般的なイメージとなっており，2当事者間で争われるのが一般的である．多数当事者訴訟において，例えば，消費者物品の販売者，信用供与者，消費者の3者が関わっている事件で，消費者は，販売者および信用供与者の両方を相手に訴えを起こすことが必要か．
3　注文者と請負人との建築請負契約において，下請人の仕事の瑕疵が問題となる場合，注文者は，その下請人を訴訟に参加させなければならないか．
4　信託契約では，信託設定者と受託者の間で，受益者のために一定のことを行うことが内容となるが，受託者が受益者の利益がゼロになるまで管理料・手数料を取ってしまうことは許されるか．

アメリカ契約法

> [参考コラム]
>
> - **nemo dat qui non habet の法理**　この法理はローマ法に由来するもので，一般的適用のある法理である．例えば，譲渡担保権の第三者への譲渡契約の場合，その譲渡者の担保権の対象となる中味がゼロであれば，譲渡を受けた第三者は，何も取得できないことになる．O'Niel v. Wm. B.H. Kerr Co., 102 N.W. 573（Wis. 1905）では，給与差押えによる給与上のリーエンが第三者金融業者に譲渡されたが，そもそも給与差押えが不法であったと確認され，金融業者は何も取得できないと判決された．ちなみに，「契約の神聖性」を判示した Printing and Numerical Registering Co. 事件（本書 38 頁「参考コラム」）の事件では，「将来発明されるかもしれない」権利が契約の対象となっており，約束の内容は不明である．また，Slade's Case（本書 135 頁注(2)）で説明した指導的判例は，小麦のいわゆる青田買いであり，商品先物取引にも nemo dat qui non habet 法理に反する要素が含まれている．日本法では，このような問題は不確実性の問題として論じている．

第23章

紛争の解決——主に仲裁契約

[教材事例]
1 東京地方裁判所平成16年1月26日判決，判例タイムズ1157号（2004年）267頁，判例時報1847号（2004年）123頁（**アディダス代理店契約**）
2 東京高等裁判所平成22年12月21日判決，私法判例リマークス45号122頁（**傭船契約に基づく賠償請求の仲裁による紛争解決**）
3 神戸地方裁判所平成5年9月29日判決，判例時報1517号128頁，判例タイムズ863号273頁（**裸傭船契約をめぐる仲裁判断の取消しを求めた事例**）
4 札幌地方裁判所平成15年5月16日判決，金融・商事判例1174号44頁（**コスモ・ヒューチャーズ事件**）

[講義概要] 弁護士として日米間の契約に関与する場合，しばしば仲裁の問題に直面する．アメリカの訴訟は複雑であり，日本側にとって不利になることが多いので，紛争の解決のために仲裁がしばしば選択されている．契約書の中に「仲裁条項」を入れるべきか，もし入れるとしたらどのような条項にするべきかという問題について，若干の解説をしておきたい．和解の問題について一般的な問題を検討する．

§23.1 アメリカの判例の説明

§23.11 将来，紛争が起こった場合に，どのような方法で解決するかについて，国際仲裁による解決を当事者が選択することがある．仲裁契約は，

当然，州法の問題であるが，連邦法もこれに関する詳細な規定を置いている．最初の連邦法は，1925年の法律であるが，現行法は1947年の連邦仲裁法である[1]．この連邦法は，海事法の事件および連邦の規制を受ける国際通商（州際通商）に適用される．合衆国最高裁判所は，この連邦法は州法を先占（preemption）しており，たとえ州法が仲裁を禁止したり，制限したりしている場合でも，これを否定して連邦法が適用される．たとえば，Allied-Bruce Terminix Cos. v. Dobson, 513 U.S. 265（1995）では，不動産契約に関する紛争の排他的仲裁の申立てがなされ，紛争がローカルなものであるという抗弁が出されたが，連邦仲裁法2条により仲裁が奨励されると判決された[2]．

§23.12　仲裁の申立てが否定された事例も少なからずある．Ting v. AT&T, 319 F.3d 1126（9th Cir. 2003）では，いわゆる国営電信談話局であるAT&Tは，Telecommunications Act of 1996[3] の制定に伴い，電信電話利用者との契約を更新し，negative option型の契約を顧客との間で締結した．この新しい契約には，すべての紛争を仲裁によって解決すること，またクラス・アクションを承認しないこと，訴権の行使を2年間に制限することなどが定められていた．しかし，キャリフォーニア州にはConsumer Legal Remedies Act（1970）があり，この州法に違反していた．AT&Tは，全国画一の料金（filed rate doctrine）がいちばん公平であり，仲裁に関しては，連邦法が先占しているので，州法は当該契約には適用されないと主張した．この事件は，キャリフォーニア州の消費者保護団体が起こしたクラス・アクションであるが，第9連邦上訴裁判所は，AT&Tの契約条項は非良心的なもので，無効であると宣言した[4]．

---

(1) 9 U.S.C. §§1-15 (2006). Federal Arbitration Act, 9 U.S.C. §10(a).
(2) ただし，Volt Info. Scis., Inc. v. Bd. of Leland Stanford Junior Univ., 489 U.S. 468（1989）では，契約書の中に連邦法の仲裁を排除する仲裁条項を規定しており，この規定を有効とした．また，Wilko v. Swan, 346 U.S. 427, 436（1953）参照．
(3) Pub.L. No.104-104, 100 Stat. 5.
(4) この議論は先占法理（preemption doctrine）に関係している．U.S.Const.

第23章　紛争の解決——主に仲裁契約

§23.13　Armendariz v. Foundation Health Psychcare Services, Inc., 6 P.3d 669（Cal. 2000）でも，被告養護施設団体で働いていた被用者は，不当解雇を申し立てたところ，同団体は仲裁による紛争解決を主張した．キャリフォーニア州裁判所は，その団体の仲裁制度は恣意的なものであり，公序に反すると判決した．Villa Milano Homeowners Association v. Il Davorge, 84 Cal.App.4th 819, 102 Cal.Rept.2d 1（2000）でも，コンドミニアム・個人住宅所有者が建設デザインの欠陥などをめぐる紛争を起こそうとしたとき，被告デベロッパーは，契約による強制的仲裁を主張したが，キャリフォーニア州裁判所は，非良心的な契約条項として無効を判示した．仲裁条項が常に無効とされるわけではないが，特に個人の人権意識の強い州では，強制的な仲裁条項が無効と判決される可能性が高い．

§23.14　Mitsubishi Motors Corp. v. Soler Crysler-Plymouth, Inc., 473 U.S. 614（1985）にまず注目しよう．この事件の原告は，東京に営業所のある自動車製造販売会社である．被告は，スイス法人 Crysler International S.A.（以下，CISA という）と日本法人とのジョイント・ベンチャーである．このジョイント・ベンチャーは Puerto Rico 法人である[5]．Soler は CISA と販売代理店契約を締結した[6]．当該契約第6条には「仲裁条項」が置かれており，「あらゆる紛争，論争，意見相違は，日本において，日本商事仲裁協会の規則に従って解決する」と定められていた．1979年に契約が締結され，1981年には最低販売量が上方修正されたが，売上は減速した．そこで，三菱自動車は，CISA と締結した Soler との販売代理店契約の解除しようとした．Soler はこの契約解除はアメリカ独占禁止法に違反するので無効であると主張した．そこで，三菱自動車は，日本商事仲裁協会の規則による仲裁を申し立てた．これに対し，Soler は，独占禁止法違反は公法上の紛争であり，

---

　art.6, cl.2 の解釈として，連邦法か州法より優先して適用されるのは，① express preemption（本書第26章で説明する連邦法），② field preemption，③ conflict preemption の場合であるとされているが，本件では州法の方が優先すると判示された．

(5) Circuit City Stores, Inc. v. Adams, 532 U.S. 105, 121 S.Ct. 1302（2001）.
(6) 販売代理店契約について，§14.3 および §23.43 を参照せよ．

仲裁になじまないことを理由として，仲裁による解決を拒絶した．その結果，仲裁可能性について裁判所で争われることになったが，合衆国最高裁判所は，独占禁止法違反の紛争についても，仲裁条項は有効であると判決した．

§23.2 仲裁規定の選択

§23.21 上述の三菱自動車事件では，日本商事仲裁協会の規則による仲裁が選択された．日本商事仲裁協会の仲裁条項は，All disputes, controversies or differences which may arise between the parties hereto, out of or in relation to or in connection with this Agreement shall be settled by arbitration in (for instance, Tokyo, Osaka, Kobe, Nagoya), Japan in accordance with the Commercial Arbitration Rules of the Japan Commercial Arbitration Association. The award rendered by the arbitrator(s) shall be final and binding upon the parties hereto. とされている．この契約条項を採択することの意義はどのようなものであろうか．

§23.22 アメリカとの契約に仲裁条項を含めるとすれば，日本商事仲裁協会の仲裁条項以外に，NY州のモデル条項が標準的なものである．なお，そのモデル条項以外に，ロンドン仲裁およびICC仲裁の選択肢もある（後述，§23.3を見よ）．これらを選択することに，どのような利点・問題点があるだろうか．

ニューヨーク仲裁協会　　All disputes, controversies or differences that may arise between Buyer and Seller, out of or in connection with or in relation to this Contract, or for the breach thereof, shall be settled by arbitration. The place of such arbitration shall be, unless otherwise agreed between parties, the country in which the respondent resides. If Seller is the respondent, then, arbitration shall be conducted in Tokyo, Japan, in accordance with the Commercial Arbitration Rules of The Japan Commercial Arbitration Association. If Buyer is respondent, then, arbitration shall be conducted in New York, U.S.A., in accordance with the

第23章 紛争の解決——主に仲裁契約

Commercial Arbitration Rules of The American Arbitration Association. The award of arbitrators shall be final and binding upon both parties.

§23.23 仲裁規定の選択も，当事者の契約の自由である．どの規定を選択した場合にどのような結果になるかについて，予測して検討する必要がある．日米間の契約においては，上記2つの仲裁規定の中から選択することが通常であるが，参考コラムに示しておいたように，他にもいくつかの選択肢がある．一般的には，ニューヨーク仲裁協会の仲裁を選択することが多い．これを選択することには，いくつかの利点がある．第1に，この仲裁は普通の英語で手続が進められ，日米両当事者にとって平等な立場で弁論を行うことができる．第2に，この仲裁には Convention on the recognition and enforcement of foreign arbitral が適用され，このことが多くの点で法的確定性を高める(7)．これまで行った仲裁の実績の点でも，圧倒的に高い評価を得ており，迅速な紛争解決を期待できる．

§23.3　日本商事仲裁協会による仲裁事例——［教材事例1］の分析検討

§23.31　東京地方裁判所平成16年1月26日判決［教材事例1］でも，日本商事仲裁協会の仲裁制度が利用され，その裁定の効力が争われた．原告株式会社デサントは，アディダス・サロモン社（ドイツ法人）との間でライセンス契約を結び，専属的に被告の商品を日本で販売してきた総代理店である．その契約期間が終了したときに，被告は契約更改を拒否し，被告の完全子会社であるアディダス・インターナショナル（オランダ法人）に日本での販売を委託した．そこで原告は，合弁会社設立の交渉をはじめたが，被告は独立の意思がかたく，原告の交渉には応じなかった．原告は，上記ライセンス契

---

(7) この条約は，1958年にニューヨークで採択されたことから，ニューヨーク条約と呼ばれる．仲裁裁定は，原則的に判決と同じ効力を持つ．一方当事者が訴訟を提起し，相手方が仲裁を申したてる場合，裁判所は，その事件を却下または停止させなければならない．仲裁地の決定は，準拠法の選択などに影響を与え得るが，穀物飼料取引のように国際協定によりロンドンを仲裁地と定めているような場合を除き，ニューヨークとされる．

約の仲裁条項に基づき，国際商事仲裁協会の仲裁判断を求めたが，原告の主張は認められなかった．

§23.32 ［教材事例1］は，ライセンス更新拒絶が違法であると主張して，その仲裁裁定の効力を争った事件である．原告は，(1)債務不履行に基づく損害賠償，(2)不法行為に基づく損害賠償，(3)不当利得の返還請求により，被告に対し150億円の支払いを求めている．原告は，仲裁判断には「理由不備の違法」があるという．原告は「上記解約は，債務の不履行でも信義則違反でもなく権利の濫用といえない．」とも主張している．この主張に対し，被告は反訴を起こし，仲裁裁定に原告が従わなかったことから生じた損害3,000万円の支払いを求めた．東京地方裁判所は，結論として，「原告の本訴請求を棄却し」，「反訴原告らの反訴請求をいずれも棄却する」判決を下した．

§23.33 東京地方裁判所は，「仲裁判断に付すべき理由は，仲裁人が当該仲裁判断における結論に到達するに至った判断の過程の大綱を知ることができる程度の記載が存在すれば足り，また，判決のように逐一証拠に基づく事実認定をし，かつ，細部にわたる法律判断をすることまでは要求されない．」と述べ，「仲裁判断における証拠の取捨選択，認定，評価の当否は，取消理由にはならないと判示した．また，ライセンス契約の更新拒絶が違法であることを理由とする損害賠償請求は，仲裁判断の既判力に抵触すると判示し，訴えを棄却した．本件では，アディダスが世界各国において完全子会社化をはかったに過ぎず，これは営業上合理的な理由であり，債務不履行はないと判断した．信義則違反もなく，原告の請求は棄却を免れないと判決した．

§23.4 アメリカ仲裁協会の仲裁事例——［教材事例2］の分析検討

§23.41 東京高等裁判所平成22年12月21日判決［教材事例2］は，日本の運送業者（原告）が韓国の会社（被告）と結んだ定期傭船契約に基づく債務不履行について，日本の仲裁かニューヨークの仲裁のいずれによって紛争解決がはかられるべきかが争われた事件である．原告は，商品をロシアに

第23章　紛争の解決——主に仲裁契約

運送する注文を受け，この運送に使う船舶を被告から定期傭船する契約を結んだ．しかし，韓国の船舶の船長がロシアにおいて貨物を降ろす入管手続きにおいて，不正な記載を行ったことから，当該船舶は差し押さえられ，予定した運送を継続することができなくなった．その損害賠償をめぐる紛争について，原告は日本で仲裁を行うことを提案したが，被告はニューヨーク仲裁を主張した．

§23.42　被告は東京フレイティングと長期にわたり取引をしており，その取引の定型契約書はニューヨーク仲裁を定めていること，また今日の国際取引では契約上仲裁についての特別な規定が置かれていない場合，ニューヨーク仲裁が慣行として使われると主張した．これに対し，原告は，そもそも仲裁については契約書等には言及しておらず，原告との取引は今回が初めてであり，東京フレイティングの定型の契約書に拘束される理由はないと主張した．東京地方裁判所は，国際連合の仲裁条約を参考にして，本件のような事例では日本で仲裁を行うのが合理的であると判決した．東京高等裁判所も，その判決を肯定した．

§23.5　個別仲裁の事例——［教材事例3］の分析検討

§23.51　仲裁は裁判に代わる代替的紛争処理方法の1つである．1950年ごろまでは，英米の裁判所は，仲裁による紛争解決に否定的態度を示していた．しかし，今日では，むしろ仲裁による紛争解決が奨励されている[8]．実際上，契約法の紛争が裁判により解決されることはまれであり，多くの事件が仲裁によって解決されている．それは，仲裁には，和解契約とは違ったいくつかの強力な利点があるためであると思われる[9]．とくに重要な利

---

(8) Weeks v. Harelen Mfg. Corp., 291 F.3d 1307 (11th Cir. 2002).
(9) L. Kanowitz, *Alternative Dispute Resolution and the Public Interest*, 98 Hastings L.J. 239 (1987). なお，田島裕『刑法・証拠法・国際法』（信山社，2010年）第3部で，ロンドン仲裁，ニューヨーク仲裁，ICC仲裁を説明し，それぞれの利点を詳しく説明した．

アメリカ契約法

点としては，当事者の都合に合わせて迅速に処理ができることが考えられる．連邦仲裁法が1947年に制定され，この法律は州法に対し先占するものと理解されている[9]．同法3条は，仲裁手続が開始されたときは，裁判手続を停止させるものと規定している．また，裁定が出されたときは，その仲裁判断は，「法律の無視」などの違法が見られない限り，判決と同じ拘束力が認められるべきであるとされている[10]．クラス・アクションについても仲裁による紛争解決は認められる[11]．

§23.52　神戸地方裁判所平成5年9月29日判決［教材事例3］は，山下海運と富島輸送株式会社の間で締結された2つの傭船契約の解釈をめぐる紛議について，原告が仲裁判断の取り消しを請求した事件である．この事件では，原告は問題の船舶の所有者であり，被告はその船舶の賃借人である．船舶の返還時に原状回復義務が負わされており，被告は船舶を修復する義務がある，と主張している．この紛争は，海事仲裁に付されたが，その仲裁判断が不公正である，と被告は主張している．

§23.53　被告は，仲裁判断を否認すべき理由として，第1に，鑑定書が不公正に作成されたという．第2に，審尋調書の閲覧を拒否されたことが違法であるという．第3に，仲裁人に忌避事由があるという．しかし，神戸地方裁判所は，被告の抗弁を認めず，当該仲裁判断の強制執行を許可した．傭船契約のような事件については，普通の裁判官が専門的な知識をもっているとは考えられず，その契約について十分な知識をもつ専門家による紛争解決の方が，より当事者を納得させる結論を出す可能性が高い．

§23.6　和解契約の効力――［教材事例4］の分析検討

§23.61　和解契約の効力について，Westerbeke Corp. v. Daihatsu Motor

---

(10) 1958年のニューヨーク条約およびUNCITRALモデル仲裁条約を見よ．なお，「法の無視」の事例として，Wilko v. Swan, 346 U.S. 427 (1953) 参照．
(11) Stolt-Niielsen S.A. v. Animal Feeds International Corp., 130 S.Ct. 1758 (2010).

第 23 章　紛争の解決——主に仲裁契約

Co., 304 F. 3d 200 (2d Cir. 2002) を読むことにしよう．この事件は，ダイハツ（トヨタの子会社）と Westerbeke との間の仲裁契約の効力が争われた事件である．この事件では，原告ダイハツがエンジン部品を被告 Westerbeke の水上バイクに使ってもらうために Component Sales Agreement を締結した．被告は第三者情報からダイハツの E-070 エンジンが優れていることを知り，その部品契約により当該エンジンを購入することを申し出た．ダイハツはこれを拒否したため，被告は，当該部品契約に基づいて，損害賠償を求めるため仲裁手続を開始した．

§23.62　仲裁裁定が判決と同じ効力を認められるべきかについては，しばしば議論されてきた．20 世紀の初めには，仲裁は，本来訴訟で解決されるべきところ，裁判官でないものが法的紛争を許すものであり，非弁活動が禁止されるのと同じように，禁止されるべきであると考えられていた．しかし，仲裁人は，問題の事件に関する知識は裁判官より多くもっており，大学で法学を教えていて社会的な信頼も高い者がなることが多く，禁止される理由が当てはまらないことが多い．ニューヨーク仲裁協会による仲裁は，非常に利用されるようになり，むしろ仲裁の利便性が評価されるようになった．今日のアメリカ法は，仲裁による紛争の解決を奨励しているように思われる．

§23.63　札幌地方裁判所平成 15 年 5 月 16 日判決（コスモフューチャーズ [教材事例 4]）．「外国為替証拠金取引契約」が問題になっている．10 万ドル単位が最少取引額．ワールド・ワイド・マージン FX およびスワップ金利が問題になっている．仲裁条項にもかかわらず，地方裁判所は，最高裁昭和 55 年 6 月 26 日判決（中村治郎）判決を引用し，「わが国においては，仲裁手続きに関し，多年の歴史と経験を有する欧米諸国とは異なり，右制度の導入後もこれが利用された実績に乏しく，法曹人すら，紙の上の知識としてその意義と効果を知っているだけで，実際についての実務上の経験をもっていない者の方がむしろ多いのではないかと思われる．まして，一般国民の間では，知識をまったくもたない．」と述べている．

§23.64　仲裁は裁判に類似した手続きで進められるとはいえ，仲裁裁定

255

は，裁判所がそれを承認しない限り，私人間の和解契約としての性質をもつものであるにすぎない．東京地方裁判所平成23年3月28日判決では，アメリカ合衆国キャリフォーニア州の判決の内容を修正する和解契約の効力が争われたが，その効力を認めず，日本の裁判所は，元の外国判決の承認・執行を認めた[12]．元の外国判決は，キャリフォーニア州ロス・アンジェルス上位裁判所の1996年3月26日の判決をいう．この判決は，原告の離婚請求を認め，被告（夫）に対し，子の扶養費，配偶者の扶養費，夫婦共有財産の不正目的使用金等の支払を命じた．被告は，その判決後に元妻と和解契約が成立しており，支払義務は消滅したと主張したが，この和解契約の執行判決がなく，その法的効力は否定されるべきであると判決した．

§23.7　代物弁済による契約の消滅

§23.71　契約上の弁済に代えて代物弁済によって契約を消滅させることもできるが，これも一種の和解契約である．しかし，契約である以上，代物弁済契約の約因が必要となる（⇒§26.52）．Horn Waterproofing Corp. v. Bushwick Iron & Steel Co., 66 N.Y.2d 321, 497 N.Y.S.2d 31, 488 N.E.2d 56 (1985) では，被告の工場の屋根に雨漏りが見つかり，被告は原告に調査し，検討を依頼した．原告は，数日調査点検を行い，屋根を葺き替える必要があるという結論を出した．その費用として$1,241を請求したが，被告が割引を求めたので，これに応じて$1,080に値下げした．しかし，被告は$500ドルの小切手を勝手に送付し，「契約代金全額の決済のために」という文言を書き加えた．原告は，その小切手に「異議申し立て」と付記して，銀行で自分の口座に入金した．その後，残金$580をさらに支払請求した．ニュー・ヨーク州裁判所は，この事例が代物弁済（accord and satisfaction）の事例であることは認めたが，UCC §1-207の適用を否定し，被告が残金を支払う

---

(12) 民事訴訟法118条は，外国の裁判所の確定判決の効力を認めるか否かだけを問題としており，判決の内容の実質的判断は問題ではない．同条の解釈について，田島裕『外国法概論』（信山社，2012年），とくに9頁および23頁を見よ．

第 23 章　紛争の解決——主に仲裁契約

ことを命じた.

§ 23.72　代物弁済（accord and satisfaction）は，弁済（payment）または弁済免除（release）とは異なり，弁済を免除することを内容とする契約である．したがって，その成立には約因（consideration）が必要となる．後に救済方法と関連して説明するが，これは affirmative defense（積極的抗弁）として使われるが，契約である以上，本書の第 3 章および第 4 章で詳しく説明した契約の成立要件が完全に満たされるものでなければならない．しかし，この契約が Pinnel's Case で問題になったとき，約因としては peppercorn で足りると述べており，代物弁済の理論はそれほど明確ではなかった[13]．1884 年になってから，Foakes v. Beer において貴族院がその判決を再検討し，上述のような法理を確立し，アメリカ法はこれに従っている[14]．

[ディスカッションの論点]

1　契約紛争の解決のために「和解」または「仲裁」が解決方法として選択されるのはなぜか，議論しなさい．

2　§ 23.12 および § 23.13 で説明したアメリカの事件において，「仲裁」を行うことが強く主張されたのはどのような思惑によるものだろうか．また，キャリフォーニア州法が，当該事件で「仲裁」を禁止したのはどのような理由によると思われるか．

3　「和解契約」は後に裁判所により法的強制力を否定されることがある（例えば，§ 23.64）．このようなことがないようにするために，どのような配慮が必要か，議論しなさい．

---

(13)　44 Eliz.Rot. 501 (C.P.), 77 Eng.Rep. 237 (1602) で，コーク裁判官は，約因は horse, hawk, robe, peppercorn などで足りると述べている．

(14)　L.R. 9 A.C. 605 (H.L. 1884). この判決では，約 2,077 ポンドの損害賠償判決が出されたが，被告には全額の弁済能力がなく，最初に 500 ポンドを支払い，残額を割賦で弁済する約束がなされ，厳酷は，それ以後，訴訟を起こすことはないと約束した．しかし，割賦で全額が返済されたとはいえ，遅延利息分が支払われておらず，その分の支払請求が別途なされた．

アメリカ契約法

[参考コラム]

- **UNCITRAL**　　Any dispute, controversy or claim arising out of or relating to this contract, or the breach, termination or invalidity thereof, shall be settled by arbitration in accordance with the UNCITRAL Arbitration Rules as at present in force. Any such arbitration shall be administered by the Japan Commercial Association in accordance with the Administrative and Procedural Rules for Arbitration under the UNCITRAL Arbitration Rules. The appointing authority shall be the Japan Commercial Arbitration Association.
- **ロンドン仲裁**　　All disputes arising between the parties concerning the interpretation or validity of the Agreement or the rights and liabilities of the parties shall be finally settled in London, England, under the Rules of the London Court of International Arbitration.
- **ICC 仲 裁**　　Any claim, dispute or controversy arising between the parties out of or in relation to the Agreement, or breach thereof, which cannot be satisfactorily settled by the parties, shall be finally settled by arbitration upon the written request of either party, in accordance with the rules of Conciliation and Arbitration of the International Chamber of Commerce. The place of arbitration shall be Tokyo, Japan, in case ABC is the respondent, and Paris, France, in case Lynx is the respondent. The arbitration proceeding shall be conducted in English. The award shall be final and binding upon both parties. Judgment upon the award may be entered in any court having jurisdiction thereof.

第 24 章

紛争の解決——アメリカの訴訟

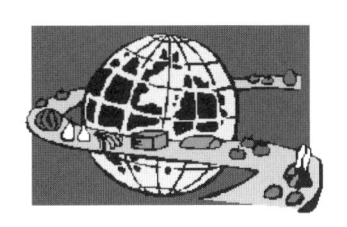

[教材事例]
1 東京地方裁判所平成 19 年 11 月 30 日判決，労働判例 960 号 63 頁（昇給システムとしては差別はない）
2 最高裁判所（1 小）平成 12 年 9 月 28 日判決，金融・商事判例 1105 号 16 頁（東京都観光汽船株主代表訴訟）

[講義概要]　訴訟をする場合，最初に考えなければならないことは，日本で訴訟をするか，アメリカで訴訟をするかいずれかである．本書で取り上げた諸事例においても，裁判所が「本件はアメリカで訴えられるべきであった」という趣旨のことを述べた判決がいくつかあった．また，その他の事例においても，アメリカで争った方がより迅速に，経済的に解決ができたのではないかと思われるものが少なからずある．アメリカとの取引を永続的に行う予定であれば，アメリカ法についての包括的な理解が必要となるが，一度だけの訴訟であれば，その判断に躊躇するかもしれない．

アメリカ法全般にわたってここで講義することはできないが，アメリカ法固有のシステムについて説明しておきたい．第 1 に，アメリカ合衆国の司法制度は連邦法と州法の二元的制度になっていることである．この点について，州法のシステムの方がむしろ包括的な制度であり，連邦のシステムは補完的なものであることに注意する必要がある．第 2 に，日本の法律もアメリカ法にならって当事者主義をとっているが，日本の場合よりも，もっと徹底した当事者主義をとっていることである．本章では，日本企業は捲き込まれた雇用契約と市民権法に関する事件とクラス・アクションの事件を取り上げるが，本格的にアメリカ法を調べようとする学生のために，参考コラムで解説を付

けておくことにした.

§24.1 裁判管轄・準拠法・言語

§24.11 本書第1章のモデル事例3は，アメリカの裁判所でアメリカ法（ニュー・ジャージー州法）に従って紛争を解決することが予定されていたと思われる．本書第12章の教材事例2（§12.33）の契約においても，ハワイ州法が準拠法であると認定され，東京地方裁判所は事件を却下した．この事件はアメリカの裁判所で争われることになるが，このような煩瑣な訴えを避ける意味においても，契約書の中に，裁判管轄（jurisdiction）ないし法廷地（venue）を定める規定を置いた方が賢明であると思われる．通常，In the event that any disputes or controversies arise out of the contract, the court in Hawaii (or Tokyo) shall have the jurisdiction over such disputes or controversies. のような規定が使われる．

§24.12 準拠法は，国際私法（conflict of laws）のルールに従って，確定されるが，私的自治の原則が認められるので，争いを避けるために契約の明文で定めておくこともできる．This contract shall be governed by the laws of Japan とか，The existence, validity, construction, operation or effect of this contract shall be determined by the law of New Jersey などがその例である．このような規定がない場合には，契約の紛争は契約が成立した地の法律であると考えられる．本書第12章の［教材事例2］（§12.33）の契約の場合には，ハワイ法であるとされた．さらに，準拠法がはっきりしない場合には，アメリカの裁判所は，当事者が裁判管轄に服する意思があることには，その地の法律に従うという意思も含まれていると擬制し，その管轄地の法律を準拠法とすることもある．

§24.13 紛争処理に使う言語もしばしば争いになる．実際上，契約書の中で言語まで規定する例は多くはないが，例えば，使用言語を日本語とした場合，アメリカ人が通訳を付けたり，翻訳をしたりする費用は相当高いもの

になりがちであるし，紛争解決にかかる時間も長引く傾向がある．アメリカとの関係が長期にわたることが予想される場合には，むしろ英語で訴訟を進めることは，必ずしも不利になるものではない．大手の商社が作成する契約は，非常に多くの場合，法廷地をニュー・ヨークまたはキャリフォーニアとし，言語は英語で訴訟することを規定している．

§24.2　アメリカの裁判所の仕組み

§24.21　契約法の問題は原則として州法の問題である．しかし，合衆国憲法1編8条3項によれば，「州際通商または国際通商」は連邦の立法管轄であると規定されており，日米間の契約問題は，その条項に基づいて規制される可能性があり，連邦裁判所で裁判が行われることが多い．連邦法に関係がなければ，州の裁判所でも訴訟が行われるが，その場合でも，合衆国憲法3編2条は，多州籍市民間の訴訟であれば，連邦の裁判管轄になり得るので，連邦裁判所で裁判が行われることになることも十分に考えられる．但し，連邦コモン・ローは契約法については否定されているので，関係のある州の契約法を準拠法として，裁判が進められることになる．裁判所の仕組みは，参考コラムに示しておいた．

§24.22　州の裁判所は，それぞれの歴史をもっており，裁判所の名前すら統一がとれていない．前節でニュー・ヨーク州の裁判所を図式化したが，ニュー・ヨーク州ではsupreme courtは「最高裁判所」ではなく，第1審の裁判所である．多くの州で2審制がとられているので，最高裁判所は上訴裁判所と呼ばれることがある．すべての仕組みを図示することはできないが，代表的なニューヨーク州とキャリフォーニア州の仕組みを参考コラムに示しておいた．50州の内，若干の特徴をもつ州を紹介するとすれば，第一に，デラウェア州では，古いイギリスの司法制度にならって1853年に設立されたエクイティ裁判所）が今日でも維持されている[1]．また，ルイジアナ州

---

(1) Del. Const. art. IV（1897）は，コモン・ロー裁判所としてSuperior Court（上位裁判所）を置くこと（§7），またエクイティ裁判所としてCourt of

261

アメリカ契約法

は，日本など大陸法系の国に見られるような三審制の裁判制度を採用している[2]．その他，ハワイ州やユタ州など，地域に固有の文化を残しているところもある[3]．

§24.3 連邦法と州法との関係

§24.31 合衆国憲法は，第1条8項3節において，連邦議会は「州際通商」の促進のために規制する権限があると規定している．この規定を根拠として，連邦法は，州際通商の妨げとなるものを排除しようとしている．第1に，いわゆる「公正取引法」と呼ばれる連邦法が制定されているが，これは，シャーマン法，クレートン法および連邦取引委員会法からなる．第2に，証券取引法と呼ばれる連邦法がある．これは，1933年の証券法および1934年の証券取引法からなるが，現在では，これらは一体化されている．第3に，担保契約と関連して説明した連邦破産法がある．その他，銀行法，農業法などにも契約に関係する連邦法がいくつかある．

§24.32 日本との国際取引と関連する主要な連邦法は，連邦取引法である．アメリカの連邦取引法は，シャーマン法，クレートン法，連邦取引委員会法，およびそれらの法律に関連する諸法の総称である．シャーマン法の基本的な理念はコンスピラシー法理である．すなわち，契約による取引制限を

Chancery（大法官裁判所）を設置することを規定している．この裁判所について，Del. Code Ann. 10 §341 (1999) 参照．
(2) 地方裁判所（40地区），上訴裁判所［高等裁判所］（5巡回区），最高裁判所からなる．最高裁判所は7名の裁判官からなる．Alabama, Alaska, Arizona, Colorado, Connecticut, District of Columbia, Florida, Georgia, Indiana, Iowa, Kansas, Maine, Massachusetts, Mississippi, Montana, New Hampshire, New Mexico, North Dakota, Ohio, Oregon, Puerto Rico, Rhode Island, South Dakota, Washington, Wisconsin, Wyoming は，類似の制度を採用している．
(3) ハワイは50番目の州であるが，この地域にはポロネシア文化が残っている．裁判所制度について，Hawaii Const. art. VI を見よ．ユタ州は，モルモン教の影響が強い州であり，一夫多妻制など，他の地域には見られない社会慣行が残っている．

違法とするものである.この法律については,域外適用は当然認められるものと考えられており,東京での談合がアメリカ法違反を構成し,アメリカの裁判所で訴訟が進められることになる.

§24.33 日本の証券取引法はアメリカ法を模倣したものであり,その内容について詳細な説明は必要ないと思われる.この法律は,一方では,健全な証券取引を促進することによって企業活動に必要な資金を集めるのに貢献し,国家の経済的基礎を安定させようとしている.他方,投資家を保護するための多くの規定を置いている.証券取引は国際化されており,日本法と比較すると,アメリカ法の運用において,重要な違いが見られる.それは「証券」という基本的が概念の理解が,日本法では狭く限定されているということである.これと関連して,SEC v. W.J. Howey Co., 328 U.S. 293(1946)が指導的判例であるが,この判例は「真実の開示」を要求している.

§24.4 雇用契約訴訟——住友商事事件

§24.41 アメリカのクラス・アクションの一例として,住友商事事件(Avigliano v. Sumitomo Shoji, 457 U.S. 176 (1982))を紹介しよう.この事件は,12名のアメリカ人が住友商事ニューヨーク支店を訴えた事件である.原告12名は同支店の秘書課に勤務する女性であるが,同支店の雇用契約によれば,女性が管理職に就く可能性が残されておらず,アメリカ市民権法(Civil Rights Act) 42 U.S.C. §1981 (1966)に反しており,合衆国憲法第14修正が保障する「法の下の平等」に違反する,と主張した.これに対して,住友商事は,日米友好通商条約(Treaty of Friendship, Commerce and Navigation between the United States and Japan)によって日本の商慣行は保護されており,市民権法の適用は排除される,と主張した[4].アメリカの裁判所は,

---

(4) 日米友好通商条約第5条は,相手国の企業を不当に妨害することを禁じ,また第7条は,支店を設立して当該支店に助言を与える弁護士等の専門家に内国民待遇を認めることを約束している.ちなみに,このアメリカ最高裁判決は,その傍論において,アメリカ人弁護士の日本でのサービス活動を行う権利を示唆しているように思われる.

住友商事の主張を否定した.

§24.42　この事件に関係する条約の規定は，第7条および第8条(1)である．第7条の規定は，「各当事国の国民および会社は，直接にか，もしくは代理人によってか，又は法人団体の形式を手段として行われるかにかかわらず，相手方当事国の領域内で行われている，あらゆる類型の商業，労働関係，金融およびその他のビジネス活動を行うことに関して，内国待遇を与えられるものとする．」と規定している．そして，第8条(1)項は，"*[Companies] of either Party* shall be permitted to engage, within the territories of the other Party, accountants and other technical experts, executive personnel, attorneys, agents and other specialists of their choice." (Emphasis added.) と規定している．しかし，アメリカの裁判所は，労働契約はアメリカ合衆国ニューヨーク州法に基づいて設立された会社との契約であり，アメリカ法の適用を逃れるため条約を使うことはできないと判決した．

§24.43　この訴訟において住友商事が敗訴するとは考えられない事実であり，弁護士の能力が問われる．第1に，東京地方裁判所平成19年11月30日判決 [教材事例1]，その他多数の判例で示されているように，日本法の下でも男女差別は憲法に違反するが，住友商事の契約は直ちに違憲であるとはいえない．第2に，アメリカ雇用法のもとで，女性の秘書が会社の執行部になる可能性は非常に少なく，クラス・アクションの原告適格を認められない．第3に，日本の弁護士が選んだアメリカ人弁護士の選択が不適切であったため，この事件が政治的に利用されたものと思われる．

§24.5　株主代表訴訟——クラス・アクションの一類型

§24.51　高橋均『株主代表訴訟の理論と制度改正の課題』（同文舘，2008年）に注目しよう．この著作は，株主代表訴訟にはヨーロッパ型とアメリカ型があることを指摘し，それとは異なる第3の類型の日本型の選択肢を提案している．とくに日本とアメリカとの差異を詳細に説明し，それらの差異があるために，アメリカの制度を模倣した株式代表訴訟を採択することは望ま

しくないと主張する．その差異は，(1)訴訟の対象者に第三者が含まれていること，(2)原告適格の考え方の違い，(3)却下制度の違い，(4)証拠開示の違いに見られるという．そして，結論として，株式代表訴訟を容易に提起できるようにすることには賛成であるが，会社取締役の責任の判断基準を明確にする必要があるという．

§24.52　ここでは，上述の著作が引用する判例ではないが，最高裁判所（1小）平成12年9月28日判決［教材事例2］を分析し，検討することにしたい．この事件では，被告会社は，グループ関係にある企業に多額の無担保融資を行い，大きな損失を被った．同社の取締役は，十分な債権保全措置を講じることなくその融資を行ったことは，取締役としての善管注意義務・忠実義務に違反する，と判決された．原告代表株主は，第三者割当増資に関する会社との交渉を有利に導く目的でこの訴訟を起こしたものと思われるが，訴権の濫用には当たらないと判示された[5]．

§24.53　義務違反があったかどうかは，経営判断を適切に行わなかったかどうかにかかっている．会社に損失が生じたというだけでは取締役の責任が発生するわけではなく，「善管注意義務違反」が証明されなければならない．東京高等裁判所平成20年5月21日判決（乳酸菌飲料販売会社）では，個々の取引ごとに取締役会の承認を得ないでなされたデリバティブ投資について，定款の範囲内で行われた投資は義務違反とは言えないと判示された[6]．また，大阪高等裁判所平成19年3月15日判決，判例タイムズ1239号294頁（ダスキン株式会社）でも，1株あたり純資産額を上回る金額で自己株式を取得した（非公開）行為は，経営判断として取締役の善管注意義務違反とは言えないと判決された．しかし，このような訴訟を提起すること自体は，訴権の濫用であると判決されたものではない，

---

(5) この事件と同じように，東京地方裁判所平成18年11月9日判決，判例タイムズ1239号309頁は，会社が締結したコンサルティング契約および調査委託契約について，取締役の善管注意義務違反があったと判示した．
(6) 資金の効率的な運用を目的としてデリバティブ取引がなされたのであれば，定款に違反しない経営判断の裁量に属する．

アメリカ契約法

§24.54　本章第2節の住友商事の事例はクラス・アクションの事例であるが，むしろ特別な意味をもつ憲法訴訟であり，通常の訴訟とは異なる性質をもっている．アメリカのクラス・アクションの典型的な例は，上述の日本の訴訟とはかなり異なっている．例えば，Perdue v. Crocker National Bank, 38 Cal.3d 913 (1985), 702 P.2d 503 (Cal. 1985) は，既に§17.32で言及した事件であるが，この事件は，NSF小切手の手数料が違法なものであるとして，クラス・アクションの形で銀行預金者が争った訴訟である．第一に，契約の書面に6ポイントの活字で「適用のある法律，銀行の現在および将来の規則，慣行などに従う」と規定し，「相殺権」を相互に認める旨が規定されていた．しかし，①本来，NSFは銀行業務そのものであり，別個の料金を取る根拠がない，②6ドルに料金を固定するのは固定違約金で不合理なものである，③銀行の不当利得である，④公正な価額の説明がなく不公正競争の要素を含んでいる，⑤6ドルの違約金は違法な刑罰の性質をもつと訴えた．キャリフォーニア州裁判所は，⑤を除き，原告の訴えを認めた．

§24.55　Best v. United Bank of Oregon, 739 P.2d 554 (1987) も紹介しておこう．この事件も既に§17.32で言及した事件であるが，不渡りにすべき小切手を取引銀行が決済して，その高額の手数料をとった事件である．原告顧客は，不当な罰金であり，非良心的であり，信義誠実義務に違反し，連邦法により先占されていない訴訟であると主張して，州法によるクラス・アクションを提起した．銀行側は，この条件に不満があれば契約を解除できるので，解除しなかったのは当該条件に同意したとみなされる，また，むしろ顧客へのサービスであると抗弁した．オレゴン州裁判所は，連邦法により先占されていない訴訟であることは認め，「非良心性」の争点だけをクラス・アクションと認めた．銀行側は，一般の銀行が通常＄3の手数料をとるのに対し，被告銀行は＄5を採っており，この料金の設定に十分な論拠があるかどうかの審理を命じて，事件を差し戻した[7]．

---

(7) オレゴン州裁判所は，「非良心性」の判断基準としてR.S. Summers, *The General Duty of Good Faith – Its Recognition and Conceptualization*, 67 Cornell L. Rev. 810 (1982) を使うことを示唆している．

第 24 章　紛争の解決——アメリカの訴訟

［ディスカッションの論点］

1　アメリカ法では，訴訟をして勝訴しても獲得した損害賠償額と訴訟に掛かった費用を比較考量すると，満足の得られない事例が少なくない．また，勝訴判決を得ても，それを実際に執行することに困難があり，訴訟による紛争解決は1％ぐらいしかないと言われている．それでも訴訟を選択するのはどのような場合か，議論しなさい．

2　アメリカ法のクラス・アクションは日本では集団訴訟と呼ばれるものに類似している．どのような事例がクラス・アクションに適しているか．次の事例はどうか．

3　アメリカの学会の会費を送金するために都市銀行で送金小切手を作ってもらったところ，約5,000円送金するために約5,000円の手数料を支払った．このような価格設定は，できる限り電子送金などを利用するよう誘引しようとする意図が見られるのであるが，アメリカでは，格好のクラス・アクションとなり得る．このようなクラス・アクションは社会的に好ましいと言えるか．

4　電気料金などもクラス・アクションにより，裁判を通じて値上げの正当性が検証されるが，日本では誰が検証しているか．このような訴訟は有害か？

5　日米友好条約は，日米安全保障条約と並ぶ重要な条約であるが，この条約により，日本はどのような義務を負わされているか，§24.41の住友商事事件と関連して，具体的に検討せよ．

[参考コラム1] 連邦裁判所

　連邦裁判所は，連邦憲法および連邦法に関係する事件について裁判管轄権をもつ．この管轄権については，合衆国憲法第3編2節2項に定められている．また，合衆国法律集（United States Code）第28巻にさらに詳細な規定が置かれている．裁判所の仕組みを図式化するとつぎのようになる．

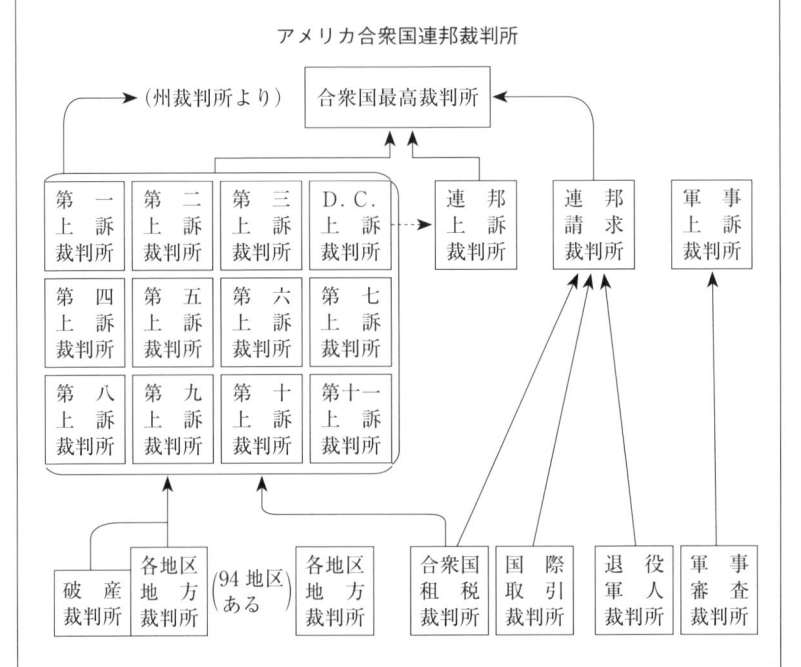

アメリカ合衆国連邦裁判所

```
                    （州裁判所より）→ 合衆国最高裁判所 ←
                                        ↑ ↑
  ┌─────┬─────┬─────┬─────┐  ┌─────┐ ┌─────┐ ┌─────┐
  │第一 │第二 │第三 │D.C. │  │連邦 │ │連邦 │ │軍事 │
  │上訴 │上訴 │上訴 │上訴 │  │上訴 │ │請求 │ │上訴 │
  │裁判所│裁判所│裁判所│裁判所│  │裁判所│ │裁判所│ │裁判所│
  ├─────┼─────┼─────┼─────┤  └─────┘ └─────┘ └─────┘
  │第四 │第五 │第六 │第七 │
  │上訴 │上訴 │上訴 │上訴 │
  │裁判所│裁判所│裁判所│裁判所│
  ├─────┼─────┼─────┼─────┤
  │第八 │第九 │第十 │第十一│
  │上訴 │上訴 │上訴 │上訴 │
  │裁判所│裁判所│裁判所│裁判所│
  └─────┴─────┴─────┴─────┘
       ↑       ↑
  ┌─────┬─────┐（94地区 ┌─────┐ ┌─────┬─────┬─────┬─────┐
  │破産 │各地区│ ある）  │各地区│ │合衆国│国際 │退役 │軍事 │
  │裁判所│地方 │         │地方 │ │租税 │取引 │軍人 │審査 │
  │     │裁判所│         │裁判所│ │裁判所│裁判所│裁判所│裁判所│
  └─────┴─────┘         └─────┘ └─────┴─────┴─────┴─────┘
```

　上の図は田島裕『英米の裁判所と法律家（著作集3）』(2009年）から転載したものであるが，アメリカの裁判所について，同書は詳しく説明している．また，その著作を書くに当たって William Burnham, Introduction to the Law and Legal System of the United States (4th ed. 2002) を参照したが，この本はアメリカ法全体の概説書であり，便利な本である．

第24章　紛争の解決——アメリカの訴訟

[参考コラム2] 州の裁判所

　合衆国憲法により制限されていない限り，すべての事件について一般的裁判管轄権をもつ．連邦憲法および連邦法についても解釈権をもつが，この解釈については，連邦裁判所へ上訴される可能性がある．連邦最高裁判所への上訴は，ほとんどの場合，certiorariの手続きによるもので，憲法解釈の争点が非常に狭く限定される．ここでは，キャリフォーニア州およびニューヨーク州の裁判所の仕組みを図式化して示しておこう．

キャリフォーニア州裁判所制度

```
                          ┌─────────┐
                          │最高裁判所│
                          └─────────┘
    ┌─────────┐  ┌─────────┐  ┌─────────┐
    │第一地区 │  │第二地区 │  │第三地区 │
    │上訴裁判所│  │上訴裁判所│  │上訴裁判所│
    ├─────────┤  ├─────────┤  ├─────────┤
    │第四地区 │  │第五地区 │  │第六地区 │
    │上訴裁判所│  │上訴裁判所│  │上訴裁判所│
    └─────────┘  └─────────┘  └─────────┘
                  ┌─────────┐
                  │上訴裁判所│
                  └─────────┘
    ┌─────────┐              ┌──────────────┐
    │市裁判所 │              │治安判事裁判所│
    └─────────┘              └──────────────┘
```

ニューヨーク州裁判所

（最高法院上訴部，上訴裁判所，最高法院合議部，県裁判所，最高法院，遺言検認裁判所，家族裁判所，請求裁判所，地方裁判所，ニューヨーク市刑事裁判所，ニューヨーク市民事裁判所，市裁判所，町裁判所，村裁判所）

269

第 25 章

救済方法——金銭損害賠償

［教材事例］
1 京都地方裁判所平成 19 年 10 月 9 日判決, 判例タイムズ 1266 号 262 頁 (**いわゆる制裁的慰謝料の請求を認めなかった事例**)
2 福岡高等裁判所平成 20 年 3 月 28 日判決, 法律時報 2024 号 32 頁 (**マンション売買契約において手付け倍戻しを相当な損害賠償額とした事例**)
3 最高裁判所(2小)平成 9 年 7 月 11 日判決, 民集 51 巻 6 号 2530 頁 (**懲罰的損害賠償を認めたアメリカ判決の執行を認めなかった事例**)

［講義概要］ 損害賠償に関する一般的な概説に続き, 次の 5 項目を講義する.
　　1　損害賠償の算定方法
　　2　特別損害の算定
　　3　確定額損害賠償
4　懲罰的損害賠償——慰謝料および名目的損害賠償との比較
5　原状回復

§25.1　概　　説

　§25.11　イギリス法の形成期には, コモン・ローの裁判所以外にエクイティの裁判所があった. 一般的な救済方法は, コモン・ローによって作られたものであるが, エクイティもそれに追加する形で, 差止命令, 特定履行などさまざまな救済方法を生んだ. 1873 年および 1875 年の裁判所法により, 二つの裁判所制度は一元化され, それ以降, 通常裁判所は, いずれの救済

方法でも，適切なものを利用できるようになった．しかし，現在でも，コモン・ローの救済（損害賠償）が有効である限り，エクイティの救済は認められない[1]．このイギリス法の伝統は，アメリカ法でも守られている．

§25.12　損害賠償の算定は，期待（expectation）を基礎とするもの，信頼（reliance）を基礎とするもの，および原状回復（restitution）を原則とするものがある．期待利益を損害賠償額算定の基礎とした事例としては，逸失利益が損害賠償額に加算されるべきであると判示した，高松高等裁判所平成3年6月25日判決，判例タイムズ770号224頁，判例時報1406号28頁がある．この事件は，普通乗用車の運転を誤って走行中の自転車に衝突し，自転車に乗っていた中国人を死亡させた事件である．期待利益に基づく損害賠償額の算定は，経済的合理性に合致しているが，この算定方法が適切でない場合もある．例えば，Chicago Coliseum Club v. Dempsey, 265 Ill.App. 542（App. Ct. 1932）では，コンサートの開催が準備されていたが，出演者が契約を破棄し，主催者が出演者に対して損害賠償を請求した．このような場合，両当事者の期待は，著しく異なっており，期待の合理性を証明することが困難である．

§25.13　この判決とShelley v. Trafalgar House Public Ltd. Co., 977 F. Supp. 95（1997）とを比較しよう．この事件の原告Shelleyは，1988年にFajardo海洋ヴィレッジ開発プランを作成した．被告Trafalgarは，このプロジェクトに賛同し，1989年10月24日に「プエルトリコ共同開発事業（Joint Venture in Puerto Rico）」契約を締結した．原告は，相当の資金を注ぎ込んでプロジェクトを進めたが，この契約は拘束力なし（nonbinding）であるという了解があったことから，Trafalgarは，途中で参加を拒絶した．

---

(1) Co-operative Insurance Society Ltd. v. Argyll Stores (Holdings) Ltd., [1998] A. C. 1, at 11. アメリカのロー・スクールでは，いわゆるブルーブックを買わされ，論文の書き方を学ぶが，その小冊子に論文の引用の仕方を示す例としてFuller & Perdue, *The Reliance Interest in Contract Damages* (pts. 1 & 2), 46 Y ALE L. J. 52, 373（1936, 1937）が例示されている．この論文は，契約法の損害賠償額の算定に関する古典的論文である．

1996 年 3 月 11 日に，連邦地方裁判所は，本件の準拠法はニューヨーク法でなく，プエルトリコ法であると決定した．そのため，culpa in contrahendo の原理が問題となり，out-of-pocket 経費および speculative でない，lost opportunities に対する損害賠償が認められた．

§25.14　瑕疵担保責任は，通常，信頼利益の保護に限られる[2]．マンション建築用地の売買において，東京地方裁判所平成 10 年 11 月 26 日判決（判例時報 1682 号 60 頁）は，コンクリートなどの地中障害物を土地の隠れた瑕疵であると認定し，撤去に要した費用を損害賠償として認めた．しかし，「信頼利益」以外の利益も保護したと思われる事例が若干ある．たとえば，仙台高等裁判所平成 12 年 10 月 25 日判決は，「損害の範囲は，買主が目的物の瑕疵を知っていたなら被ったであろう損害，すなわち信頼利益に限る」と判示しながら，瑕疵補修にかかる費用をその損害額に含めている．また，千葉地裁松戸支部平成 6 年 8 月 25 日判決では，建築請負販売契約において，「建物が南から北に約 70 分の 1 の勾配で傾斜していた，ボール類は北側に向けて転がりだす，木製ドアーなどが自動的に開いたり，閉じたりする」トラブルがあり，注意義務違反に対する損害賠償を認めた．

§25.2　アメリカ法における損害賠償額の算定

§25.21　損害賠償の金額の算定について，リステートメント（第 2 版）契約法第 347 条は，次のように規定している．

「第 350 条ないし第 353 条に定める制限に従い，損害を被った当事者は，次のように計算される期待利益に基づく損害賠償を得る権利をもつ．
　(a)　損害を被った当事者に対する，不履行または不完全履行により生じた相手方当事者の履行の価額に，
　(b)　当該違反によって生じた，付随的または結果的損失を含む，その他の損害額を加算し，
　(c)　履行がなされなかったことにより，回避したその他の損失を差し引

---

[2]　最高裁判所昭和 36 年 12 月 15 日，民集 15 巻 11 号 2852 頁．

いた金額.」

　この規定で言及されている第350条は，avoidability as a limitation on damages について，第351条は，unforeseeability as a limitation on damages について，第352条は，uncertainty as a limitation on damages について，第353条は，loss due to emotional disturbance について，規定している．

§25.22　上記の第347条の方程式を説明するために公式コメントが説明している事例は次のようなものである．家屋の建設契約を締結し，契約代金を10万ドルと定めた．注文者は，その家屋が完成する前に契約を解除し，4万ドルを支払った．残りの建設を完成させるために8万ドルかかるが，第三者業者が7万ドルでその仕事を引き受けると申し出た．この場合，損害賠償額は，次のように計算される．

　　$ 10万（契約代金）－ $ 4万（支払額）＝ $ 6万（弁済回避額）
　　$ 7万（追加支払額）－ $ 6万（弁済回避額）＝ $ 1万（損害買収額）

この事例は Fleming v. Twine, 58 A. 2d 498（D.C. 1948）を参考にした事例であると思われるが，これは「期待利益」保護説の基本的な方程式である[3]．

§25.23　リステイトメントの公式コメントは，さらに Freund v. Washinton Square Press, 34 N.Y. 2d 379, 314 N.E. 2d 419（1974）; Murarka v. Bachrack Bros., 215 F. 2d 547（2d Cir. 1954）; Mr. Eddie, Inc. v. Ginsburg, 430 S.W. 2d 5（Tex.Civ. App. 1968）; Erier v. Five Point Motors, 249 Cal. App. 2d 560, 57 Cal.Rptr. 516（1967）; Sutherland v. Wiper, 67 Me. 64（1877）を参照事例として説明している．これらの判決は，様々な契約についての損害額の算定方法を示している．一例として最初の Freund 判決を取り上げるならば，この判決は出版契約違反の損害賠償額の算定について，出版業界の長年の慣習を参考にして，執筆の準備のための費用として固定額（2,000ドル）にプラスして，出版契約締結時において，出版社が販売を予定した部数に定価の10％を掛け合わせた金額がロイヤリティとして認められ，出版者側の都合で出版されないということになれば，固定額プラス著作権実施料（ロイ

第 25 章　救済方法——金銭損害賠償

ヤリティ）が賠償額となると判示した．

§25.3　損害賠償の算定——［教材事例 1 ］の分析検討

　§25.31　京都地方裁判所平成 19 年 10 月 9 日判決［**教材事例 1** ］の事件は，自動車事故により長男（ 8 歳）を轢殺した自動車運転者に対し，自動車損害賠償法 3 条，民法 709 条および 711 条により，損害賠償の支払いを原告が請求した事件である．原告は，被害者の両親および姉の 3 人である．姉は通常の損害賠償の算定基準により 2,937 万 8,900 円を請求した．両親は懲罰的損害賠償として，それぞれ，7,701 万 5,744 円および 7,526 万 5,404 円を請求した．京都地方裁判所は，姉に対しては，事故後の弟の変わり果てた姿を目の当たりにしたことによる精神的被害について，150 万円の慰謝料プラス 15 万円の弁護士費用を認めた．両親については，後の判決に示されているように，日本では「懲罰的損害賠償」（⇒§25.6）が認められていないことを理由として，通常の損害賠償の算定基準に従う損害賠償を認定する原告勝訴の判決を下した．［**教材事例 1** ］の判決は，最高裁判所（大）平成 5 年 3 月 24 日判決を引用し，「不法行為に基づく損害賠償制度は，……不法行為がなかったときの状態に回復させることを目的としている」と説明している．

　§25.32　損害賠償額の算定は，陪審によりなされるので，科学的な算定方法を説明することはできない．American Jurisprudence 2d（2003）第 2 巻（damages）は，多様な算定方法を詳細に説明している．Jones v. Wittenberg University, 534 F.2d 1203（6th Cir. 1976）は，親族の精神的苦痛についても損害賠償を認めた判決であるが，この判決では，大学内で殺害された学生のもつ損害賠償請求権の相続分として 27,000 ドル，遺族の精神的苦痛に対する慰謝料として 100,000 ドル，葬儀代として 1,331.71 ドルを損害賠償額として認定されている[3]．

---

(3) ただし，損害賠償請求権の相続分が賠償額に認定されているのは，州の general survival statute（wrongful death statute）があるためであり，コモン・ロー上，当然に認められるものではない．

アメリカ契約法

§25.4　特別損害の算定

§25.41　民法416条2項は,「特別な事情によって生じた損害といえども,当事者がその事情を予見し,又は予見することを得べかりし場合には,債権者はその賠償を請求することができる.」と規定している.この規定はHadley v. Baxendale（1854）9 Exch. 341の法理を条文化したものであると言われている.§2.14で紹介したギルモアの著作は,判決を書いた裁判官が有名というわけでもなく,また判決の内容も良く書けていないのに,1854年以来,英米の両国において指導的判例とされてきたことは,法制史上のミステリーであると述べている.この判決の法理は,リステイトメントでも,「当事者が予見し得る違反の蓋然的な結果」については,損害賠償の算定に含まれると規定されている.そして,特別な事情の説明があれば,その予見があったと認められるとも規定している.この規定は,実質的には日本民法の規定に類似しているように思われるが,アメリカの学界では,相違があると唱える者もいる.

§25.42　Hadley v. Baxendale事件[4]は,ロンドンのグリニッジに製粉所を作り,古い機会を修理してその製粉所へ納品することが契約の内容となっていた.契約通り納品されたのであるが,納品予定日より5日間遅れて納品された[5].製粉所の仕事は,5月はじめに集中しており,その遅れにより多くの客が別の製粉所を利用してしまったため,期待していた利益の多くを失った.そこで注文者は,主にその遅延により生じた逸失利益を基礎として,300ポンドの損害賠償を請求した.陪審は50ポンドの損害賠償を認めたが,原告は,原審裁判官の陪審説示が不適切であったと主張し,上訴した.これに対し,上訴審裁判所として財務裁判所は,通常の損害に加え,「契約締結

---

(4) 156 Eng.Rep. 145 (Ex. 1854).
(5) 問題の遅延は,鉄製のシャフト部分の取り替えが必要であったため,ケント州の工場に新しい部品を作ってもらい,新製品がグリニッジに配達されるときに,悪天候のため配達が遅れたことに起因する.

第25章 救済方法——金銭損害賠償

時に，両当事者が，違反の蓋然的結果として予期できたと思われる合理的損害」も認められるべきであると判決した[6].

§25.5 確定額損害賠償（違約金条項）——［教材事例2］の分析検討

§25.51 福岡高等裁判所平成20年3月28日判決［教材事例2］では，原告（買主）と被告（不動産業者）との間でマンション売買契約が締結されたが，原告は約定期日に代金の支払いを怠り，その後も履行の見込みがなかったため，売主業者は本件売買契約を解除しようとした．原告側が契約の履行を求めたのが本件訴訟であるが，被告不動産業者は，反訴として，売買代金の2割とする違約金条項により，728万円から手付金200万円を控除した残金528万円を請求した．第1審福岡地方裁判所は，この反訴請求を認めた．これに対し原告は控訴したのであるが，福岡高等裁判所は，本件の諸事情を勘案し，本件でその違約金を認めることは信義誠実の原則に反するとして，手付金の倍額である400万円に減額した．

§25.52 問題の「違約金条項」は，売買契約に違反する行為があった場合には，契約を解除してその損害の賠償金として契約代金の20％を支払わなければならない，と規定していた．そこで本件の買主（被告）は，マンションがまだ完成しておらず，所有権の登記もなされていないときに，契約代金の全額の支払いを要求する当該契約は消費者契約法9条および10条に違反する違法な契約であるとして，同時履行の抗弁を主張した．その「違約金条項」は，必ずしも直ちに無効であるわけではない．契約をめぐる紛争が生じた場合，その紛争を訴訟によって解決することは時間的にも，経済的

---

(0) イギリスでも，この判決の法理は後の判決で再検討されている．Victoria Laundry (Windsor) Ltd. v. Newman Industries Ltd., [1949] 2 K.B. 528; The Heron II, [1969] 1 A.C. 350; H. Parsons (Livestock) Ltd. v. Uttley Ingham & Co. Ltd., [1978] Q.B. 791. また，裁判のプロセスにおいて，フランス法との比較検討がなされており，この判決の解釈についてアメリカの学者の間で争いがある．

277

にも，煩わしいものであり，予め損害賠償額を約定することにより，簡便な解決を図ろうとするものであり，それなりの合理性がある．しかし，福岡高等裁判所は，本件では，買主（被告）は「夫の理解が得られないためにマンションの耐震性の問題などを口実にして契約を解除」しようとしているにすぎないのに対し，売主業者は，実際上は，買主（被告）から契約解除の通知を受けてから1カ月もたたないうちに転売しており，損害はほとんどない．そこで，福岡高等裁判所は，この事件を通常の手付け倍戻しによる契約解除の事件とフィクションしたものと思われる．

§25.6　懲罰的損害賠償——［教材事例3］の分析検討

§25.61　懲罰的損害賠償は，契約違反に対する責任としては認められない．むしろ契約を破る自由は，経済活動の促進には役立つと考えられており，契約違反に対しては通常の損害賠償だけに限られるべきであるとされている．General Motors Corp. v. Piskor, 281 Md. 627 (1977). 懲罰的損害賠償は，故意による不法行為に対する救済方法である．例えば，独占禁止法などの連邦法に違反する違法行為を故意で犯した場合に認められるものである．信義則（good faith）違反に対して懲罰的損害賠償が認められることは稀である．信義則は「信頼利益」を保護することを意図した法理論であり，この利益は，慰謝料の損害賠償に類似する．

§25.62　最高裁判所(2小)平成9年7月11日判決［**教材事例3**］は，上述のようなアメリカ法の懲罰的損害賠償の法理を日本の裁判で拒否した事例である．この事件について，田尾桃二「巻頭言」法の支配113号（1999年）参照．また，クロロキン薬害訴訟，東京高裁昭和63年3月11日判決，判例時報1271号3頁（1988年）も見よ．アメリカでも，Lake Ridge Acad. v. Carney, 613 N.E. 2d 183 (1993); Blasko v. Petland, Inc., 2009 WL 1617075 at 2 (Ohio 2009) は，契約違反に対する損害賠償として懲罰的損害賠償が認められることは原則としてないと判示している．

第 25 章　救済方法――金銭損害賠償

§25.7　原状回復

　§25.71　契約が無効とされる場合に，一般的に認められる司法的救済は原状回復命令である．東京地方裁判所平成 18 年 4 月 13 日判決（判例タイムズ 1208 号 218 頁，判例時報 1928 号 40 頁）において，LP ガス供給契約の解除が争われ，その争いの一部として，原状回復義務が問題になった．本件では，供給契約を継続するため，多額の設備費がかかっていたが，その施設を取り除く費用は，LP ガス供給者が負担すべきものと判決された．

　§25.72　アメリカの LP ガス供給契約は，日本の契約とは著しく異なっているので，ここでは Hoffman v. Red Owl Stores, Inc., 26 Wis.2d 683, 133 N.W.2d 267（1965）と比較検討することにしよう．この事件は，フランチャイズ契約に関連して起こったものである．被告はミネソタ州の野菜卸店であり，全国各地にフランチャイズ店をもっていた．原告はウィスコンシン州でパン屋をやっていたが，被告に説得され，転業してフランチャイズ契約を結んだ．この契約を解約する場合，もっとも適した救済方法は原状回復である．判決は，多くの項目を示して各項目ずつ損害賠償額を算定しているが，その主要なものを示せば，信頼利益（reliance interest）による損害賠償が認定されている．

　　野菜卸店として使っていた不動産の売却により生じた損害 2,000 ドル
　　新しく新店舗のために購入した不動産の売却より生じた損害 1,000 ドル
　　自分の住宅用に支払った不動産の賃料，毎月 125 ドル
　　出資額から必要経費を差し引いた．16,735 ドル

　§25.73　東京地方裁判所平成 5 年 1 月 22 日判決（判例時報 1473 号 125 頁，判例タイムズ 839 号 230 頁）は，企画旅行契約によって原告が海外旅行を行ったところ，予約したホテルに宿泊できなかったので，その宿泊費 4 日分の払い戻しを認めた判決である．原告は，当該ホテルの通常料金で計算し，払い戻されるべき 52 万 2,000 円，賠償金 15 万 6,000 円，違約金 52 万 2,000 円，合計 120 万円を損害賠償金として請求した．しかし，東京地方裁判所は，被

279

アメリカ契約法

告旅行会社は「募集型企画旅行契約において，旅行者が当社の定める旅行日程に従って，運送・宿泊機関等の提供する運送，宿泊その他の旅行に関するサービスの提供を受けることができるように，手配し，旅程を管理すること」の義務はあるが，その義務の違反はないと判決した．しかし，高潮のため予定のホテルが使えなくなり，別のホテルを使った結果，旅行会社は22万652円の経費を減らすことができたので，この金額は原告に払い戻されるべきであると判決した．

［ディスカッションの論点］

 1 Sullivan v. O'Connor, 296 N.E.2d 183（Mass. 1973）を参考にして，次の事例について，損害賠償額がいくらであるべきか，議論しなさい．

　［モデル事例］ 35歳の女性が美容の目的のために鼻の手術をしてもらったが，その女性が期待したような姿にならなかった．医師の説明では，2回の手術をすることになっていたが，実際には，3回の手術を行った．医師は手術は成功であったと言っているが，女性は失敗したと主張している．女性は女子大生であったが，ときどきモデルの仕事をしていた．手術の結果，モデルの仕事がほとんどなくなった．

 2 MARTIN HOGG, PROMISES AND CONTRACT LAW – COMPARATIVE PERSPECTIVES (Cambridge, 2011) 98-106, especially 100-1：イギリスでは「信頼利益理論 (reliance theory)」が有力説（Atiyah 理論など）であるが，これについて次のように説明している．

(1) 信頼利益理論は，契約責任に対する約束の観念の重要性に付いての，欠陥のある歴史的記述に基づいている．
(2) 信頼利益理論は，実存する法律の状態を正確に述べていないので，契約責任の包括的な説明を与えることができない．
(3) 信頼利益理論は，人的自由に対する基本的な攻撃を示すものであり，契約責任を一種の準不法行為責任に転換しようとする．
(4) 信頼利益理論は，真実性および信託を過小評価する．
(5) 信頼利益理論は，裁判所によって採用されるならば，不安定性と混乱

第25章 救済方法——金銭損害賠償

を生む.

　本章で取り上げた諸事例を参考にして，Hogg が信頼利益理論についてどのように考えているか，議論しなさい.

[参考コラム]

- 懲罰的損害賠償とクラス・アクション　本文で述べたように，懲罰的損害賠償は，倫理観により大きな影響を受ける．契約に関係のない事例であるが，有名な New York Times v. Sullivan, 376 U.S. 254（1964）事件では，アラバマ州の裁判所は，New York Times（有力新聞社）の存続それ自体が悪であると考え，それを倒産に追い込むに足りる損害賠償額を認定した（273 Ala. 656, 144 So.2d 25）．この州判決は，合衆国最高裁判所により破棄されたが，アラバマ州では，このような情緒的ともいえる損害賠償が認められることが多いと言う．田尾桃二裁判官が批判したアメリカの判例は，クラス・アクションであり，このような訴訟もアメリカ法の特徴の1つである．小さな事件であっても，クラス・アクションならば巨額な事件となり，弁護士が積極的に訴えを起こす誘引となり，良い公共政策であると考えられているが，クラス・アクションの敗訴者は，巨額な損害賠償を払うことになり，倒産に追いやられることも少なくない．

- 陪審による裁判　損害賠償額の算定は，通常，事実認定の問題であると理解されており，陪審の判断に委ねられる．陪審員は，合理的な平均的市民であると擬制されてはいるが，その算定は必ずしも客観的なものではない．最終的には和解によって解決された事件であるが，マクドナルドの熱湯コーヒーの事件では，陪審は 79 歳の女性が火傷を負ったことに対し 290 万ドルの損害賠償額を認定した．この女性は車の中でコーヒーを股に挟んでふたを開けようとしたとき，コーヒーカップが壊れて火傷を負ったのであるが，同じような事件が続いていたため，クラス・アクションの形で訴訟が行われ，マクドナルド側が対応を誤ったため，社会的非難が向けられたものと思われる．Newsweek, March 20, 1995; Washington Post, March 6, 1995.

第 26 章

エクイティの救済
――州契約法と連邦法の関係

［教材事例］
1 大阪地方裁判所平成 1 年 9 月 14 日判決，判例時報 1348 号 100 頁（豊田商事の破産後の財産処理）
2 最高裁判所（2 小）昭和 53 年 12 月 15 日判決，判例時報 916 号 25 頁（将来の給付請求権を認めた事例）

［講義概要］ 契約法の領域は，基本的にはコモン・ローであるが，この領域においてもエクイティが働いている．アメリカ合衆国では，エクイティは，イギリス法を継受した本来のエクイティ判例法が確立した法原理の外，連邦法が制定したいくつかの法律の中にエクイティの法原理が定められている．とくに日米間の契約に対しては，連邦法が直接適用されるので，本章では，まずこれについて説明し，その説明の後にイギリス法を継受したエクイティの法原理を説明する．

§26.1 連邦法上のエクイティ

§26.11 サー・ヘンリー・メインは，『古代法』（1861 年）と題する古典の中で，エクイティについて説明している．その説明によれば，コモン・ローの厳格な法理が時代に適合しなくなった場合などに，時代に適合する結論を導き出すために使われるフィクションがエクイティである．イギリスでは，コモン・ロー裁判所と併存していたエクイティ裁判所が，新しい判例法

を形成しつつエクイティの法原理を確立していったが，最終的には，制定法の形でその原理を確認する立法が必要であったという．アメリカ合衆国でも，イギリス法がそのまま継受されたが，立法の作業は，連邦政府が行うことが多かった．このような連邦法について，本書でも関連部分で既に言及している．日米間の契約では，連邦法が直接適用されるので，連邦法の基礎にある「公正原理（fairness principle）」について注意する必要がある．

§26.12　合衆国憲法は，第1編8条3項において，連邦議会は「州際通商」の促進のために規制する権限があると規定している．この規定を根拠として，連邦法は，州際通商の妨げとなるものを排除しようとしている．第1に，いわゆる「公正取引法」と呼ばれる連邦法が制定されているが，これは，シャーマン法，クレートン法および連邦取引委員会法からなる．第2に，証券取引法と呼ばれる連邦法がある．これは，1933年の証券法および1934年の証券取引法からなるが，現在では，これらは一体化されている．第3に，前講で問題にした担保権の実行とも関係する連邦破産法がある．その他，銀行法，農業法などにも契約に関係する連邦法がいくつかある[1]．

§26.12　州際通商条項の解釈は，アコーディオンを弾くのに似て，大きく拡大したり，縮小したり，時代とともに変化している．「通商」ということばは，売買とほぼ同義であるが，上述の連邦取引法は，主に消費者取引ないし一般投資家保護を意図して作られている．「製造」は「通商」とはかけ離れた概念であるが，消費者保護につながる商品の品質等に関しては，公正取引の観点から，連邦法が直接関与するようになっている．エクイティは州法にも関係するが，これについては「外国法概論」で詳しく説明しているので，ここでは連邦法のエクイティに関係する法律を整理しておこう．

---

(1) これについて，田島裕『UCCコメンタリーズ（第3巻）』（2009年）参照．

第26章 エクイティの救済——州契約法と連邦法の関係

§26.2 連邦法の諸領域

§26.21 独占禁止法・不公正取引法

アメリカの連邦取引法は，シャーマン法，クレートン法，連邦取引委員会法，およびそれらの法律に関連する諸法の総称である．シャーマン法の基本的な理念はコンスピラシー法理である．すなわち，契約による取引制限を違法とするものである．クレートン法は，不公正な取引を禁止している．故意の違反に対しては，3倍額賠償の懲罰的損害賠償が科される．連邦取引委員会法は，連邦取引法の実施期間として独立委員会を設置した．この委員会は，行政機関であると同時に，準司法機能を果たしている．また，一定の限度内ではあるが，規則制定権ももっている．

§26.22 Mugnson-Moss Act を説明しよう．この法律は，契約における黙示的保証について，連邦法の書式を示し，これに従う取引は連邦法により処理されるものと定めている．アメリカ法では，連邦コモン・ローの創造は一般的に禁止されており，連邦法がこの法領域まで干渉することには否定的である．従って，この法律は，「消費者物品」（マンション等，個人向けの住宅を含む）について広告，説明，宣伝などを行う場合，「契約における黙示的保証」に関するモデル様式を提示し，これに従うことを奨励しているに過ぎない．前節で説明した規制目的の法律とは異なり，規制を目的としたものではない．しかし，この連邦法に従う表示は，表示した業者が健全な業者であるというイメージを作るのに貢献しており，

§26.3 証券取引法

§26.31 日本の証券取引法はアメリカ法を模倣したものであり，その内容について詳細な説明は必要ないと思われる．この法律は，一方では，健全な証券取引を促進することによって企業活動に必要な資金を集めるのに貢献し，国家の経済的基礎を安定させようとしている．他方，投資家を保護する

ための多くの規定を置いている．日本と比較すると，アメリカ法の運用において，重要な違いが見られる．それは「証券」という基本的が概念の理解が，日本法では狭く限定されているということである(2)．

§26.32　第19章§19.31でSEC v. W.J. Howey Co., 328 U.S. 293（1946）を紹介した．この判決を先例としたSmith v. Gross, 604 F.2d 639（9th Cir. 1979）でも，ミミズの飼育への投資契約が問題となり，SEC Actの適用があるかどうかが問題となった．商品やサービスを飼うことが直接の目的でなく，投資事業として利益を稼ぐことが目的となっている場合には，同法の適用があると第9連邦上訴裁判所は判決した．この取引では，ミミズを購入した買主がそれを飼育し，売主がそれを買い取って販売し，販売利益を買主に配当することになっていた．この場合，買主は利益の配当を受けることを主たる目的として売買契約を結んでおり，売主はそのミミズを釣りをする人などに再販売する事業を行う実態をそなえていないのであり，詐欺的な取引として，問題の契約を詐欺的で違法な契約と判決した．さらに，SEC v. Edwards, 540 U.S. 389（2004）では，sale-leaseback arrangementが違法とされた(3)．SEC法に基づくRule 10b-5は，どのような取引が違法になるかを明記している．上記の諸判例では，SECが行政規制に当たっているが，契約法の視点から見る場合，Rule 10b-5は私的訴権を認めており，自らエクイティの救済を裁判所に求めることができる点が重要である(4)．

§26.33　証券取引法違反の具体的な事例として，ここではSEC v. Glenn W. Turner Enterprises, Inc., 474 F.2d 476（9th Cir. 1973）(5)を紹介しよう．

---

(2) 日本の行政機構では，大蔵省は「銀行局」と「証券局」に明確に区分されており，互いに管轄を厳格に・縮小して解釈しているため，Howey Caseのような事件は，日本法では対応できないことになる．

(3) Sale-leaseback arrangementは，豊田商事事件で行われたように，ダイヤモンドや金の延べ棒を売却するが，商品を買主に渡さず，売主が再販を目的として即座に賃貸借する契約（取り決め）をいう．

(4) Rule 10b-5による私的訴権について，Marine Bank v. Weaver, 455 U.S. 551（1982）を見よ．

(5) この取引はピラミッド式取引であり，違法とされる．Cf. SEC v. Koscot

第 26 章　エクイティの救済——州契約法と連邦法の関係

この事件では，特別セミナーへの参加の募集が問題になっている．5つのコースが用意されていた．Adventure Ⅰ は 300 ドルで，12 講義のテープ並びにテープ・レコーダー，および教科書一式が渡された．Adventure Ⅱ は 700 ドルを支払い，Ⅰ に加えて約 80 時間のグループ・レッスンを受けることができた．Adventure Ⅲ は 2,000 ドルを支払い，Ⅰ および Ⅱ に加えて，もっと多くのテープおよび「売りつけの遊び」という書籍，もっと多くのグループ・レッスンをうけることができた．他人を勧誘し，Ⅰ の客を得れば 100 ドル，Ⅱ の客を得れば 300 ドル，Ⅲ の客を得れば 900 ドルの報酬をもらう．Adventure Ⅳ は 5,000 ドルを支払い，Ⅰ，Ⅱ，Ⅲ の外，2 週間マイアミの特別講習に参加でき，Ⅳ の客を勧誘できれば 2,500 ドルの報酬を得た．

さらに Ⅴ の 1,000 ドルコースがあった．このコースは，Adventure Ⅱ のテープをもらえたが，教科書一式はもらえなかった．24 時間ほどの講習を受け，その後に 2 人を紹介して同じコースに参加すれば，3 人目から 400 ドルずつの報酬をもらうことができた．1,000 ドルコースの参加者を 3 人勧誘できれば，本人は講習料の支払いを免除された．

このような事例では，損害賠償額を細かく算定することが困難であり，証券取引法違反の内部者取引から損失を被った被害者（投資家）を救済するための基金の設立を命じ，その基金による被害者救済を判示した[(6)]．

§26.34　[教材事例 1] は上に説明したターナー企画判決に類似した事件である．この事件では，純金ファミリー契約，白金ファミリー契約，マリーナ会員契約（横浜地方裁判所昭和 62 年 12 月 25 日判決参照）などが「投資契約」として利用され，豊田商事による詐欺が行なわれた．この事件と関連して 26 の訴訟が提起されているが，[教材事例 1] は，それらの契約は「公序良俗」に反して違法であることを理由として，不当利得返還請求をし，裁判所に認められた判決である．それより以前に提起された秋田地裁本荘支部昭和 60 年 6 月 27 日判決の事件においても，類似の取引が問題となり，裁判所は

Interplanetary, Inc., 497 F.2d 144 (5th Cir. 1974).
(6)　この救済方法について，SEC v. Texas Gulf Sulphur Co., 401 F.2d 833 (2nd Cir. 1968) も見よ.

アメリカ契約法

不法行為（詐欺）の成立を認め，125万円および年5分で計算される期待利益，および15万円の慰謝料並びに10万円の弁護料を損害賠償として認められた[7]．

§26.4　エクイティの救済方法

§26.41　エクイティの救済方法として主要なものは差止命令（injunction）である．これは，コモン・ローによる金銭損害賠償では実質的な救済が得られないと思われる場合に認められる救済である[8]．不当利得を理由とする原状回復（restitution）の命令もエクイティの救済である．不当利得，非良心性，違法契約などを理由として契約が無効であると認められるとき，この救済が使われる．売買契約違反については，特定履行，特別損害賠償，懲罰的損害賠償などがコモン・ローの救済に加えて認められる．

§26.42　エクイティの救済として，特定履行（specific performance）の命令も重要である．例えば，マンションの建設中に訴訟が起こり，建設が中止されたとき，このマンションの販売に当たる予定であった業者が特定履行命令を求める訴えを起こした場合，建設を続行する命令を出す可能性は少なくない[9]．とくに，問題の契約が公的契約（例えば，公営住宅や官庁を建てるための契約）では，比較的容易に特定履行命令を得ることができる．しかし，契約内容がサービスの提供である契約（例えば，俳優や歌手などの出演契約）

---

(7) 最高裁判所平成14年9月26日判決（国家賠償法），大阪地方裁判所平成4年10月23日判決（弁護士の詐欺責任）も見よ．なお，この事件と関連して，フライデーに取上げられた女性が謝罪広告等を請求した事件で，同事件の別の側面が明らかになっている．東京地方裁判所昭和63年2月15日判決．

(8) 例えば，Osborne v. Bullins, 549 So.2d 1337（Mo. 1989）では，サラリーマンがミズーリ州の土地を買ったが，月賦の返済金の支払いができなかった．売主業者は，契約の解除を求めたが，買主は努力して返済を続けると言いはった．判決は，従来とは非常に異なった判決であるが，買主は当該土地を第三者に売却し，その売上代金で返済金を支払うことを命じた．

(9) Grouse v. Group Health Plan, 306 N.W.2d 114 (Minn. 1981), Rickett v. Scothorn, 77 N.W. 365 at 367 (Neb. 1898).

第 26 章 エクイティの救済——州契約法と連邦法の関係

では，特定履行命令が出される可能性はほとんどない．本人が出演しないという強い意志をもっている場合に，裁判所には強制する手段がないためであろう．

§26.43　そもそもエクイティは，コモン・ローを公平・公正の見地に立って補足する法であり，それによる救済方法は，差止命令と特定履行命令だけに限られるものではない．例えば，夫婦間の契約や同棲生活契約（living together contract）なども一応契約として認められるが，取引に関する契約とは著しくことなった性質をもっている．そのため，事件の実体に適した救済方法が何であるかを裁判官が考え，その救済方法を試してみることになる．イギリス法では，家族法関係の事件の判決では rule nisi（仮判決）の形で判決が出されることが多くあった．アメリカ法は，これを制度として継受してはいないが，司法慣行としてこれに近い裁判を行っている．

§26.44　契約上の債務の不履行が契約解除の事由となり得ることについては，§12.12で説明したが，その履行の実質的な部分が完了している場合には，裁判所は解除を認めない．これは裁判所の裁量による判断であるが，この判断にはエクイティが見られる．この実質的履行（substantial performance）の法理に関する指導的判例は Jacob & Youngs, Inc. v. Kent, 129 N.E. 889（N.Y. 1921）であるが，この事件では，被告ケントが原告（建設会社）と7万7千ドルで自分の家屋を建設する請負契約を結んだ．まだ3,000ドルの残金の支払いが済んでいないときに，被告ケントは，パイプが契約書に記載されていた Reading 社製の標準規格のパイプでないことに気づき，残金の支払いを拒絶した．ニュー・ヨーク州の第一審裁判所は，使われたパイプは Reading 社製のものと同一の品質のパイプであるという証明書が出されていたにもかかわらず，契約違反を認めた．しかし，上訴審の審理に当たったカードウゾ裁判官は，契約違反を認めくも，損害賠償額はゼロであると考えられ，実質的な履行は完了していると判決した．この法理は，とくに建築請負契約でしばしば使われている[10]．

---

(10) Maxton Builders, Inc. v. Lo Galbo, 68 N.Y.2d 373, 502 N.E.2d 184（1986）

§26.5　代物弁済による決済

§26.51　金銭消費貸借の借金や損害賠償の支払いにおいて，当事者間の合意により，代物弁済による決済が行われることがある．とくに次節で説明する倒産処理手続きにおいて，これが行われることは少なくない．例えば，1,000ドルの債権をもつ者が，現金で800ドル支払ってくれるのであれば，それで決済しようと合意するかもしれない．この場合，理屈の上では200ドルの債権がまだ残っているのであり，200ドル受け取ってから残りの残金を請求することがあり得る．しかし，債務者の側からみれば，その200ドルは債務の一部弁済であるにすぎない．

§26.52　既に§23.72で説明したように，代物弁済（accord and satisfaction）は，債務を消滅させることを内容とする契約であり，その成立のためには有効な約因が必要となる[11]．この契約は積極的抗弁（affirmative defense）として使われるものであり，その成立を主張する者が，4つの成立要件を証拠法のルールに従って立証する必要がある[12]．UCC§3-311は，証券による代物弁済がなされる場合について規定し，流通証券に「完済」などの判が押されている場合，信義誠実にその証券が発行されたときは，その立証なしに債務は消滅する．これは保険業界などの商慣行に従ったものであると説明されている．

では，Jacob判決を先例として引用し，210,000ドルの不動産売買が締結されたとき，21,000ドルの頭金をescrowに供託した解約optionの行使に当たり，売買契約のその部分は有効として，頭金の没収が認められた．

(11) Shipping Corp. of India Ltd. v. Sun Oil Co., 569 F.Supp. 1248 (Pa. 1983), Homewood Dairy Products Co. v. Robinson, 254 Ala. 197, 48 So.2d 28 (1950). *Cf.* Holman v. Simborg, 152 Ill.App.3d 453, 504 N.E.2d 967 (1987).

(12) Sims-Madison v. Inland Paperboard and Packing, Inc., 379 F.3d 445 (7th Cir. 2004). 証明の程度は州によって異なる．4つの成立要件は，① proper subject matter，② competent parties，③当事者の意思の合致，④約因である．

第 26 章　エクイティの救済——州契約法と連邦法の関係

§ 26.6　倒産手続におけるエクイティ

§26.61　契約上の債務者が契約を履行できなければ，最終的には，倒産手続を進めて取り立てなければならないことがある．［**教材事例2**］では，東京都の金沢病院に融資していた個人が，同病院が診療報酬債権を東京中央信用組合へ譲渡しようとしたところ，それを差止めようとした．最高裁判所は，下級審の判決を支持し，「債権は，将来生じるものであっても，それほど遠い将来のものでなければ，特段の事情がない限り，現在すでに債権発生の原因が確定し，その発生を確実に予測しうるものであるから，始期と終期を特定してその権利の範囲を確定することによって，これを有効に譲渡できる」と判決した．しかし，最高裁判所昭和48年4月6日判決は，移転の日時を確定しないで行った債権（訴外鐘淵紡績に対する売掛金100万円）の譲渡は無効とした．

§26.62　破産の手続きは連邦破産法によるが，いうまでもなく，その手続きの基礎となる担保権は，UCC 第9編により定められている．その破産法は，第1章から第15章までの奇数章に規定されている外，「ファミリー農業経営」という特殊な問題について規定する第12章[13]が置かれている．第1章，第3章，第5章は，いわば総則とよぶべき部分であり，すべての破産手続きに適用される．第7章は清算手続きを定めている．第9章は市町村の財政破綻にのみ適用がある．第11章は，会社更生法に相当する部分である．第13章には，個人破産について定めており，会社更生法に類似した側面をもち，おもに返済計画の策定に関することを規定している．第15章は，外国の破産判決の承認・執行などに関する諸規定を置いている．

§26.63　上に説明した連邦破産法の骨格は Bankruptcy Reform Act of

---

[13]　11 U.S.C. §§1201-31. ファミリー農業やファミリー漁業の場合，破産財産の範囲を明確にすることが困難であるし，消費者破産などが関係するとき，事業責任をだれがとるかなど複雑な問題が関連するので，実情に合った手続規定を定めている．

1978によって作られたものであるが，Bankruptcy Reform Act of 1994などによって数回にわたり改正されている．この法律は，歴史的起源となるイギリス法と比較すると，「人生を最初からやり直す」ことを基本理念としている点に大きな違いがある[14]．しかし，最近では，この「やり直し」が濫用されるようになり，Bankruptcy Abuse Prevention and Consumer Protection Act of 2005 が制定された[15]．この法律は，破産制度の濫用を禁止している．

§26.64 倒産手続は，債務者の財産を保全することから始まるが，この手続を適正に進めなければ，関係者に大きな迷惑をかけることになるので，due process を遵守することが特に要求される．この点と関連して，Shaffer v. Heiter, 433 U.S. 186（1977）は，「公正な通知」および「聴聞」を要求している．この事件は，株主代表訴訟であるが，その被告は問題のデラウェア州会社の現役員および旧役員の全員である．役員たちの経営判断の間違いから独占禁止法に反する会社経営が行われ，敗訴したため，会社は多額の損失を被った．その責任を訴追された被告役員は，いずれも州外に住所をもっており，デラウェア州のエクイティ裁判所が株式移転を禁止する決定を出す裁判管轄権がないと抗弁し，訴状の送達に異議をとなえた．合衆国最高裁判所は，International Shoe Co. v. Washington, 326 U.S. 310（1945）を引用し，その判決に示されたデュー・プロセスの要件は満たされているとし，デラウエア州裁判所に裁判権があると判示した．

§26.65 倒産手続は，裁判所によって任命される破産管財人の指揮にしたがってすすめられる．この管財人は，通常，弁護士であるが，この弁護士は法曹倫理（legal ethics）を厳格に守ることが要求される．これと関連して，大阪地方裁判所平成4年10月23日は判決（判時1474号108頁）を読んでみ

---

(14) T.H. Jackson, *The Fresh-Start Policy in Bankruptcy Law*, 98 Harv.L.Rev. 1393 (1985). *Cf.* Local Loan Co. v. Hunt, 292 U.S. 234, 244 (1934).
(15) 長年に渡って借金の返済になやまされるより，第7章の倒産手続をとって債務の心配を消去した方が楽である，という風潮がアメリカに生まれたので，この法律が制定された．Pub.L. 109-8, 119 Stat. 23 (2005).

第 26 章　エクイティの救済——州契約法と連邦法の関係

よう．この事件は，「豊田商事事件」の弁護士の責任を追及した事件であるが，大阪地裁は，弁護士の非行を認めなかった．一般的に，弁護士は，利益相反関係の業務を行うことが禁止される．

[ディスカッションの論点]
　1　連邦裁判所の救済と州裁判所の救済との間にどのような相違があるか，議論しなさい．
　2　契約法は立法になじまないと考えられているように思われるが，それはどのような理由によるか，議論しなさい．
　3　連邦コモン・ローは，原則として，否定されているが，契約法において，連邦裁判所が判例形成することにいかなる不都合があるか，論じなさい．

アメリカ契約法

[参考コラム]

- **エクイティ裁判所**　エクイティの研究は，日本では著しく遅れているが，エクイティは益々重要な役割を果たすようになっている．一方では，本書第19章で説明した投資契約はエクイティの有用な法システムである信託法に支えられて発展したものであるし，他方，消費者保護を目的とした非良心性の法理も，エクイティの力を借りている．このエクイティは，厳密には，イギリス法制史において，コモン・ローの訴訟が13世紀に令状方式により厳格化し，具体的妥当性をはかる観点から，Court of Chanceryがコモン・ローを修正する判例法の体系を構築したことに由来する．この歴史的背景に，コークとベーコンの対立があったことについて，田島裕『エクイティ論』(信山社, 2013年)で説明した．アメリカ法は，コモン・ローだけでなく，エクイティも継受しているが，裁判所は，ほとんどの州において一元化されていたので，アメリカの訴訟制度は，両方を融合した1つの制度になっている．FLEMING JAMES, JR. ET AL., CIVIL PROCEDURE §1.6 (5th ed. 2001); Ross v. Bernhard, 396 U.S. 539 (1970) 参照．ただし，デラウェア州など若干の州では，古い時代のイギリスのように，エクイティ裁判所が別個の裁判所として存続している．

第 27 章

アメリカ法を準拠法とする契約書の作り方

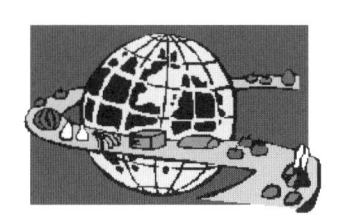

[参考教材]
1 絹巻康史『(新版) 国際取引法』(同文舘, 2004 年) 177-198 頁 [第 8 章], 213-228 頁 [第 10 章]
2 山田鐐一＝佐野寛『国際取引 (第 3 版)』(有斐閣, 2006 年) 第 3 章
3 小中信幸＝仲谷栄一郎『契約の英語 2 ―売買・代理店・ライセンス・合併』(日興企画, 2011 年)

[講義概要] アメリカ契約法に関する諸法理を一通り説明したので，最後に，第 1 章で提起した 3 つのモデル契約の作成という課題に解答を示すことにしよう．弁護士の視点に立つならば，これら 3 つの課題に関わる契約代金はあまりにも小さなもので，多くの弁護士報酬を期待できない事例である．しかし，これらは契約法の基本に関わる事例であり，正確な解答が出せないようでは，渉外弁護士にはなれない．国際取引契約は，それらの応用問題である．

§27.1 国際売買契約の作り方

§27.11 本書第 1 章で 3 つのモデル契約を取り上げ，本章に至るまで，それらを論理の枠組み (frame of reference) として使いながら，アメリカ契約法の全体にわたる諸理論を説明してきた．その 3 つのモデル契約は，物品の売買にかかわる契約，知的財産権の実施にかかわる組織契約，組織が実際

アメリカ契約法

に活動するために必要となる労働者の雇用契約である．第1の物品売買契約は，契約法の根幹をなすものであるが，日米間の売買契約は国際貿易の性質をもつものであり，もう少し複雑なものになる．本章では，この点を考慮に入れて国際貿易の実務の説明を付け加えておきたい．また，上述の3つのモデル契約を英文で書くことができるように，解答を導く解説をすることにしたい．

§27.12　今日の国際法は，「モノ」と「ヒト」の移動の自由を保障している．とくに「モノ」の移動の自由については，国境を越えて世界中，どこへでも行ける移動できるようになっている．原子力とか麻薬とかの一定の物品については，この自由は制限されているけれども，「ヒト」の移動以上に商品は世界を自由にかけまわっている．ヨーロッパ連合が形成された目的はその自由を保障することにある．また，GATT条約も関税を通じてではあるが，国際取引の障碍となるものを取り除くことを目的としている．第1章で取り上げた3つの事例についても，国際取引が実現する方向に向かって解決策がはかられるべきである．

§27.13　参考教材に指定した絹巻の著作によれば，国際取引の主要なものとして，「単体商品の輸出入契約」と「プラント輸出契約」がある．[教材事例1]の取引は，単体商品の輸入契約の事例である．このような取引について，同書はCIF契約とFOB契約を説明している．まずCIF契約[1]は，価格の総額中に「物品の費用，指定地までの保険料，および運送料が含まれている契約」を意味する．C&Fという契約もこれと類似の契約であるが，保険料が含まれていないものである．絹巻の著作では，CIF New York US$190 per Metric Ton という例が示されているが，これは，New York港を仕向港とし，その港に到着するまでの海上運送料および保険料込みで1トンにつき190ドルの条件で売買契約がなされたことを意味する．

§27.14　他方，FOB契約の場合には，売主の側は，その取引銀行が発行

---

(1) CIF契約について，本書103頁参考コラム参照．この契約の場合，売主が船舶の積荷の保管場所を確保し，物品の引渡時までリスクを負担する．

した信用状が到着したときに，運送業者と契約を結び，貨物を船積みする．船積後，運送業者から船荷証券を受け取る．一方，保険業者と保険契約を締結し，保険証券を受け取る．信用状発行銀行を荷為替手形の支払人に指定して，荷為替手形を振り出す．自己の取引銀行（またはその指定銀行）に信用状が要求する船積書類一式（送り状，船荷証券，保険証券など）と一緒に，支払い，引受け，または買取りを求めて，その手形を呈示する．当該取引銀行は，支払い，引受け，または買取りをし，信用状発行銀行から代金の回収をする．

§27.15　CIF契約とFOB契約の違いは，前者の場合，買主が海運業者と運送契約をし，保険料を支払い，積荷・積降の取り決めをする．後者の場合には，売主が運送契約を結び，保険料を支払い，その他の取り決めを行うので，経費を節約するため，十分にリスクの損失が補填できるような保険になっていなかったり，運送業者も不適切であったりする可能性がある．いずれにせよ，第1章の[**教材事例1**]の取引では，代金の決済方法に一番の問題点がある．この決済方法は，L/CまたはD/PもしくはD/A決済を選択することになる(2)．後者の場合，買主の信用が担保となっており，そのリスクは売主が負うことになる．参考教材に指定した小中信幸＝仲谷栄一郎の著作は，中古自動車の引渡しについて，By [日付], the Seller shall deliver the Products to the Buyer on an FCA Los Angeles basis (Incoterms 2000) という規定を使うことを奨励している(3)．

---

(2) L/Cはletter of creditの略語で，第18章で説明した普通の国際売買契約で使われる．D/Pはdocuments against paymentの略語で，本書第1章教材事例1の事例で実際に使われた決済方法であると思われる．クラシック・カーの代金を現金で支払い，それと交換に物品の引渡しに必要な文書が買主に渡される．D/Aはdocuments against acceptanceの略語で，為替手形に買主が引受けを行ったときに船荷証券など引渡しに必要な文書が買主に渡される．

(3) 引渡しの条件をいちいち交渉することは，時間がかかって厄介であり，予めモデル化された条件を記号で選択する仕組みになっている．ちなみに，FCAはfree carrierの略語で，売主は指定された運送人に物品を引き渡す義務を負う．本書第1章教材事例1の事例では，売買契約の対象となる中古自動車は修

§27.2　単体商品の輸出入契約──［第 1 モデル契約］の作成

§27.21　物品売買契約　第 1 章の第 1 モデル契約第 1 条は，The Seller shall sell the used cars to the Buyer. "The Used Cars" herein mean ［　］. の例のように，契約の対象物および契約当事者を特定する規定を置く．ちなみに，同じような契約を長期に渡り行う場合には，標準契約または普通契約約款を作成し，これに従うという規定に書きかえる．そして，標準契約または普通契約約款には，冒頭に次のような一般条項を定める．契約の対象物を特定する必要がある．設題の場合，その対象物は中古のヴィンテージ・カーである．一般条項としては，General Terms and Conditions: Unless any provision to the contrary is stipulated on the face hereof, these general terms and conditions shall apply. Buyer hereby objects to any terms and conditions that are contrary to those herein. などの表現が用いられる．

§27.22　品質保証　契約の対象物を特定する必要がある．伏見和史の『英文売買書式と取引実務』（商事法務, 2006 年）は Quantity: The quantity stipulated on the face hereof shall be subject to a variation of plus or minus ten percent (10%) at Seller's option. という条項を例示して，解説している．この契約条項は石油の売買を念頭においているようであり，第 1 講の［教材事例 1］では使えない．The vintage car shall be merchantable 程度の規定を置いておくことが考えられる．第 1 章の第 1 モデル契約は，特定の中古自動車の売買契約であるから，このような品質保証の規定は意味をなさない．しかし，当該の中古自動車が修理を必要とするものであったから，この修理をどのような手はずで行うかについての規定を定めておいた方が良い．

§27.23　運送上のリスク　契約の対象物をどのように梱包し，輸入通関の手続きなどを進めるか，その経費をだれが負担するかについても，でき

　　　理が必要であり，修理が終了したときに運送業者が当該中古自動車を引取り，東京まで運送する契約を別途結んでおくべきであった．この用語は航空輸送についても使われる．

第 27 章　アメリカ法を準拠法とする契約書の作り方

るかぎり明確に規定しておくべきである．上述の伏見の著書は,「出荷準備」の規定として, Make-up, Packing, Marking, etc.: Buyer shall furnish Seller with necessary instructions for make-up, description of origin, packing, and/or other arrangement, if any, in time for preparation or shipment of the Goods, otherwise Seller's discretion shall be accepted by Buyer. という規定を例示している．リスク回避のために信用状取引とすることを考えており，これに関する条項も例示している．場合によっては，保険をかけるべきであり，これらの手続きにかかる費用をだれが負担すべきかを明確にしておくべきである．

§27.24　代金決済　　代金決済が一番重要な規定である．重要な契約ならば信用状取引とすべきである．信用状取引ならば，銀行による支払いが保証されると同時に，その支払いは契約の対象物と交換になされるので，対象物を確実に取得することができる．例えば, The payment for the goods shall be made by a letter of credit. Buyer shall establish in favour of seller an irrevocable and confirmed letter of credit negotiable on sight draft through a prime bank of good international repute and satisfactory to seller immediately after the conclusion of this contract with validity of at least 20 days after the end of the period for the relative shipment or delivery. とでも書くことになろう．この例では，決済に使われる通貨について言及していないが，継続的契約については，大きな変動が起こり得るので，このリスクについても考慮すべきであろう．

§27.3　プラント輸出契約

§27.31　第 1 章の［教材事例 2］は，プラント建設契約の事例ではない．第 2 次世界大戦後，日本は戦争責任を果たす意味において，アジア諸国への経済援助をするため，発電所を建設したり，学校を建てたりしたが，すべてをセットにしたプラント建設契約がさかんに使われた．最近では，台湾が新幹線のシステムを日本から導入しようとした．このような場合，個々の物品

299

アメリカ契約法

の売買より，プロジェクトを完成させて，施設などを適正に運用できるようにすることを内容とする，請負契約が中心となった国際契約が締結されることになるが，非常に多数の契約の束があり，非常に複雑なものになる．しかし，これらの取引は，後進国支援の意味合いが強く，余り厳密な契約書が作られることはなく，裏金作りの温床となってきた面がある．

§27.32　プラント輸出契約は，製鋼所や生産工場の輸出や橋梁建設契約などを指すが，この用語は厳密に定義されているわけではない．一般的には，建築請負契約が中心となっており，稼働開始の時点で契約は終了する．ジョイント・ベンチャーの形でそのプロジェクトが進められる場合もある[4]．第1章の［教材事例2］は，ノーハウの実施権がからんでいることもあって，事業の詳細は明らかにされていないが，このプロジェクトはおそらくジョイント・ベンチャーであると思われる．一般的に，プラント輸出は，FOB型とフル・キー型とに分類される．前者は，少なくとも契約の形式上では，§27.2で説明した契約と同じ性質の契約である．これに対し，フル・キー型は，工場建設が完成し，製造機械が備え付けられて予定の事業が開始した時点で契約が終了する．

§27.33　第1章の［教材事例2］はプラント輸出の例ではないが，もしアメリカの会社が，日本の企業の要望に従い，問題の特許製品を日本で製造販売することを許諾し，その許諾契約の中で，工場・施設の建設を指導し，稼働できるようにすることを約束していれば，プラント輸出契約と類似した性質をもつといってよい．ジョイント・ベンチャーの事例であり，予定どおり起動しておれば，事業は成功したかもしれない．失敗に終わったのは，知的財産権の使用に対するロイヤリティの取り決めが不適切であったためである．アメリカ側は，ジョイント・ベンチャーの着手時から一定の期間が経過した後にロイヤリティが発生すると主張したが，ジョイント・ベンチャー

---

(4) ジョイント・ベンチャー契約が選択されるのは，自己の事業として行いたい場合である．あるいは，知的財産などを保護する目的でコントロールを維持したい場合である．ジョイント・ベンチャー契約，代理店契約，LLPなどに選択肢について，すでに詳しく説明した．§4.4，§25.13，§23.14，§13.51参照．

の稼働時からそれが発生するとする合意ができていれば，この事件は起きなかった．

§27.34　ロイヤルティ　参考教材に指定した小中信幸＝仲谷栄一郎の著作は，ロイヤルティに関して次のような規定を例示している．

Within thirty (30) days from the date of this Agreement, the Licensee shall pay to the Licensor the initial payment of [　] yen,[5] which shall not, in any event, be returned to the Licensee or be credited against any future royalties payable under the following paragraph; provided that the Licensor shall return to the Licensee the initial payment if this Agreement is terminated by the Licensee within sixty (60) days from the date of this Agreement.

この規定の第1文は，第1章の第2モデル契約でも使える規定である．問題は，provided that 以下の第2文である．上の例では，ライセンシーが契約締結後60日以内ならば契約を解除でき，この場合には当初のロイヤルティが返還されると規定されている．しかし，第2モデル契約では，「ランセンシーの責任がない事由によって，実施契約が遂行できない場合」などの表現に書き換える必要がある．

§27.4　第1講の［教材事例2］の問題点——ライセンス契約（知的財産権）

§27.41　企業秘密の問題が関係しているために，判決の説明だけでは不明瞭な部分がある．そこで，実際の事実とは異なるかもしれないが，ここでは次のような事例であると仮定して，議論を進めることにしよう．台湾人が発明の特許権をもっており，アメリカの会社がその専用実施権を買い取った．アメリカの会社は，日本で実施することが得策であると考え，日本の会社に相談をもちかけた．液体燃料を植物から精製する発明であり，自然環境の保護に役立つものであり，日本でならば容易に投資家がみつかると考えた．日

---

[5] この例では円による支払がなされることになっているが，どの通貨を使うかについて，リスク（⇒§27.24）があるので慎重に考慮すべきである．

本側では，その発明の内容がはっきり理解したわけではないが，友人との人間関係を大切にするために，アメリカの会社の夢の実現に一定限度で協力することにした．しかし，第1章で説明したように，日本の会社は訴えられることになった．

§27.42　争われているのはロイヤリティの支払いである．製造工場プラントの建設は，アメリカの会社の責任とし，当分はその会社が日本で事業をやっている形にすれば，その危険を避けることができた．日本における総代理店の形で事業を進める合意ができれば，そのリスクは避けることができた(6)．あるいは，ジョイント・ベンチャーの形で事業をするにしても，定額のロイヤルティの支払いは，事業が実際に始動して営業ができる状態になることを条件として付けるべきであった．その支払時期についても，特許権等，知的財産権の保護のための手続が完了した時とすべきであったと思われる．さらには，その手続に必要となる費用や税金など，いずれの当事者の負担とするか話し合っておくべきであった．もっとも，これは交渉力の問題であり，この事件では，日本人当事者の側が事業に強い関心をもっていたようであり，自分で事業をするつもりであったため，ジョイント・ベンチャーが予定されたものと思われる．

§27.43　第1章の第2の課題の契約にはライセンス契約(7)が含まれていたが，それは，アメリカの会社がもつ特許権および実施ノーハウを日本の企業に排他的に使用させることを目的としたものであった．これを具体的に規定すれば，つぎのようになる．

　　Grant of License: The Company hereby acknowledges that [　] has the right to exercise the Patents and the Know-How in Japan. Subject to the conditions stated below in this section, the Company hereby grants to [　] an exclusive license in the territory.

---

(6)　§23.31
(7)　特許権の内容は，登録された特許の説明書の中に説明されている．しかし，それを実施して商品を製造する場合，その他のノーハウが必要とされることが通常である．

第27章 アメリカ法を準拠法とする契約書の作り方

§27.44 第1章で取り上げた東京高等裁判所平成2年9月26日判決について，考察してみよう．上記の契約によって日本企業はどのような損得を引き受けることになるだろうか．台湾人がもつ液体燃料組成に関する特許を実施して鞄を作り，それを販売することによってアメリカ企業が一儲けしようとする企みが本件の実施契約の背後にある．日本企業としては，そもそも当該特許がどれだけの値打ちがあるか，評価しなければならない．もし価値がないと判定したならば，日本企業の側で契約解除する権利を留保すべきであろう．

§27.45 特許権の価値が高い場合，日本で排他的な実施権をもつことになるが，契約の規定の仕方によっては，独占禁止法に違反する違法なものとなる可能性がある．もし第三者が日本においてその特許を侵害する場合には，契約者は訴権があることを明記すべきであろう．例えば，

> Either party shall inform the other party promptly if it becomes aware that the validity of any Patent is challenged. The Licensor shall take any reasonable measures to defend such challenge. The Licensee shall assist the Licensor in taking such measures.

という規定を置くことが考えられる．

§27.5 アメリカの雇用契約

§27.51 第1章の［教材事例3］は，アメリカの雇用契約に関係する事件であった．当事者が両方ともアメリカ人であり，契約がデラウェア州で締結されていたため，準拠法はアメリカ州法とされた．しかし，アメリカの判例には，労働者の便宜を考えて，その住所地の裁判所が裁判権をもつと判決した例は多くある．また，この準拠法については当事者自治の原則によることとされており，明確な規定により定めることもできるが，日本の判決においても，被雇用者の便宜を考慮に入れる場合が少なくない．そして，雇用契約の内容が明瞭でない場合でも，雇用者が勝手に被雇用者を解雇できるとする先例法はなく，判例法理により一定のルールに服することになる[8]．

§27.52 ［教材事例３］において，その雇用契約には次のような規定を含めておくべきであったと思われる．

Annual Salary: As compensation for the services to be rendered by Employee hereunder, Employer shall pay Employee an annual salary at the rate per annum _____, payable in equal semi-monthly instalments of $_____ on the 15th and final days of each month during the period of employment, prorated for nay partial employment period.

§27.53 本書第１章の［教材事例３］がその一例であるが，雇用契約に関して争われる重要な争点は，雇傭解雇の条件に関するものである．そこで，次のような「解雇条項」を置くことが考えられる．

Termination of Employment: (1) Termination for Case. Employer reserves the right to terminate this agreement if employee wilfully breached or habitually neglects the duties which _____ is required to perform under the terms of this agreement, or commits acts of dishonesty, fraud, misrepresentation, other acts of moral turpitude, that would prevent the effective performance of his or her duties.

§27.54 本書で取り上げたいくつかの判例が示しているように，解雇のデュー・プロセスが争われることが多い．そこで，つぎのような「解雇手続」に関する規定を置くことも考えられる．

(2) Employer reserves the right to terminate this agreement not less than __ months after Employee suffers any physical or mental disability that would prevent the performance of _____ essential job duties under this agreement. Employee may terminate _____ obligations under this agreement by giving Employer at least __ months notice in advance or tendering to Employer a total amount aggregating __ months of his or her salary.

---

(8) Wagenseller v. Scottsdale Memorial Hospital, 147 Ariz. 370, 710 P.2d 1025 (1985) 参照．

第27章 アメリカ法を準拠法とする契約書の作り方

[ディスカッションの論点]

1 契約は, 一見, 同じように見えても, 小さなところで相違点があり, この相違点が後に重要な意味をもつことがある. もしそうであるならば, 参考コラムに示したモデル契約は, 実務上, ほとんど意味を持たないということだろうか. モデル契約の意義について議論しなさい.

2 モデル第1契約は, 中古自動車をどのような形で日本の買主に引き渡すかが論点である. その引き渡しの前に修理が条件として付いている. 最善の引き渡し方法について議論しなさい.

3 モデル第2契約は, 発明に基づいて事業を行い, 大もうけしようという魂胆である. モデル第2契約(A)は, 「誠実の証」として事業に参加するためのロイヤルティに関する部分である. モデル第2契約(B)は事業の進め方および利益の配分に関する部分である. この契約には第16章で論じた「投資契約」に類似するリスクが含まれている. リスクの回避方法について議論しなさい.

4 モデル第3契約は, アメリカ人が長期に渡り東京で勤務する雇用契約である. この契約の準拠法を日本法とし, 日本法に従う契約を作成することに利点がないか, 議論しなさい.

[参考コラム]

- プラント輸出入契約　　日本は資源の乏しい国であり, 日本の国際取引契約は, プラント輸出入契約であることが多い. 第1章モデル事例2は, その1例であると言ってよい. 日本政府は, プラント輸出入には強力な支援を与えているので, 関係機関に相談するとよい. カントリー・リスクに対する保険制度が利用できるかもしれないし, 必要な情報をジェトロなどを通じて得ることもできる. また, プロジェクトによっては, 国の銀行を通じて財政的支援も得られる可能性もある.
- モデル第1契約（中古自動車売買契約）

　　表題は Sales of Used Cars Agreement とする. §2.31 のスケルトンを利用する.

中古車の定義をする．
　　　中古車の引渡し条件を定める．
　　　決済条件を定める．
　　　考えられるリスクに対処するための規定を置く．
・モデル第2契約(A)（基本契約；ロイヤルティ契約）
　　モデル第2契約(B)に基づいて，大事業を展開する前提として，ロイヤルティが支払われることを明記する．
　　ロイヤルティは3回に分割して支払われることを明記する：第1回は，大事業の実施に向けた基本契約の締結時，第2回は，知的財産権の登録など，実施に必要な準備が完了した時，第3回は，工場の建設が完了し，大事業が始動した時．
　　予定通り大事業が実施されなかった場合には，ロイヤルティは返還されることを規定する．損害賠償は，信頼利益に基づいて算定する．
・モデル第2契約(B)（ライセンス契約）
　　表題は Exclusive Licensing Agreement とする．§2.31のスケルトンを利用する．
　　ノーハウの開示と実施に必要な指導の義務について規定する．
　　事業の実績を記録する書類を作成し，検閲できる仕組みを作る．
　　実績の基づくロイヤルティの計算方法（収益に対するパーセント率など）を明記し，決済をする仕方（決済がドルまたは円で行われること，決済日など）を定める．
　　契約解除に関する規定を置く．
　　紛争の解決方法を定める．
　　必要ならば，保険，担保などの取り決めを定める．
・モデル第3契約（アメリカ人雇用契約）
　　雇用条件を明記する．
　　表題は Employment Agreement とする．§2.31の標準様式を利用する．
　　給与について定める．年俸によるか，月給によるか，選択する．
　　給与以外に支払われる社会保障の費用やボーナスなどについても明記する．
　　雇用契約の解除について，告知期間（例えば，6月）を定める．

第28章

アメリカ契約法の現状と
今後の展望（最終講義）

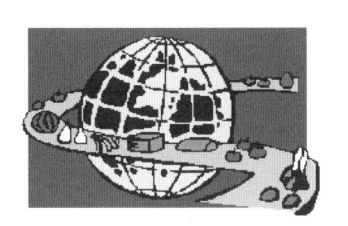

[講義概要] アメリカ契約法全体にわたる概説はいちおう終了した．契約法はたえず変化しており，とくに商慣習と呼ばれるものについては，本講義で説明したものがいつまでも維持されるとは限らない．国際取引に関する法原理を統一化しようとする動向があり，条約やモデル法が作られている．これらは，将来のアメリカ契約法の発展に大きな影響を与えるものと思われる．

§28.1　国際統一法の制定とそのアメリカ契約法への影響

§28.11　現在の国際社会は1つの激動の時期を迎えているように思われる．アメリカ合衆国は，第2次世界大戦後，世界一の国になり，契約法の領域においても，大きな力をもっていた．おそらくそのために，アメリカ合衆国は，国際条約にあまり大きな関心を示してこなかった．しかし，最近になって，国際取引法にも大きな関心を示すようになり，21世紀の将来を考えると，国際取引法が日米の契約にも影響を与えることになるかもしれない．もっとも，アメリカが国際条約の締結に強い関心をもつようになれば，戦略的にリーダーシップをとってアメリカ法を強制しようとする傾向があり，国際取引法は，アメリカ契約法をモデルにしていることが多い．

§28.12　契約法を国際的に統一化しようとする動向が見られる．例えば，1980年には，United Nations Convention on Contracts for the International

Sale of Goods（CISG）が 1980 年に採択され，アメリカ合衆国は 1988 年にこれを批准した．そのために，the law of the State of New York shall apply to any disputes という契約条項は，準拠法としてその条約を使うことを許すことを規定したものと解釈される可能性がある（art. 1 (a)参照)[1]．UCC を準拠法とするつもりならば，The Uniform Commercial Code of New York shall be the applicable law と明記すべきである．その条約は UCC を参考にしており，大きな抵触はないが，微妙な相違が生じる可能性がある[2]．§7.63 で MCC-Marble Ceramic Center, Inc. v. Ceramica Nuova D'Agostino, 144 F.3d 1384（7th Cir. 1998）を紹介したが，この事件は，CISG（国際物品売買条約）に従う契約に関する事件であり，同条約は「当事者の主観的意思（subjective intent）を尊重しているので，略式判決は同条約に反すると判決した．

§28.13　ヨーロッパでは，さらに具体的な法規の制定が試みられている．その1つはヨーロッパ連合が推進しているヨーロッパ契約法の制定であるが，この作業はあまり進んでいない．しかし，ユニドロワ（The International Institute for the Unification of Private Law: UNIDROIT）は，1994 年に Principles of International Commercial Contracts を公表した[3]．このいわばモデル法は，英米法と大陸法との間にある抵触する契約法の考えに調

---

(1) 木棚照一編著『国際取引法（第2版補訂版）』（成文堂，2011 年）152-55 頁．日本もアメリカもこの国際連合条約を批准してはいるが，日本は条約1条1項(a)号国であるのに対し，アメリカは条約1条1項(b)号国である．アメリカ合衆国は，同条約 95 条により，条約の義務的拘束力を否定している．

(2) 例えば，Micro Data Systems, Inc. v. Dharma Systems, 148 F.3d 649（7th Cir. 1998）では，services は labor であり，それは物品と同じ性質のものである，とする解釈が CISG により展開された．

(3) この研究組織は，1924 年にイタリア政府の支援を得て，ハーグ統一法の研究作業を推進するために設立されたが，国際連合が創設された後，その関連研究機関となった．イギリスのロー・コミッションズが契約法の法典化に関心をしめしたとき，たたき台とでも言うべき試案が示されたが，イギリスでは法典化が議会により否定された．1994 年の Principles は，その作業を実質上引き継いで国際条約草案にまとめ上げたもので，法的拘束力をもたない．

第28章 アメリカ契約法の現状と今後の展望（最終講義）

和を求めたもので，日本とアメリカとの取引には参考になる規定が含まれている．例えば，不可抗力の法理の適用について，実務上，日本の関係者が困っていた問題が，この法理によって解決されたといわれている[4]．

§28.2　契約法における当事者主義の修正

§28.21　「契約の自由」は19世紀のイギリスのコモン・ローが生んだ概念であるが，アダム・スミスの自由放任（私的自治）の理論と結びついて，資本主義社会の発展に貢献した．とくにアメリカでは，「契約の自由」がイギリス以上に多くの場面で強調され，裁判所が強制して自由競争型の法的システムの中でそれを保護し，アメリカを世界一の経済大国にした．しかし，「契約」は取引の1つの道具であるにすぎず，その道具が悪用された場合，富が少数の富豪に集中し，社会にとって危害となる結果を生んだ．例えば，コンピュータが発展すると，契約法の理論は，詐欺の手段として利用された．

§28.22　本書§21.27で問題になった銀行業務のコンピュータが完成した場合（東京地方裁判所平成24年3月29日判決），顧客との銀行取引契約がそのコンピュータによって行われることになる．この場合，銀行ロボットと契約を結ぶことになり，契約意思は無関係になるという議論がある．しかし，この取引は旅客運送契約のための切符自動販売機や缶コーヒーの自動販売機と同じで，顧客の側には，提供された定型の契約を結ぶか否かの選択の自由がある．また，コンピュータを作成するためには，熟慮した契約意思が背後にあることは明白であり，銀行の顧客にとっては，少なくともこれを選択するか否かの自由をもっており，意思主義が廃棄されたと主張する根拠とはなりえない[5]．自動販売機などを作るために多方面にわたる法利益のバランシ

---

(4) Principlesの概略は，前掲注(1)の文献に説明されている．
(5) G. GILMORE, THE DEATH OF CONTRACT (1974) は，本書でも取り上げたいくつかの重要判例を例として取り上げ，とくにその第3章において，ホームズ裁判官らにより形成されたアメリカ契約法の理論は衰退し，凋落しているという．

309

ングが行われているし，そのような販売方法を規制側でも，伝統的な契約法の理論が働いている．

§28.23　ギルモアが『契約法の死』と題する著書を著したことがある[6]．契約は自由意思によってなされ，私的自治が現代社会では大原則とされているのに，現実には厳しい規制が行われており，自由意思が働く領域が著しく制限されている，ということを言いたかったものと思われる．主に消費者保護法の領域に焦点を当てた主張であるが，契約は書面によってなされることが必要となり，その契約内容についても，一定のことが記載されることが必要になっている．また，黙示的保証の法理は，当事者が考えていないことについてまで，契約条件を法の推論により課するにいたっている．個人の自由意思が否定されると言えるのではないか，と主張するものである．

§28.24　雇用契約も契約法の研究対象であることは疑いなく，本書でも1つの重要な研究領域として取り扱ってきたが，地域性の強い領域であり，法の統一という考えはまったく見られない．また，労働契約の領域については，多数の法律が作られていて，当事者自治の原則が働く余地はほとんどなくなっている．このような契約領域への立法による国家の干渉は，弱者保護の必要性によるものであると説明される．しかし，消費者保護も弱者保護の社会立法であるといわれるが，「弱者」ということばの定義が不可能であり，その説明は正しくない．それぞれの事例において，契約当事者の交渉能力には不平等があり，この不平等を取り除くことが目的となっている．契約法そのものは大きく変わるところはなく，いわば契約締結手続きの適正化をはかる法律であると理解できる．契約法はコモン・ロー裁判所が形成したものであるが，最近，エクイティの法理が発展し，時代錯誤となりつつある問題について，補完的役割を果たしている，と見るのが正しい理解の仕方ではなかろうか．

---

(6) 例えば，契約社員の導入は，経営者の側から見れば，社員の社会保障などの負担を免れるので，労使関係の合理化に役だっているが，労働者の側からすれば，「人」として扱われず「物」として扱われることを意味し，労働者の奴隷化を意味する．

第28章　アメリカ契約法の現状と今後の展望（最終講義）

§28.3　アメリカ契約法の将来展望

§28.31　アメリカ契約法の特徴は，フェア・プレーのゲーム・ルールに類似しているということである．契約法の概念が余りにも複雑なものになりすぎて，一般人の理解からかけ離れたものになると，契約法をめぐる紛争の解決のために時間がかかりすぎ，市場にはさまざまな危害をもたらすようになる．アメリカ法は，一般人の理解と法律専門家の理解の間に大きな違いが生じないように注意を払っている．アメリカのロー・スクールの契約法の講義を聴いていると，日本の大学よりもレベルが低いという錯覚におちいるのであるが，導き出される契約法の理論は，きわめて常識的であり，納得のできるものである．アメリカ契約法のコア（核）となる観念は，フェア・プレーのリアリズムである．とくに今日の社会では，国際的な取引は急速に拡大しているので，日本の契約法も外国人にも理解できるもので，迅速な紛争の解決に役立つものでなければならない．そういう意味では，アメリカ契約法は重要なモデルであり，本書がその正しい理解に役立つものであってほしいと願っている．

§28.32　最後に，現在の日本の社会とアメリカの社会の現状を見直してみよう．本書を執筆中，行き詰まるところがあると，コンビニに出かけたり，コーヒーを飲みに出かけたりした．これらの店で売る商品は，国際的に統一された商品であり，安い値段で手にいれることができる．しかし，それらの商品が一応の満足を与えてくれるものであるとはいえ，やすらぎを感じるのは，手作りの商品であり，今日でも，当事者の個別的なニーズに応える契約が必要であることは，従来と全く変わることはないのではないか．また，新しい時代に応じた商品を生み出して行くうえでも，各人の好みの調査が行われており，契約法における意思主義は廃棄されるべきでない．

アメリカ契約法

[ディスカッションの論点]

　本講を通じてとくに興味をもった契約問題をテーマにして，自由放任主義の契約の自由と保護主義の契約規制の立場を対比させ，裁判官として，どのような考えを採用すべきであるか，議論しよう．

[最終研究課題]

　1　本書では，第1章で3つのモデル契約を問題として取り上げたが，この3つのモデルは他の契約にも応用出来る．そこで，本書を通じて学んだことを参考にしながら，弁護士の視点に立ち，それぞれの契約書を作成して見よう．

　2　「アメリカ契約法における当事者自治の原則」について，学術的論文（約1万字）を作成して事務室教務課に提出しよう．論文の書き方については，田島裕『法律論文の書き方と参考文献の引用方法』（信山社，2012年）参照．

[参考コラム]

　アメリカの法と社会　　本書では，あまり細かいことにはこだわらず，日本判例をアメリカ判例と並列的にならべて比較検討してきた．結論の部分を見ると，両者の間には大きな相違がないように見えるかもしれない．本書では，相違点を明確に示しておきたいと思い，「約因」「詐欺防止法」「口頭証拠」「陪審制」「懲罰的損害賠償」「クラス・アクション」など，契約法の背後にあるアメリカ法の一般的な相違点を説明しておいた．さらに，そもそも法律は，紛争解決のための道具（ことば）であり，その道具がどのように使われているかということを理解することも重要である．この理解のためには，アメリカの社会やその歴史，文化・思想などについても，多少の知識が必要となる．本書の性質上，結論の章はないが，あとがきに代わるものとして，アメリカの法と社会について若干の補充説明をしておきたい．

　第1に，アメリカは訴訟社会である．法律家の数が日本より何倍も多いし，アメリカ社会は多民族国家であり，交渉において阿吽（あうん）の呼吸で人の気持ちをはかることができる情況にはな

第28章 アメリカ契約法の現状と今後の展望（最終講義）

く，裁判で紛争を明瞭に解決しようとする傾向がある．しかし，契約法の訴訟に関しては，事件が起きても，実際上，訴訟によって満足が得られるのは1％程度であるにすぎないと言われる．このことは，アメリカ契約法が行為規範であったとしても，裁判規範ではないということを示している．このことと関連して先例拘束性の原理についても検討する必要があるが，一般的には，イギリス法の原理を継受しており，本書で取り上げたような重要判例は，裁判規範としての拘束力をもつものと思われる．しかし，アメリカ合衆国では，それぞれの州が主権をもっており，ある州の判例が他州まで拘束するものではない．関連する参考コラムの中で説明しておいたように，それぞれの州が固有な文化と歴史をもっており，各州の判例法にもそのこだわりが見られるものがある．すべての州に共通な法理を見つけ出す試みは，UCCにおいてなされており，アメリカ法全体に共通する法理がその規定の中に定められている．

第2に，アメリカ合衆国は，長い間，モンロー主義外交政策としてきた．第2次世界大戦以後には，世界第一の大国としての誇りが生まれ，アメリカ法の考えを特に日本に対して押しつけようとしている．アメリカ法が世界法のスタンダードであると考える傾向があり，それと異なる国際法を余り尊重していない．国際社会において，アメリカ法が常に認められる訳ではなく，押しつけに失敗すれば，その条約に国内的な承認を与えない．実際上，アメリカ合衆国が承認した国際条約はそれほど多くはない．実際にアメリカ各地を訪問してみると，一方では，その合理性と生活水準に驚かされるが，他方，各州にするそれぞれの住民が，アイデンティティーの確立を強く意識して，文化的なこだわりをもっていることが感じられる．特に東部の諸州では，アメリカのピューリタンの文化が残っているが，南部へ行くと別世界がある．また，サンフランシスコの文化は，それらとは著しくことなっており，ロス・アンジェルスは，もっともアメリカらしさを感じさせる．

第3に，アメリカは，基本的には，キリスト教社会であり，手続的なフェア・プレーを重要視することにその特徴が表れている．訴訟の結果から見た損得だけでなく，この正義感を貫いて，「正義」

313

を意識した契約訴訟が行われることもある．非良心性の原則は，そのような訴訟の重要な道具の1つであるが，この原則にはピューリタンの思想が影響を与えているように思われる．20世紀の後半には，ホームズのリアリズムがアメリカ法全体に大きな影響を与えたが，契約法にもリアリズムの影響は顕著である．また，トレーナー裁判官のように，「法と経済」学の影響を受けて，コスト・ベネフィットを判断基準にする判決もある．大陸法の意思主義の契約法と比較すると，リアリズムの影響を受けた法律や判例は，意思主義を放棄したと思わせる部分があるが，アメリカ法においても「契約」は当事者間の意思の合致によって成り立つものであり，「意思」は最も重要なファクターである．ただし，アメリカ契約法における「意思」は，外部行為に表示された客観的評価による意思であり，主観的な意思とは異なる．Lucy v. Zehmer, 84 S.E.2d 516（1954）参照．

[参考資料] 物品売買契約のためのチェックリスト

　資本主義社会では売買契約が基本的な契約である．この契約を作るときに考慮すべき論点のチェックリストを示しておこう．なお，括弧内の数字は UCC の関連条文を示している．

1　当事者の記述（§2-103，§2-104）
2　物品の記述
　　a．数　量（§201）
　　b．品　質（§2-313，§2-314，§2-315）
　　c．選択の方法（§2-311(2)，§2-501）
3　保　証
　　a．権　原（§2-201）
　　b．品　質（§2-313，§2-314，§2-315）
　　c．保証の権利放棄（§2-316）
　　d．保証違反に対する責任制限（§2-719）
4　物品の権原（§2-401）
5　損失の危険および保険（§2-303，§2-501，§2-509，§2-510）
6　物品の引渡を提供する売主の義務
　　a．引渡の時期（§2-309，§2-503）
　　b．引渡の場所（§2-308，§2-329 ないし§2-324，§2-5-3，§2-504）
　　c．引渡の方法（§2-311(2)，§2-503）
　　　(i)　単一または複数の梱包による引渡（§2-307）
　　　(ii)　留保付の発送（§2-310(b)，§2-505）
　　　(iii)　条件付の引渡（§2-507(2)）
　　d．不適切な提供を是正する売主の権利（§2-508）
7　物品を受領する買主の義務（§2-507）
　　a．受領する前に物品を検査する買主の権利（§2-513，§2-606）
　　b．物品を拒絶する買主の権利（§2-601）
　　　(i)　拒絶の方法（§2-602）
　　　(ii)　拒絶の理由を説明する義務（§2-605）
　　　(iii)　拒絶された物品を是正する義務（§2-603，§2-604）
　　c．受領後発見された違反について売主に通知する買主の義務（§2-607）

d．受領を取消す買主の権利（§2-608）
　8　物品の支払をする買主の義務（§2-507，§2-606）
　　　a．代　金（§2-305）
　　　b．支払手段（§2-304，§2-511）
　　　c．支払の時期（§2-310）
　　　d．物品の検査前に支払義務（§2-512）
　9　売主の救済方法（§2-703）
　11　買主の救済方法（§2-711，§2-714）
　12　当事者の署名（§2-201）
　13　雑　則
　　(1)　契約の継続期間および解除（§2-106(3)，§2-309(2)）
　　(2)　口頭による修正の禁止条項（§2-208，§2-209）
　　(3)　履行の過程による権利放棄に関する規定（§2-208，§2-209）
　　(4)　履行の委任（§2-210）
　　(5)　権利の譲渡（§2-210，§2-318(4)）
　　(6)　産出量および基準量（§2-306）
　　(7)　売却承認付売買（§2-326，§2-327）
　　(8)　売却・返還条件付売買（§2-326，§2-327）
　　(9)　委託販売条項（§1-201(37)，§2-326）
　　(10)　売主の権利および買主の倒産（§2-702）
　　(11)　買主の権利および売主の倒産（§2-502）
　　(12)　係争中の物品の保全（§2-515）
　　(13)　履行の適切な確認を求める権利（§2-609）
　　(14)　割賦契約条項（§2-612）
　　(15)　不可抗力（§2-613，§2-616）
　　(16)　確定額損害賠償（§2-718）
　　(17)　市場価格の立証（§2-723，§2-724）
　　(18)　時効期間を短縮する条項（§2-725）
　　(19)　早期弁済条項（§1-208）
　　(20)　準拠法選択条項（§1-105）

判例索引

日 本

◇大審院・最高裁判所◇

大審院大正 10 年 12 月 15 日判決 ………… *87*
最高裁判所昭和 36 年 12 月 15 日判決 … *273*
最高裁判所昭和 38 年 2 月 26 日判決 …… *63*
最高裁判所昭和 39 年 11 月 17 日判決 … *121*
最高裁判所(1 小)昭和 43 年 12 月 12 日判決
　(第 17 章教材事例 1)………… *177, 180*
最高裁判所昭和 48 年 4 月 6 日判決
　……………………………………… *121, 291*
最高裁判所(1 小)昭和 50 年 2 月 20 日判決
　(第 13 章教材事例 1)………… *133, 136*
最高裁判所昭和 51 年 12 月 20 日判決
　……………………………………… *136, 138*
最高裁判所(2 小)昭和 53 年 12 月 15 日判決
　(第 26 章教材事例 2)………… *120, 283*
最高裁判所昭和 56 年 1 月 2 日判決 …… *126*
最高裁判所(2 小)昭和 56 年 1 月 19 日判決
　(第 21 章教材事例 5)………… *223, 233*
最高裁判所昭和 56 年 4 月 9 日判決
　(第 15 章教材事例 1)………… *157, 161*
最高裁判所昭和 56 年 10 月 16 日判決 … *131*
最高裁判所(2 小)昭和 62 年 7 月 17 日判決
　……………………………………………… *188*
最高裁判所(3 小)昭和 62 年 11 月 10 日判決
　(第 14 章教材事例 1)………… *147, 148*
最高裁判所平成 2 年 7 月 5 日判決 ……… *46*
最高裁判所(大)平成 5 年 3 月 24 日判決
　……………………………………………… *275*
最高裁判所(1 小)平成 5 年 11 月 25 日判決
　(第 15 章教材事例 3)………………… *157*
最高裁判所(3 小)平成 6 年 3 月 22 日判決
　(第 13 章教材事例 2)………… *133, 137*

最高裁判所平成 7 年 12 月 16 日判決 …… *74*
最高裁判所平成 8 年 4 月 26 日判決 …… *182*
最高裁判所平成 8 年 6 月 24 日判決 …… *131*
最高裁判所(2 小)平成 8 年 10 月 14 日判決
　……………………………………………… *164*
最高裁判所(2 小)平成 9 年 7 月 11 日判決
　(第 25 章教材事例 3)………… *271, 278*
最高裁判所平成 9 年 11 月 11 日判決 …… *131*
最高裁判所(1 小)平成 12 年 9 月 28 日判決
　(第 24 章教材事例 2)………… *259, 265*
最高裁判所平成 13 年 6 月 8 日判決 …… *131*
最高裁判所平成 14 年 9 月 26 日判決
　……………………………………… *165, 288*
最高裁判所(2 小)平成 15 年 3 月 12 日判決
　……………………………………………… *182*
最高裁判所(3 小)平成 15 年 4 月 8 日判決
　(第 18 章教材事例 1)………………… *185*
最高裁判所平成 16 年 7 月 16 日判決
　(第 11 章教材事例 3)………………… *115*
最高裁判所平成 16 年 9 月 14 日判決 …… *121*
最高裁判所(2 小)平成 17 年 9 月 16 日判決
　(第 7 章教材事例 1)…………………… *69*
最高裁判所(1 小)平成 17 年 12 月 8 日判決
　……………………………………………… *233*
最高裁判所(2 小)平成 17 年 12 月 16 日判決
　(第 7 章教材事例 3)………………… *69, 74*
最高裁判所(1 小)平成 18 年 6 月 12 日判決
　(第 18 章教材事例 4)………………… *185*
最高裁判所(1 小)平成 18 年 7 月 20 日判決
　(第 14 章教材事例 2)………… *147, 149*
最高裁判所平成 18 年 12 月 14 日判決 … *204*
最高裁判所(3 小)平成 19 年 2 月 27 日判決
　(第 3 章教材事例 2, 第 4 章教材事例 1)
　………………………………………… *25, 39*

最高裁判所（3小）平成 19 年 2 月 27 日判決
……………………………… *32, 33, 42*
最高裁判所（2小）平成 19 年 7 月 6 日判決
（第 21 章教材事例 3）………… *223, 229*
最高裁判所（3小）平成 19 年 7 月 17 日判決
……………………………………… *167*
最高裁判所（2小）平成 24 年 6 月 29 日判決
（第 22 章教材事例 2）……… *239*
最高裁判所（2小）平成 24 年 10 月 12 日判決
……………………………………… *122*

◇高等裁判所◇
東京高等裁判所昭和 41 年 4 月 18 日判決
（第 6 章教材事例 1）………… *59, 62*
札幌高等裁判所昭和 42 年 3 月 23 日判決
（第 20 章教材事例 2）………… *213*
東京高等裁判所昭和 51 年 5 月 17 日判決
……………………………………… *136*
東京高等裁判所昭和 52 年 10 月 6 日判決
…………………………………… *35*
大阪高等裁判所昭和 53 年 8 月 31 日判決
（第 15 章教材事例 1）………… *157*
東京高等裁判所昭和 61 年 6 月 25 日判決
（第 11 章教材事例 2）………… *115*
東京高等裁判所昭和 62 年 3 月 17 日判決
（第 4 章教材事例 3）………… *39, 45*
東京高等裁判所昭和 62 年 7 月 17 日判決
……………………………………… *126*
東京高裁昭和 63 年 3 月 11 日判決 ……… *278*
東京高等裁判所平成 2 年 9 月 26 日判決
（第 1 章教材事例 2）………… *3, 6, 303*
高松高等裁判所平成 3 年 6 月 25 日判決
……………………………………… *272*
東京地方裁判所平成 5 年 3 月 29 日判決
……………………………………… *167*
東京高等裁判所平成 6 年 12 月 21 日判決
………………………………… *103, 106*
大阪高等裁判所平成 10 年 4 月 30 日判決
……………………………………… *131*
大阪高等裁判所平成 11 年 2 月 26 日判決
……………………………………… *198*
東京高等裁判所平成 11 年 3 月 24 日判決
（第 1 章教材事例 1）………… *3, 4, 6*
仙台高等裁判所平成 12 年 10 月 25 日判決
……………………………………… *273*
東京高等裁判所平成 12 年 10 月 26 日判決
（第 19 章教材事例 2）……… *201, 205*
大阪高等裁判所平成 15 年 5 月 14 日判決
……………………………………… *110*
東京高等裁判所平成 15 年 5 月 27 日判決
……………………………………… *190*
東京高等裁判所平成 16 年 8 月 26 日判決
（第 18 章教材事例 2）………… *185*
東京高等裁判所平成 16 年 11 月 16 日判決
（第 10 章教材事例 1）……… *101, 103*
東京高等裁判所平成 17 年 1 月 26 日判決
（第 3 章教材事例 2）………… *25, 39*
東京高等裁判所平成 18 年 8 月 30 日判決
（第 7 章教材事例 1）………… *69, 71*
福岡高等裁判所平成 19 年 2 月 1 日判決
……………………………………… *136*
東京高等裁判所平成 19 年 3 月 14 日判決
（第 15 章教材事例 2）………… *157*
大阪高等裁判所平成 19 年 3 月 15 日判決
……………………………………… *265*
名古屋高等裁判所平成 19 年 4 月 5 日判決
（第 11 章教材事例 1）………… *115*
福岡高等裁判所平成 19 年 7 月 19 日判決
……………………………………… *118*
大阪高等裁判所平成 19 年 9 月 27 日判決
（第 18 章教材事例 4）………… *185*
東京高等裁判所平成 20 年 1 月 31 日判決
（第 2 章教材事例 1）……… *25, 30, 49, 55*
福岡高等裁判所平成 20 年 3 月 28 日判決
（第 25 章教材事例 2）……… *271, 277*
東京高等裁判所平成 20 年 5 月 21 日判決

判例索引

……………………………………… 265
大阪高等裁判所平成 20 年 11 月 28 日判決
（第 6 章教材事例 3）……………… 59
大阪高等裁判所平成 21 年 9 月 11 日判決
………………………………………… 63
東京高等裁判所平成 22 年 1 月 20 日判決
……………………………………… 236
東京高等裁判所平成 22 年 12 月 21 日判決
（第 23 章教材事例 2）………… 247, 252

◇地方裁判所◇
東京地方裁判所昭和 32 年 7 月 31 日判決
（第 9 章教材事例 2）…………… 91, 96
東京地方裁判所昭和 36 年 4 月 21 日判決
……………………………………… 217
東京地方裁判所昭和 40 年 4 月 26 日判決
……………………………………… 236
東京地方裁判所昭和 42 年 7 月 9 日判決
（第 1 章教材事例 3）……… 3, 8, 225, 226
徳島地方裁判所昭和 44 年 12 月 16 日判決
（第 5 章教材事例 2）………… 49, 56, 231
岡山地方裁判所昭和 49 年 2 月 8 日判決
……………………………………… 155
札幌地方裁判所昭和 49 年 3 月 29 日判決
（第 9 章教材事例 1）…………… 91, 95
新潟地方裁判所糸魚川支部昭和 50 年 10 月
7 日判決 ………………………… 136
大阪地方裁判所昭和 51 年 3 月 26 日判決
（第 15 章教材事例 1）…………… 157
大阪地方裁判所昭和 51 年 12 月 17 日判決
……………………………………… 198
東京地方裁判所昭和 56 年 3 月 23 日判決
……………………………………… 126
東京地方裁判所昭和 60 年 7 月 30 日判決
（第 4 章教材事例 3）……………… 39
大阪地方裁判所昭和 61 年 2 月 14 日判決
（第 8 章教材事例 1）……………… 81
大阪地方裁判所昭和 61 年 2 月 14 日判決

……………………………………………… 81
東京地方裁判所昭和 63 年 2 月 15 日判決
………………………………… 165, 288
大阪地方裁判所昭和 63 年 4 月 25 日判決
（第 17 章教材事例 2）………… 177, 181
大阪地方裁判所平成 1 年 9 月 14 日判決
（第 26 章教材事例 1）…………… 283
東京地方裁判所平成 2 年 3 月 2 日判決 … 57
大阪地方裁判所平成 4 年 10 月 23 日判決
…………………………… 165, 288, 292
東京地方裁判所平成 5 年 1 月 22 日判決
……………………………………… 279
東京地方裁判所平成 5 年 3 月 29 日判決
（第 4 章教材事例 1，第 16 章教材事例 3）
……………………………………… 167
神戸地方裁判所平成 5 年 9 月 29 日判決
（第 23 章教材事例 3）………… 247, 254
東京地方裁判所平成 6 年 1 月 24 日判決 … 32
千葉地裁松戸支部平成 6 年 8 月 25 日判決
……………………………………… 273
東京地方裁判所平成 7 年 1 月 30 日判決
（第 18 章教材事例 3）…………… 185
東京地方裁判所平成 7 年 3 月 16 日判決
（第 7 章教材事例 4）……… 69, 76, 167
東京地方裁判所平成 9 年 3 月 19 日判決
（第 6 章教材事例 2，第 12 章教材事例 1）
………………………… 59, 64, 125, 127
東京地方裁判所平成 9 年 7 月 7 日判決 … 88
東京地方裁判所平成 10 年 3 月 19 日判決 … 5
東京地方裁判所平成 10 年 5 月 13 日判決
（第 20 章教材事例 1）………… 213, 216
東京地方裁判所平成 10 年 11 月 26 日判決
……………………………………… 273
札幌地裁小樽支部平成 12 年 2 月 8 日判決
（第 21 章教材事例 2）…………… 223
東京地方裁判所平成 12 年 8 月 29 日判決
（第 19 章教材事例 3）…………… 201
神戸地方裁判所平成 14 年 7 月 3 日判決

アメリカ契約法

（第4章教材事例2）·················· 39
東京地方裁判所平成14年7月11日判決
·················· 190
大阪地方裁判所平成14年9月20日判決
·················· 110
東京地方裁判所平成14年10月28日判決
（第3章教材事例2，第4章教材事例1）
·················· 25, 39
東京地方裁判所平成15年3月25日判決
·················· 239
東京地方裁判所平成15年3月25日判決
（第22章教材事例1）·················· 241
東京地方裁判所平成15年3月31日判決
（第21章教材事例1）·················· 223, 225
札幌地方裁判所平成15年5月16日判決
（第23章教材事例4）·················· 247, 255
東京地方裁判所平成15年9月26日判決
（第12章教材事例2）·················· 125, 128
東京地方裁判所平成15年10月23日判決
·················· 34
東京地方裁判所平成16年1月26日判決
（第23章教材事例1）·················· 247, 251
東京地方裁判所平成16年6月28日判決
（第10章教材事例1）·················· 101
京都地方裁判所平成17年5月25日判決
（第10章教材事例3）·················· 101
大阪地方裁判所平成17年6月27日判決
·················· 206
東京地方裁判所平成17年9月27日判決
·················· 144
東京地方裁判所平成17年10月4日判決
·················· 78
東京地方裁判所平成17年10月31日判決
（第10章教材事例2）·················· 101, 106
大阪地方裁判所平成18年2月13日判決
·················· 144
東京地方裁判所平成18年4月13日判決
·················· 279

名古屋地方裁判所平成18年6月30日判決
（第8章教材事例2）·················· 81, 87
青森地方裁判所平成18年7月4日判決
·················· 187
名古屋地方裁判所平成19年3月19日判決
·················· 117
さいたま地方裁判所平成19年3月28日
判決（第21章教材事例4）········ 223, 233
岐阜地方裁判所平成19年4月12日判決
·················· 118
東京地方裁判所平成19年5月23日判決
（第19章教材事例1）·················· 201, 205
さいたま地方裁判所平成19年8月17日
判決·················· 223
千葉地方裁判所平成19年8月30日判決
·················· 118, 207
京都地方裁判所平成19年10月9日判決
（第25章教材事例1）·················· 275, 271
東京地方裁判所平成19年11月30日判決
（第24章教材事例1）·················· 259, 264
名古屋地方裁判所平成19年12月25日
判決·················· 63
大阪地方裁判所平成20年2月21日判決
（第21章教材事例6）·················· 223
京都地方裁判所平成20年4月30日判決
·················· 59, 66
大阪地方裁判所平成20年6月20日判決
·················· 72
大阪地方裁判所平成20年6月25日判決
（第7章教材事例2）·················· 69
大阪地方裁判所平成20年8月28日判決
·················· 143
京都地方裁判所平成20年9月24日判決
·················· 139
東京地方裁判所平成23年3月28日判決
·················· 256
東京地方裁判所平成24年3月20日判決
·················· 229

東京地方裁判所平成24年3月29日判決
.... *309*

アメリカ合衆国

A & M Produce Co. v. FMC Corp., 135 Cal. App. 3d 473, 186 Cal. Rprt. 114 (1982) *107*

Advent Systems v. Unisys, 925 F.2d 670 (3rd Cir. 1991) *57*

Agnew v. Commissioner of Inland Revenue, [2001] 2 A.C. 710, 717 ... *154*

ALCOA v. Essex Group, Inc., 499 F.Supp. 53 (Pa. 1980) *98*

Allied-Bruce Terminix Cos. v. Dobson, 513 U.S. 265 (1995) *48*

Armendariz v. Foundation Health Psychcare Services, Inc., 6 P.3d 669 (Cal. 2000) *249*

Atlantic Richfield Co. v. Razumic, 390 A.2d 736 (Pa. 1978) *140*

Atlas Brewing Co. v. Huffman, 217 Iowa 1217, 252 N.W. 133 (1934) *140*

Avigliano v. Sumitomo Shoji, 457 U.S. 176 (1982) *263*

Bang v. Chas. T. Miller Hosp., 88 N.W.2d 186 (Minn. 1958) *235*

Bassier Parish School Board v. Lemon, 370 F.2d 847 (5th Cir. 1967) *242*

Batsakis v. Demotsis, 226 S.W.2d 673 (Texas 1949) *39*

Beebe v. Columbia Axle Co., 233 Mo. App. 212, 117 S.W.2d 624 (1938) ... *140*

Best v. United Bank of Oregon, 739 P.2d 554 (1987) *182, 266*

Blasko v. Petland, Inc., 2009 WL 1617075 (Ohio 2009) *278*

Boston Inc Co. v. Potter, 123 Mass 28 (1877) *15*

Brauer v. Shaw, 168 Mass. 198, 200, 46 N.E. 617, 617 (1897) *15*

British Steet Corp. v. Cleveland Bridge & Engineering Ltd., [1982] 1 All ER 504 (Q.B.D.) *104*

Campbell Soup Co. v. Wentz, 172 F.2d 80 (3rd Cir. 1949) *99*

Campbell v. General Dynamics Gov't System Corp., 407 F.3d 546 (1st Cir. 2005) *191*

Canda v. Wick, 2 N.E. 881 (N.Y. 1885) *131*

Canterbury v. Spence, 464 F.2d 772 (D.C. Cir. 1972) *235*

Caplan v. Schroeder, 364 P.2d 321 (Cal. 1961) *99*

Carlill v. Carbolic Smoke Ball Co. [1893] 1 Q. B. 256. .... *35, 37*

C.C. King Co. v. Aldrich, 81 N.H. 42, 121 A. 434 (1923) *105*

Chandelor v. Lopus, Cro.Jac. 4, 1 Rolle Rep. 5, 5 Dyer 75a. 79 Eng. Rep. 3 (1625) *70*

Chandler v. Webster, [1904] 2 K.B. 493 .... *113*

Chicago Coliseum Club v. Dempsey, 265 Ill.App. 542 (App.Ct. 1932) *272*

Circuit City Stores, Inc. v. Adams, 532 U.S. 105, 121 S.Ct. 1302 (2001) *249*

Clearwater Constructions, Inc. v. Gutier-rez, 626 S.W.2d 789 (Tex. 1982) ... *228*

Cliff Dumas v. Infinity Broadcasting Corp., 416 F.3d 671 (7th Cir. 2004) ... *58*

Coggs v. Bernard, 2 Ld. Raym. 909; 13 Am. L. R. 609 (1612) *213*

Coggs v. Bernard, (1703) 2 Ld. Raym. 909 .... *230*

Columbia Nitrogen v. Royster Co., 451

F.2d 3 (4th Cir. 1971) ············· 97
Contemporary Mission, Inc. v. Famous Music Corp., 557 F.2d 918 (2d Cir. 1977) ············· 244
Co-operative Insurance Society Ltd. v. Argyll Stores (Holdings) Ltd., [1998] AC 1 ············· 272
C.R. Klewin, Inc. v. Flagship Properties, Inc., 600 A.2d 772 (Conn. 1991) ····· 58
Currier v. Misa (1875) L.R. 10 Ex. 153 ············· 40
Daniels v. Newton, 114 Mass. 530 (1874); Drake v. Wichwire, 795 P.2d 195 (Alaska 1990) ············· 120
Darlington Borough Council v. Wilshier Northern Ltd. [1995] 3 All ER 895, 903-4, [1995] 1 WLR 68, 76 (*per* Lord Steyn) ············· 242
Dearle v. Hall, 3 Eng.Rep. 475 (Ch. 1828) ············· 243
Dice v. Akron, C. & Y..R. Co., 342 U.S. 359 (1952) ············· 225
Dodson v. Shrader, 824 S.W. 2d 545 (Tenn. 1992) ············· 36
Dorton v. Collins & Aikman Corp., 453 F.2d 1161 (6th Cir. 1972) ············· 61
Douglas County Board of Egalization v. Clarke, 921 P.2d 717 (Colo. 1996) ··· 163
Douglas-Guardian Warehouse Corp. v. Jones, 405 F.2d 427 (10th Cir. 1969) ············· 122
Drennan v. Star Paving Co., 333 P.2d 757 (Cal. 1958) ············· 227
Drucker v. New York Univ., 59 Misc.2d 789, 300 N.Y.S.2d 749 (1969) ········ 35
Dutton v. Poole, 83 Eng.Rep. 523 (K.B. 1677) ············· 241
East Capitol View Community Develop-ment Corp., Inc. v. Robinson, 941 A.2d 1036, 1040-2 (D.C. 2008) ············· 143
Edwards v. Fiddes & Son, Ltd., 245 F. Supp.2d 251, *aff'd*, 387 F.3d 90 (1st Cir. 2004) ············· 191
E. J. Baehr and Another v. Penn-O-Tex Oil Corp., 258 Minn. 533, 104 N.W. 2d 661 (1960) ············· 42
Equitable Trust Co. of New York v. Dawson Partners, Ltd., [1927] 27 Ll. L.Rep. 49 ············· 194
Escola v. Coca Cola Bottling Co. of Fresno, 24 Cal.2d 453, 150 P.2d 436 (1944) ············· 83
Estes v. Colorado State Board of Assess-ment Appeals, 805 P.2d 1174 (1990) ············· 163
Federal Dep. Ins. Corp. v. W.P.R. Grace & Co., 877 F.2d 614 (7th Cir. 1989) ············· 58
Fields v. Thompson Printing Co., 363 F.3d 259 (3rd Cir. 2004) ············· 14
Fleming v. Twine, 58 A.2d 498 (D.C. 1948) ············· 274
Forster & Sons Ltd. v. Siggett, (1918) 35 TLR 87 ············· 109
Frank v. Blumbery, 78 F. Supp. 671 (Pa. 1948) ············· 109
Furguson v. Phoenix Assurance Co., 370 P.2d 379 (Kansas 1962) ············· 73
General Motors Corp. v. Piskor, 281 Md. 627 (1977) ············· 278
General Trading International, Inc. v. Wal-Mart Stores, Inc., 320 F.3d 831 (8th Cir. 2003) ············· 58
Germain Fruit Co. v. Western Union, 137 Cal. 598 (1902) ············· 105
Gestetner Corp. v. Case Equipment

Co., 815 F.2d 806 (1st Cir. 1987) …… *52*
Gilbert-Ash (Northern) Ltd. v. Modern Engineering (Bristol) Ltd., [1974] A.C. 689 …………………………… *154*
Gisbon v. Neu, 867 N.E.2d 188 (Ind. 2007) ………………………………… *156*
Gordon v. Matthew Bender & Co., 562 F.Supp. 1286 (Ill. 1983) …………… *145*
Greenman v. Yuba Power Products, Inc., 59 Cal.2d 57, 377 P.2d 897 (1963) ……………………………… *83, 240*
Grouse v. Group Health Plan, 306 N.W.2d 114 (Minn. 1981) ………… *288*
Hadley v. Baxendale (1854) 9 Exch. 341 ……………………………………… *276*
Hamer v. Sidway, 124 N.Y. 538 (1891) ……………………………………… *28, 29*
Hansen v. Dodwell Dock & Warehouse Co., 70 P. 346 (Wash. 1918) ……… *225*
Hawkes v. Saunders (1782) 1 Cowp. 289 ………………………………………… *41*
Hawkins v. McGee, 146 A. 641 (N.H. 1929) ………………………………… *79*
Hedges v. Hurd, 289 P.2d 706 (Wash. 1955) ………………………………… *137*
Herbert Morris Ltd. v. Saxelby, [1916] 1 AC 688 …………………………… *109*
Hill v. Gateway 2000, 105 F.3d 1147 (7th Cir. 1997) ……………………… *61*
Hochster v. De La Tour, 2 El. & Bl. 678, 118 Eng.Rep. 922 (1853) …………… *120*
Hoffman v. Red Owl Stores, Inc., 26 Wis.2d 683, 133 N.W.2d 267 (1965) ………………………………… *106, 279*
Holroyd v. Marshall, 11 Eng.Rep. 999 (H.L. 1862) ……………………… *156*
Hooker Chemical Corp. v. Velsicol Chemical Corp., 235 F.Supp. 412 (Tenn. 1964) …………………… *142*
Horn Waterproofing Corp. v. Bushwick Iron & Steel Co., 66 N.Y.2d 321, 497 N.Y.S.2d 31, 488 N.E.2d 56 (1985) … *256*
Hotchkiss v. National City Bank, 200 F. 287, 293-94 (N.Y. 1911), *aff'd*, 201 F. 664 (2nd Cir. 1912), *aff'd*, 231 U.S. 50 (1913) ……………………… *30, 77*
H. R.Moch Co. v. Rensselaer Water Co., 159 N.E. 896 (N.Y. 1928) …………… *242*
In re A-Z Electronics, LLC, 350 B.R. 886 (Idaho 2006) ………………… *146*
In re Cafeteria Operations, 299 BR 411 (Tex. 2003) ……………………… *192*
In re Richlaun Turf Farms, Inc., 26 B.R. 206 (1982) ……………………… *163*
In re Wesley Industries, Inc., 30 F.3d 1438 (1994) ……………………… *153*
International Telemeter Corp. v. Telepropmter Corp., 592 F.2d 49, 57-8 (1979) ………………………… *32*
Jack's Cookie Co. v. Brooks, 227 F.2d 935 (4th Cir. 1955), *cert. denied*, 351 U.S. 908 (1955) ………………………… *139*
Jacob & Youngs, Inc. v. Kent, 129 N.E. 889 (N.Y. 1921) …………………… *289*
James Baird v. Ginbel Brothers, 64 F.2d 344 (2d Cir. 1933) ………………… *227*
Jay Dreher v. Delco Appliance Corp., 93 F.2d 275 (2nd Cir. 1937) …………… *116*
Johnson v. McNeil, 800 A.2d 702 (Me. 2002) ……………………………… *156*
Jones v. Randall, (1774) 1 Cowp. 37 … *110*
Jones v. Wittenberg University, 534 F.2d 1203 (6th Cir. 1976) ………… *274*
Keene v. Harding, 392 P.2d 273 (Cal. 1964) ………………………………… *111*
Kennedy v. Parrott, 243 N.C. 355, 90

S.E.2d 754 (1956) ……………… *235*
Kleinschmidt Div. of SCM Corp. v. Futuronics, 363 N.E. 2d 701 (N.Y. 1977) ……………………………… *43, 46*
Kleinwort Benson Ltd. v. Malaysia Mining Corp. Berhad, [1989] 1 All ER 785 ……………… *104*
Klocek v. Gateway, Inc., 104 F.Supp.2d 1332 (D. Kan. 2000) ……………… *62*
KMW International v. Chase Manhattan Bank, 606 F.2d 10 (2nd Cir. 1979) … *195*
Krell v. Henry [1903] 2 K.B. 740 (C.A.) ……………………………… *113*
Laclede Gas Co. v. Amoco Oil Co., 522 F.2d 33 (8th Cir. 1975) ……………… *97*
Lake Ridge Academy v. Carney, 66 Ohio St.3d 376, 613 N.E.2d 183 (1999) …… *34*
Lake Ridge Acad. v. Carney, 613 N.E.2d 183 (1993) ……………… *278*
Lipsit v. Leonard, 64 N.J. 276, 315 A.2d 25 (1974) ……………… *10*
Loft v. Lapidus, 936 F.2d 633 (1st Cir. 1991) ……………… *146*
Lucy v. Zehmer, 84 S.E.2d 516 (Va. 1954) ……………………………… *104, 314*
Lund v. Bluflat, 292 P. 112 (Wash. 1930) ……………………………… *111*
MacPherson v. Buick Motor Co., 217 N.Y. 382 (1916) ……………… *86*
Magnet Resources v. Summit MRI, 723 A.2d 976 (N.J. 1998) ……………… *130*
Marine Bank v. Weaver, 455 U.S. 551 (1982) ……………… *286*
Martin v. Meland's, 283 N.W. 76 (N.D. 1979) ……………… *92*
Martin v. New York Life Ins. Co., 148 N.Y. 117 (1895) ……………… *9, 143*
MCC-Marble Ceramic Center, Inc. v. Ceramica Nuova D'Agostino, 144 F.3d 1384 (7th Cir. 1998) ……… *77, 308*
McPherson v. Ellis, 287 S.E.2d 892 (N.C. 1982) ……………… *235*
M.F. Kemper Construction Co. v. City of Los Angeles, 37 Cal.2d 696 (1951) ……………………………… *105*
Micro Data Systems, Inc. v. Dharma Systems, 148 F.3d 649 (7th Cir. 1998) ……………………………… *308*
Midland Bank Trust Co. Ltd. v. Green [1981] A.C. 513 ……………… *40*
Mills v. Wyman, 3 Pick. 207 (Mass. 1825) ……………………………… *41*
Missouri Furnace Co. v. Cochran, 8 F. 463 (1881) ……………… *120*
Missouri Public Service Co. v. Peabody Coal Co., 583 S.W.2d 721 (Mo. 1979) ……………………………… *97*
Mitchell Nissan, Inc. v. Foster, 775 So.2d 138 (Ala. 2000 …………… *61, 36*
Mitchell v. Winslow, 17 F.Cas. No. 9673 (Me. 1843) ……………… *156*
Mitsubishi Motors Corp. v. Soler Crysler-Plymouth, Inc., 473 U.S. 614 (1985) ……………………………… *249*
Mullen v. Wafer, 480 S.W.2d 332 (Ark. 1972) ……………… *112*
NLRB v. Isis Plumbing & Heating Co., 322 F. 2d 913 (1963) ……………… *9, 143*
Oakwood Mobile Homes, Inc. v. Barger, 773 So.2d 454 (Ala. 2000) ………… *102*
Osborne v. Bullins, 549 So.2d 1337 (Mo. 1989) ……………… *288*
Pacific Gas & Elec. Co. v. G.W. Thomas Drayage & Rigging Co., 69 Cal.2d 33, 442 P.2d 641 (1968)……………… *58*
Palmer v. Murphy, 677 N.E.2d 247

(Mass. 1997) ·············· 122
Perdue v. Crocker National Bank, 38
 Cal.3d 913 (1985) ········· 181, 266
Perry v. Fairbank Capital Corp., 888
 So.2d 725 (Fla. 2004) ········· 156
Phillips v. Moor, 71 Me. 78 (1880) ····· 91
Pillans and Rose v. Van Mierop and
 Hopkins, (1765) Burr. 1663, 97 E.R.
 1035 ·························· 41
Pillans v. Van Mierop (1765) 3 Burr.
 1664 ·························· 41
PMC Corporation v. Houston Wire &
 Cable Co., 147 N.H.685, 797 A.2d 125
 (2002) ························ 51
Pneumatic Tyre Co. v. Selfridge & Co.,
 [1915] App.Cas. 847, 853 (H.L. 1915)
 ······························ 242
Pramco III, LLC v. Yoder, 874 N.E.2d
 1006 (Ind. 2007) ············· 156
Premier Bank v. J.D. Homes of Olathe,
 Inc., 30 Kan.App.2d 898, 150 P.3d 517
 (2002) ······················ 156
Preston v. Hubbell, 86 Cal.App.2d 53,
 196 P.2d 113 ················· 235
Price v. Neal, 3 Burr. 1354 (1762) ····· 182
Reddy v. Community Health Fund of
 Man, 298 S.E.2d 906, 916 (W. Va. 1982)
 ······························ 144
Reliance Cooperage Corp. v. Treat, 195
 F.2d 977 (8th Cir. 1952) ········ 120
Rickott v. Scothorn, 77 N.W. 365 at 367
 (Neb. 1898) ··················· 288
Riegel Fiber Corp. v. Anderson Gin Co.,
 512 F.2d 784 (5th Cir. 1975) ······ 53
Roden v. Estech, Inc., 508 So.2d 728
 (Fla. 1987) ··················· 163
Rolnick v. Interborough Fur Storage Co.,
 92 N.Y.S.2d 894 (1949) ········ 163

Ross v. Bernhard, 396 U.S. 539 (1970)
 ······························ 294
Roto-Lith Ltd. v. F.P. Barlett & Co., 297
 F.2d 497 (1st Cir. 1962) ········· 61
Royal Business Machines v. Lorraine
 Corp., 633 F.2d 34 (7th Cir. 1980) ··· 73
Russell v. Texas Co., 238 F.2d 636 (9th
 Cir. 1956) ····················· 44
Salem Trust Co. v. Manufacturers' Fin.
 Co., 264 U.S. 182 (1924) ········ 243
Scottsdale Road General Partners v.
 Kuhn Farm Machinery, 909 P.2d 408
 (Ariz. 1996) ··················· 98
Scribner v. Worldcom, Inc., 149 F.3d
 902 (9th Cir. 2001) ············· 145
SEC v. Edwards, 540 U.S. 389 (2004)
 ·························· 165, 286
SEC v. Glenn W. Turner Enterprises,
 Inc., 474 F.2d 476 (9th Cir. 1973)
 ·························· 286, 173
SEC v. Koscot Interplanetary, Inc., 497
 F.2d 144 (5th Cir. 1974) ······ 173, 286
SEC v. Texas Gulf Sulphur Co., 401
 F.2d 833 (2nd Cir. 1968) ········ 287
SEC v. W.J. Howey Co., 328 U.S. 293
 (1946) ····················· 204, 286
Seixas v. Woods, 2 Caines 48 (1804) ··· 70
Selley v. Trafalgar House Public Ltd.
 Co., 987 F. Supp. 84 (1997) ··· 202, 203
Shaffer v. Heiter, 433 U.S. 186 (1977)
 ······························ 292
Sheets v. Teddy's Frosted Foods, Inc.,
 179 Conn. 471, 427 A.2d 385 (1980)
 ······························ 135
Shelley v. Trafalgar House Public Ltd.
 Co., 977 F. Supp. 95 (1997) ········ 272
Sherman v. Citibank (South Dakota),
 668 A.2d 1036 (N.J. 1995) ········ 169

325

アメリカ契約法

Sherwood v. Walker, 33 N.W. 919
　(Mich. 1887) ················· *105*
Simpson v. Dickson, 167 Ga.App. 344,
　306 S.E.2d 404（1983）········ *235*
Slade's Case, 4 Co.Rep. 19a, Moore KB
　433 ························· *135*
Smith v. Gross, 604 F.2d 639（9th Cir.
　1979）······················· *286*
Smith v. Royal Insurance Co., 111 F.2d
　667, *cert. denied*, 311 U.S. 676（1940）
　····························· *162*
Specht v. Netscape, 150 F. Supp.2d 585,
　aff'd, 306 F.3d 17（2d Cir. 2002）
　··························· *191, 34*
Sprague v. Boston and Maine Corp.,
　769 F.2d 26（1st Cir. 1985）··········· *225*
Springfield General Osteopathic Hospital
　v. West, 789 S.W.2d 197（Mo. 1990）
　····························· *122*
Stanley Cudyka Sales Co. v. Lacy Forest
　Products Co., 915 F.2d 273（7th Cir.
　1990）······················· *134*
Stearns v. Select Comfort Retail Corp.,
　2009 WL 1635931（Cal. 2009）; Boud
　v. SDNCO, Inc., 54 P.3d 1131（Utah
　2002）························ *73*
Step-Saver Data Systems, Inc. v. Wyse
　Technology, 939 F.2d 91（3rd Cir.
　1991）························ *62*
Stevenson & Co. v. 81,193 Bags of Flour,
　629 F.2d 338（5th Cir. 1989）·········· *94*
Sullivan v. O'Connor, 296 N.E.2d 183
　(Mass. 1973)················· *280*
Sullivan v. O'Connor, 363 Mass. 579,
　296 N.E.2d 183（1973）··········· *237*
Superior Brassiere Co. v. Zietbaum, 212
　N.Y.S. 473（1925）·············· *243*
Sylvester v. Sylvester, 723 P.2d 1253
　(Ala. 1986)·················· *122*
Taylor v. Caldwell, 122 Eng.Rep. 309,
　314（K.B. 1863）················ *112*
Textile Workers Union of America v.
　Darlington Mfg. Co., 380 U.S. 263
　(1965)······················· *145*
Thomas v. Thomas, 2 Q. B. 851, 114 E.
　R. 330（1842）···················· *40*
Thompson Maple Products, Inc. v.
　Citizens National Bank, 211Pa.Super.
　42, 234 A.2d 32（1967）············· *182*
Ting v. AT&T, 319 F.3d 1126（9th
　Cir. 2003）··················· *248*
Tipton v. Bearl Sprott Co., 93 F.Supp.
　496（1950）···················· *163*
Towson Univ. v. Conte, 862 A.2d 941
　(Md. 2004)··················· *145*
Turner v. Caither, 83 N. C. 357, 361
　(1879)························ *37*
Tweddle v. Atkinson, 121 Eng.Rep.
　762, 764（Q.B. 1861）············ *241*
Ultramares Corp. v. Touche, 174 N.E.
　441, 444（N.Y. 1931）············· *86*
Ultramares Corp. v. Touche, 255 N.Y.
　170, 174 N.E. 441（1931）········· *236*
United States v. Arnold, Schwinn &
　Co., 388 U.S. 365（1967）········· *142*
Victoria Lockwood v. Bob Smigel, 18
　Cal.App.3d 800, 96 Cal.Rptr. 289（1971）
　······························ *52*
Villa Milano Homeowners Association
　v. Il Davorge, 84 Cal.App.4th 819,
　102 Cal. Rept.2d 1（2000）········ *249*
Vines v. Orchard Hills, Inc., 435 A.2d
　1022（Conn. 1980）··············· *138*
Volt Info. Scis., Inc. v. Bd. of Leland
　Stanford Junior Univ., 489 U.S. 468
　(1989)······················· *248*

Wagenseller v. Scottsdale Memorial Hospital, 147 Ariz. 370, 710 P.2d 1025 (1985) ·················· *304*

Warder & Lee Elevator v. Britten, 274 N.W.2d 339 (Iowa 1979) ······ *53, 102-3*

Ward v. Great Atlantic Pacific Tea Co., 231 Mass. 90, 120 N.E. 225 (1918) ··· *83*

Watson v. Gugino, 204 N.Y. 535 (1912) ················· *9, 143*

Weiner v. McGraw-Hill, 443 N.E.2d 441 (N.Y. 1982) ·················· *29*

Westerbeke Corp. v. Daihatsu Motor Co., 304 F.3d 200 (2d Cir. 2002) ········ *254*

Wilko v. Swan, 346 U.S. 427, 436 (1953) ················· *248*

Williams v. Conger, 125 U.S. 397 (1988) ················· *231*

Williams v. Walker-Thomas Furniture Co., 350 F.2d 445 (D.C.Cir. 1965) ··· *107*

Wood v. Boynton, 64 Wis. 265, 25 N.W. 42 (1885) ················· *105*

Yaesu Electronics Corp. v. Tamura, 28 Cal.App. 4th 8, 33 Cal.Rept.2d 283 (1994) ················· *122*

法令索引

日　本

旧破産法 374 条 …………………… *155*
自動車損害賠償法 3 条 …………… *275*
消費者契約法（2000 年）………… *88*
消費者契約法第 10 条 ………… *66, 74*
消費者法 4 条 ……………………… *107*
商法 266 条の 3 …………………… *205*
製造物責任法が平成 6 年（1994 年）… *88*
農地法 5 条 ………………………… *136*
法の適用に関する通則法第 8 条(1) …… *5*
法の適用に関する通則法第 42 条 …… *57*
法例 7 条第 1 項 …………………… *9*
法例 30 条
民法
　1 条 ……………………………… *126*
　1 条 2 項 ………………………… *67*
　90 条 ……………………… *107, 110*
　94 条 …………………………… *103*
　95 条 …………………………… *87*
　173 条 …………………………… *181*
　416 条 2 項 ……………………… *276*
　566 条 …………………………… *87*
　566 条 3 項 ……………………… *87*
　570 条 …………………………… *87*
　612 条 …………………………… *165*
　648 条 2 項 ……………………… *231*
　651 条 …………………………… *235*
　709 条 …………………………… *275*
　711 条 …………………………… *275*

外　国

イギリス 1893 年物品売買法 ……… *82*
SEC 法 Rule 10b-5 ……………… *286*

貸付真実法（1969 年）…………… *167*
合衆国憲法 ………………………… *224*
　1 編 8 条 3 項 ……………… *261-2, 284*
合衆国憲法第 14 修正 …………… *224*
クレートン法 ………………… *262, 284*
裁判所法（1873 年・1875 年）…… *271*
シャーマン法 ……………… *107, 262, 284*
証券法（1933 年）………… *262, 284, 285*
証券取引法（1934 年）…… *262, 284, 285*
証券取引法 15 条 2 項 …………… *206*
消費者信用保護法
　（15 U.S.C. §§ 1601 *et seq*）…… *194*
テキサス州労働者災害補償法（1967 年）
　………………………………… *228*
統一商事法典
　（UCC：Uniform Commercial Code）… *17*
　§ 1-103 ………………………… *72*
　§ 1-201（20）…………………… *126*
　§ 1-303 ………………………… *54*
　§ 1-304 ………………………… *126*
　§ 2-103(1) b ……………… *107, 109*
　§ 2-201（詐欺防止法）…… *49, 51, 52, 53,*
　　　　　57, 58, 65, 103, 130, 158
　§ 2-201(2) …………………… *53*
　§ 2-201(3) …………………… *53*
　§ 2-202 …………………… *54, 130*
　§ 2-202 条(1)(b) ……………… *57*
　§ 2-203 ………………………… *158*
　§ 2-204 ……………………… *43, 46*
　§ 2-204(3) …………………… *43*
　§ 2-205 ………………………… *41*
　§ 2-206 ……………………… *60, 63*
　§ 2-207 ………………………… *60*
　§ 2-209 ………………………… *42*

§ 2-302 ………………………………… *107*
§ 2A-402 ……………………… *159, 161*
§ 2A-507 …………………………… *159*
§ 2A-509 …………………………… *159*
§ 2A-517 …………………………… *160*
§ 2A-523 …………………………… *160*
§ 2A-523 (1) ……………………… *160*
§ 3-104 ……………………………… *178*
§ 3-104 (a) ………………………… *179*
§ 3-302 ……………………… *83, 180*
§ 3-303 ……………………………… *41*
§ 2-310 (a) ………………………… *161*
§ 2-313 ……………………… *71, 73*
§ 2-314 ……………………… *81, 82*
§ 2-315 …………………… *81, 82, 83*
§ 2-316 (4) ………………………… *83*
§ 3-406 ……………………………… *182*
§ 2-509 ……………………………… *92*
§ 2-509 ……………………………… *93*
§ 2-509 (3) ………………………… *94*
§ 2-510 ……………………………… *94*
§ 2-513 ……………………………… *94*
§ 2-607 (3)(a) ……………………… *83*
§ 2-609 ……………………………… *115*
§ 2-610 ……………………………… *119*
§ 2-613 ……………………………… *114*
§ 2-615 ……………………………… *114*
§ 2-703 ……………………………… *119*
§ 2-719 (3) ………………………… *83*
§ 2-725 ……………………………… *83*
第 3 編 ……………………………… *214*
第 4A 編 …………………… *193, 209*
第 5 編 ……………………………… *207*
§ 5-105 ……………………………… *41*
§ 8-113 ……………………………… *202*
§ 8-319 ……………………………… *202*
第 8 編 …………… *201, 202, 205, 207, 210*
第 9 編 ……………………… *125, 291*

§ 9-322 …………………… *150, 151*
§ 9-327 …………………………… *151*
§ 9-347 …………………………… *274*
§ 9-350 …………………………… *274*
§ 9-351 …………………………… *274*
§ 9-352 …………………………… *274*
§ 9-353 …………………………… *274*
ヨーロッパ共同体法
　（2003 年指令 13 号）…………… *74*
リステートメント（第 3 版）外国関係法
　§ 421（1987）…………………… *5*
リステートメント契約法 § 615 (a) …… *112*
リステートメント（第 2 版）契約法
　79 条 ……………………………… *42*
　347 条 …………………………… *273*
リステートメント（第 2 版）不法行為法
　402A 条 ………………………… *85*
リステートメント（第 3 版）不法行為法
　21 条 ……………………………… *88*
連邦仲裁法（1947 年）…………… *248*
連邦取引委員会法 ………… *262, 284, 285*
連邦破産法 ………………………… *291*
連邦破産法第 11 章 ……………… *226*

Age Discrimination Act, 29 U.S.C.
　§ 621 *et seq.* …………………… *224*
Americans with Disabilities Act, 42
　U.S.C. § 12101 *et seq.* ………… *224*
Bankruptcy Abuse Prevention and
　Consumer Protection Act of 2005 … *292*
Bankruptcy Reform Act of 1978　*291*
Bankruptcy Reform Act of 1994 …… *292*
Civil Rights Act, 42 U.S.C. § 1981（1966）
　…………………………………… *263*
Consumer Credit Protection Act 1972
　…………………………………… *172*
Consumer Leasing Act 1976 ……… *172*

アメリカ契約法

Consumer Leasing Act of 1976, 15
　U.S.C. § 1667 (2009) ………… *168*
Consumer Leasing Act, 15 U.S.C. § 1667
　et seq. (1976) ………………… *160*
Consumer Legal Remedies Act (1970)
　………………………………… *248*
Contracts (Rights of Third Parties)
　Act 1999 ……………………… *242*
Credit Card Act 2009, 15 U.S.C. § 1693
　………………………………… *172*
Electronic Fund Tranfer Act 1978 … *172*
Electronic Signatures in Global and
　National Commerce Act of 2000, 15
　U.S.C. §§ 7001-7021 (2006) ……… *191*
Employee Retirement Income Security
　Act of 1974 (ERSA), 29 U.S.C. § 1001
　et seq. (1974) ………………… *224*
Equal Credit Opportunity Act …… *172*
Fair Credit Reporting Act (1970) …… *171*
Fair Debt Collection Practices Act … *172*
Federal Arbitration Act, 9 U.S.C. § 10 (a)
　………………………………… *248*
Federal Electronic Signatures in Global
　and National Commerce Act, 15 U.S.C.
　§ 7001 (2000) ………………… *19*
Federal Employers' Liability Act
　(FELA), 45 U.S.C. §§ 51-60 …… *224*
Magnuson-Moss Warranty Act of 1975,
　15 U.S.C. §§ 2301 *et seq.* (2006) … *72, 74*
National Labor Relations Act, sec.8 (3)
　……………………………… *9, 143*
Occupational Safety and Health Act
　of 1970 (OSHA), 29 U.S.C. §§ 651-678
　(1988) ………………………… 224

Pub.L. No.104-104, 100 Stat. 5. ………… *248*
Restatement, Second § 261 ………… *114*
Restatement, Second, Contract, § 71
　(1979) ………………………… *29*
Restatement, Second, Contract § 224C
　………………………………… *70*
Restatement, Second, Contract
　(Tentative ed. 1964) …………… *16*
Restatement, Second, Torts (1977) … *16*
Restatement, Second, Torts § 402A (1)
　(1977) ………………………… *84*
Restatement, Second, Torts §§ 525, 526,
　552C (1977) …………………… *72*
Sale of Goods Act 1893 ……………… *82*
Sale of Goods Act 1979 ……………… *82*
Statute of Frauds, 29 Car. c. 3 (1677)
　…………………………… *51, 53, 58*
Telecommunications Act of 1996 …… *248*
Treaty of Friendship, Commerce and
　Navigation between the United States
　and Japan ……………………… *263*
Truth-in-Lending Act 1968, 15
　U.S.C. §§ 1601 *et seq.* …………… *51*
Truth-in-Lending Class Action Relief
　Act 1995 ……………………… *172*
Uniform Commercial Code → UCC
Uniform Fraudulent Transfer Act (1985)
　………………………………… *122*
United Nations Convention on Contracts
　for The International Sale of Goods
　(1980) (CISG) ………………… *5*
Wall Street Reform and Consumer
　Protection Act (Dodd-Frank Act)
　of 2010 ………………………… *203*

330

事項索引

あ行

アイオワ州 …………………… *102, 140*
ICC 仲裁 …………………… *250, 258*
アイゼンバーグ ………………… *16*
アダム・スミス ………… *38, 114, 309*
アメリカ契約法 ………………… *28*
アメリカ独占禁止法 …………… *142*
アメリカの法と社会 …………… *312*
アメリカ法 ……………………… *224*
安全性の保証 …………………… *82*
イギリス法 ………………… *27, 224*
eサイン ………………………… *191*
意見（opinion） ………………… *73*
医　師 …………………… *111, 230*
意思主義 …………………… *27, 309*
　　――（客観主義） ………… *14*
　　――（主観主義） ………… *15*
意思表示の欠陥 ………………… *102*
委託製造契約 …………………… *144*
一括売買 ………………………… *155*
逸失利益 …………………… *33, 203*
一般投資家保護 ………… *204, 263*
移動の自由 ……………………… *75*
委任（mandate） ……………… *230*
委任契約 … *56, 223, 230, 231, 233, 234, 245*
委任状（power of attorney）… *231*
違法性（illegality） ……… *110, 190*
違法な契約 ……………… *109, 114*
違約金 …………………………… *137*
違約金条項 ……………………… *277*
イリノイ州 ………………… *94, 156*
医療過誤 ……………………… *234-5*
医療契約 ………………………… *111*

インコタームズ ………… *44, 69, 76, 95*
インターネット ………………… *192*
ウィリストン …………………… *23*
ウェスト・ヴァジニア州 ……… *144*
請負契約 ………… *223, 226, 227, 228, 244, 289, 300*
請負代金請求権 ………………… *152*
内田貴 …………………………… *15*
売掛口座 ………………………… *153*
運送業者 …………………… *76, 297*
運送契約 ………………… *216, 297*
営業禁止（restraint of trade）の法理… *144*
ATM ……………………………… *192*
エクイティ … *98, 102, 112, 125, 128, 153, 243, 272, 283, 286, 288, 289, 291*
エクイティ裁判所（Chancellor） …… *100, 261, 271, 283, 294*
オクラホマ州 …………………… *156*
オハイオ州 ……………………… *156*

か行

カードウゾ ………… *85, 86, 90, 242, 289*
解　雇 …………………………… *135*
解雇権 ……………………………… *10*
解雇手続 ………………………… *304*
海上運送契約 …………………… *77*
海上保険契約 …………………… *62*
解除権 …………………… *135, 137, 142*
解除の意思表示 ………………… *135*
買主に注意させよ（caveat emptor）
　の原則 ……………………… *70*
外部証拠 …………………… *54, 56*
解約権 …………………………… *166*
家屋の建設契約 ………………… *274*

アメリカ契約法

確定額損害賠償（liquidated damages）
　………………………………………… 138
火災保険 ………………………………… 162
瑕　疵 …………………………… 63, 228
瑕疵担保責任 ……… 71, 83, 161, 172, 273
過失責任の理論 ……………………… 84-85
過失相殺 ………………………… 82, 182
ガソリン・スタンド ………………… 140
割賦販売契約 …………………………… 107
株主代表訴訟 …………………………… 264
貨物運送契約 …………………………… 213
貨物証券 …………………………… 178, 216
為替手形 ………………………………… 178
関係的契約法理論 ……………………… 30
関係理論 ………………………………… 27
カンサス州 ……………………………… 156
キートン ………………………………… 85
機械設備 ………………………………… 151
企業秘密 ………………………………… 301
危険負担責任 …………………………… 161
規制契約 ………………………………… 166
期待利益（expectation）………… 272-274
寄託（bailment）………………… 153, 214
基本合意書 ……………………… 65, 130
客観主義の契約理論 …………………… 23
キャリフォーニア州 ……… 5, 53, 85, 90,
　　　　　　　　　　　　169, 249, 256, 261
救済方法（Remedies）………………… 24
求償権 …………………………………… 225
「競業禁止」条項 ………………… 109, 144
強行法規 ………………………………… 225
強制（specific performance）……… 100
行政法 …………………………………… 162
強制要件（enforceable factor）理論 … 29
共同開発事業（Joint Venture）……… 272
脅　迫 …………………………………… 111
共　謀 …………………………… 104, 155
共謀虚偽表示 …………………………… 103

寄与過失（contributory negligence）… 85
ギルモア …………………… 15, 16, 23, 30
銀　行 ……………………… 127, 186, 206, 229
　──の仕組み ………………………… 186
　──の融資 …………………………… 148
銀行過失責任 …………………… 182, 188
銀行口座 ………………………………… 187
銀行取引 ……………… 138, 177, 179, 185
　──と預金者保護 …………………… 199
銀行付随業務 …………………………… 192
金銭消費貸借契約 ……………… 147, 290
金銭損害賠償 …………………………… 288
禁反言の原則（promissory estoppels）
　……………………………… 53, 102, 103
組合契約 ………………………………… 202
クラス・アクション ……… 61, 248, 264,
　　　　　　　　　　　　　　281, 312
クーリング・オフ ………………… 108, 166
来栖三郎 ……………………… 26, 27, 230
クレジット・カード ……… 158, 169, 174,
　　　　　　　　175, 187, 192, 193, 205, 243
グローチウス …………………………… 133
経営判断 ………………………………… 265
刑事責任 ………………………………… 110
継続的取引契約 ………………… 117, 139
契約解除権 ……………………………… 136
契約解除の意思表示 …………………… 6
契約関係（privity of contrct）の法理 … 88,
　　　　　　　　　　　　　　240
契約書 …………………………………… 18
契約条件 ………………………… 70, 134
　──の書き方 ………………………… 79
契約代金 ………………………………… 53
契約締結上の過失（Culpa in contrahendo）
　………………………… 31, 33, 55, 64, 124,
　　　　　　　　　　129, 202, 203, 207
契約締結の期待 ………………………… 45
契約の違法性 …………………………… 111

事項索引

契約能力 …………………………… 26, 36
契約の決済方法の選択 …………… 199
契約の自由 ………………… 74, 251, 309
契約方式自由 ………………………… 27
契約理論 ……………………………… 14
契約を破る自由 …………………… 133
欠　陥 ………………………………… 88
決済機能 …………………………… 186
決済銀行 …………………………… 178
決済手続 …………………………… 192
決済方法 …………………………… 177
ケネディ，ダンカン ………………… 16
権限踰越の原則（ultra vires）……… 231
言　語 ……………………………… 260
原告適格 …………………………… 240
原状回復（restitution）…… 74, 88, 124,
　　　　　　 134, 143, 254, 272, 279, 288
原状回復命令 ……………………… 279
懸賞広告 ……………………………… 35
建設請負契約 ………… 85, 131, 153, 289
建築請負販売契約 ………………… 273
権利濫用の理論 ……………………… 66
合意の推定 …………………………… 43
公共の善に反する（contra bonos mores）
　　　　　　　　　　　　　　 ……… 110
公　序 ………………… 9, 57, 109, 110
交　渉 ………………………………… 47
公序良俗 ……………………… 107, 286
公正原理（fairness principle）…… 283
公正証書遺言 ……………………… 233
公正取引法 ………………………… 283
公正な通知 ………………………… 292
公的契約 …………………………… 288
口頭証拠の法理 …………… 54, 56, 77
口頭の契約 …………………………… 53
購入代金担保権 …………………… 151
抗弁権の切断 ……………………… 241
合弁事業契約 ………………………… 45

合理主義 ……………………………… 26
合理性の基準（rule of reason）…… 114
小切手 ……………………………… 180
小切手・手形の由来 ……………… 183
国際為替手形 ……………………… 183
国際裁判管轄権 …………… 4, 6, 63, 65
国際私法 ……………………………… 26
国際仲裁 …………………………… 247
国際通商（州際通商）……………… 248
国際取引 ………………… 75, 253, 296
国際売買契約 ………………………… 75
国際物品売買 ………………………… 76
国際物品売買条約（ウィーン条約）…… 75
国際法 ………………………………… 75
古典的な契約理論 …………………… 16
コネティカット州 …………… 135, 138
コービン ……………………………… 24
コモン・ロー … 13, 14, 16, 30, 41, 42, 53,
　　　　　 66, 72, 83, 90, 103, 104, 109, 134,
　　　　　 135, 224, 241, 242, 272, 283, 289
――裁判所 ……………… 262, 271, 283
――の法理 ………………………… 182
雇用契約 ………… 9, 20, 135, 223-226,
　　　　　　　　　　　　 296, 303, 304
――の自由 ………………………… 244
雇用契約解除 ……………………… 143
コンサルティング契約 ……… 127, 265
コンスピラシー法理 …… 104, 110, 283
コンドミニアム …………………… 138
コントロール（支配権）…………… 205

さ 行

サービス ………………… 130, 186, 214
――の売買契約（サービス提供契約）
　　　　　　　　　　　　 ……… 166, 213
サービス契約 ………………… 15, 288
債権譲渡 …………………………… 243
債権妨害 …………………………… 121

333

アメリカ契約法

在庫品；在庫商品 ……… 149, 151, 153
裁判管轄権（jurisdiction）……… 129, 260
裁判権 ……………………………… 303
債務不履行 ……… 20, 21, 70, 81, 117, 125, 127, 130, 134, 157, 158, 160, 226, 252
　──に基づく損害賠償 ……………… 6
最良証拠法則（best evidence） … 17, 49, 54, 56
詐害行為取消権 ………………… 121-122, 154
詐害行為取消訴訟 ………………… 120
詐害の徴表（badges of fraud）…… 122
詐　欺 …………………………… 111
詐欺的な投資契約 ………………… 206
詐欺防止法 ……………… 49, 53, 101
錯　誤 …………………… 87, 88, 105
差止命令 ………………………… 271
サブライセンス契約 ……………… 117
時　効 …………………… 57, 85, 134
事情変更の原則 ……… 96, 97, 98, 112
システム開発 …………………… 229
自然法 …………………………… 133
実行の着手 ………………… 105, 138
実質的履行（substantial performance） ……………………………… 289
私的自治の原則 ………………… 260
自動車売買契約 ………………… 164
支払停止命令 …………………… 189
集合動産担保権 ………………… 148
州際通商；国際通商 ………… 261, 283
住宅ローン ………………… 203, 204
州　法 ……………………………… 8
主観主義 ………………………… 23
主観的意思（subjective intent）…… 77
準拠法 ……… 8, 22, 57, 65, 260, 273, 303
ジョイント・ベンチャー ……… 145, 249, 300, 302
ジョイント・ベンチャー契約 …… 141, 203, 300

紹介販売 ………………………… 172
商慣習法（law merchant）…………… 5
証　券 …………………………… 202
条　件（condition）………………… 71
証券化 ……………………… 203, 204
証券証書（security certificate）…… 205
証券投資信託 …………………… 204
証券取引 ………………………… 283
証券取引委員会 ………………… 204
証券媒介人 ……………………… 205
証拠ルール ………………………… 73
使用者の責任 …………………… 225
承　諾 ……………………… 61, 191
譲渡担保 ………………………… 156
商人間取引 ………………………… 53
消費者 …………………………… 166
　──の利益 …………………… 67
消費者契約 ……………………… 166
消費者信用供与 ………………… 205
消費者取引 ………………… 68, 283
消費者物品 ……………………… 151
消費者保護 ………………… 67, 166
消費者リース ……………… 158, 166
商品先物取引 …………………… 144
商品性の保証 ……………… 83, 95
商品性の黙示的保証 ……………… 82
商品の欠陥 ……………………… 84
商品ファンド …………………… 202
除斥期間 ………………………… 87
書　面 ……………………… 65, 130
所有権 …………………………… 115
信義誠実義務（good faith）……… 64, 102, 126, 128, 132
信義誠実の原則 …………………… 67
信義則 ……………… 31, 32, 67, 125, 207
人身傷害 …………………… 83, 84
信託法 …………………………… 294
信用状 ……… 194, 196, 197, 216, 297

事項索引

──の発行 …………………………… 197
信用状取引 ………………………… 96, 190
信用状発行銀行 …………………………… 76
信頼関係 …………………………………… 234
信頼利益 (reliance) ……………… 272, 273
信頼利益理論 (reliance theory) …… 280
診療報酬債権 …………………………… 291
数　量 …………………………… 21, 52, 72
スタンドバイ信用状 …………… 190, 196
制限利息 …………………………………… 169
生産物責任保険 ………………………… 63
精神的被害 ……………………………… 275
製造物責任 ……………………………… 86
　　──の法理 ……………………………… 84
製造物責任訴訟 ………………………… 84
正当事由 ………………………… 139, 143, 145
正当保持人 ……………………………… 180
窃盗罪 …………………………………… 183
セールス・トーク …………………… 72, 73
善管注意義務 …………………………… 265
先占の (preemption) 理論 …… 192, 248
戦　争 …………………………………… 112
全体合意 (entire agreement) 条項 … 20
選択の自由 ……………………………… 309
専門家の契約上の義務 ………………… 236
専門用語 ……………………………………… 20
専用実施権設定契約 ……………………… 6
先例拘束性の原理 ……………………… 131
創業融資の方法 ………………………… 213
倉　庫 …………………………………… 103
倉庫寄託契約 …………………… 213, 230
倉庫業者 ………………………………… 94
倉庫証券 ………………………… 94, 178
相殺 (set-off) …………………… 122, 153
総代理店契約 …………………… 128, 251
双務契約 ………………………… 130, 185
訴訟社会 ………………………………… 312
租税回避 ………………………………… 109

ソフトウエア ……………………… 34, 61
損害賠償 …………………… 6, 134, 273
損害賠償額 ……………………… 229, 274
損害賠償額算定 ………………………… 272
損害賠償請求 ………………………… 203
損害賠償責任 ………………… 81, 88, 129

た 行

第三者 ……………………………… 153, 156
　　──の権利 ……………………………… 239
大　豆 ……………………………… 96, 119
代物弁済 (accord and satisfaction) … 256, 257, 290
　　──の合意 ……………………………… 42
代物弁済契約 …………………………… 256
代理契約 ………………………………… 140
代理店契約 ……………………… 64, 249
代理法 (law of agency) …………… 4, 140
担保権 …………………………………… 125
担保権設定 ……………………… 147, 148, 158
担保権の完全化 (perfection) ……… 149
注意義務違反 ……………………… 31, 32, 188
仲裁契約 ………………………………… 247
仲裁裁定 ………………………………… 252
仲裁条項 ………………… 61, 62, 63, 249, 250
長期継続契約 …………………… 116, 140, 207
調査委託契約 …………………………… 265
懲罰的損害賠償 ……… 275, 278, 281, 288
眺望の良さ ……………………………………… 72
聴　聞 …………………………………… 292
賃貸借契約 …………… 31, 55, 66, 136, 163
賃貸借契約書 …………………… 30, 162
追加条項 ………………………………… 54
　　──の効力 …………………………… 59, 66
追認 (affirmance) ……………………… 37
通　謀 …………………………………… 109
定期傭船契約 …………………………… 252
テキサス州 ……………………… 40, 228

335

手付け …………………… 136, 137, 138
デュー・プロセス …………… 224, 304
デラウェイ州 ………………………… 261
デリバティブ取引 …………… 188, 265
典型契約 ………………………… 25, 26
天災地変 ……………………………… 112
電子資金移転 ………………………… 192
電子署名 ……………………………… 191
電子的取引 …………………………… 191
ドイツ法 ………………………………… 27
同意（consent） ……………… 61, 191
動産担保権設定契約 ………………… 153
倒産手続 ……………… 154, 291, 292
投資契約 …………… 127, 201, 202, 205, 210, 286, 287
当事者主義 …………………… 236, 245
投資証券 ……………………… 186, 202
投資信託 ……………………………… 204
同時履行の抗弁権 …………… 130, 277
同棲生活契約（living together contract）
　 ……………………………………… 289
道徳的約因（moral consideration） …… 41
独占禁止法 …………………………… 249
独占的実施権 ………………………… 142
特定履行（specific performance） 271, 288
特別損害賠償 ………………………… 288
特許権 …………………………… 6, 302
特許権実施契約 ………………………… 7
特許実施権 …………………………… 141
取消し（voidable） ………………… 111
取締役の責任 ………………………… 205
取引（bargain） ……………………… 23
取引慣例 ………………………………… 54
取引交渉 ………………………………… 54
取引制限 ……………………………… 283
　──の法理（restraint of trade） … 114
「取引（bargain）」理論 ……………… 29
トレイナー ………… 58, 83, 90, 240, 314

な 行

内部者取引 …………………………… 286
荷為替手形 ……………………………… 76
日数の数え方 …………………………… 21
日本商事仲裁協会 ……… 249, 250, 251
日本法の契約 …………………………… 47
日本民法 …………………………… 26-27
入　札 ………………………………… 105
ニュージャージー州 ……… 9, 10, 11, 130, 225, 260
ニューヨーク市 ……………………… 242
ニューヨーク州 ………… 9, 11, 56, 58, 90, 111, 169, 261
ニューヨーク仲裁 …………………… 253
ニューヨーク仲裁協会 …… 250, 251, 255
ニューヨーク法 ……………………… 273
農業上のリーエン …………………… 150
農産物 ………………………………… 149
ノース・キャロライナ州 …………… 146
ノーハウ … 7, 116, 123, 142, 144, 187, 302

は 行

売春契約 ……………………………… 110
陪審による裁判 ……………………… 281
売買契約 ………………………… 32, 45, 73
破産手続 ……………………………… 121
ハワイ州 …… 64, 65, 68, 128, 129, 260
判断能力 ………………………………… 36
ハンド ………… 30, 77, 117, 123, 227
販売方法 ……………………………… 172
引受訴訟（assumpsit） …………… 134
否認（disaffirmance） ……………… 37
否認権 ………………………………… 121
標準契約（standard contract; adhesion contract） ………………………… 68
標準契約条項 …………………………… 73
標準様式 ……………………………… 227

事 項 索 引

非良心性（unconsionability）……… 40, 66, 70, 71, 102, 107, 108, 288
ファイナンス・リース契約 …… 163, 164, 166, 168
フィクション ………………………… 36
プエルト・リコ準州 … 124, 203, 207, 212
プエルトリコ法 …………………… 273
不可抗力条項（force majeure）……… 114
附合契約（contrat d'adhesion）…… 63, 66
不公正契約条項 ……………… 66, 68, 74
不公正取引 …………………… 172, 283
不実表示（innocent misrepresentation）
 ………………………………… 72
付随業務 ………………………… 186
物品売買契約 …………………… 296
不当解雇 …………………………… 10
不動産管理 ……………………… 234
不動産取引 ……………………… 137
不動産売買契約 ………………… 137
浮動担保権（floating lien）……… 153
不当利得 ………………………… 288
船荷証券 ………… 76, 95, 178, 216, 297
不法行為責任 …………… 110, 134, 490
フラー ……………………………… 16
フラストレーションの法理 ……… 112
ブラックストン ……………… 13, 92, 134
フランス法 ………………………… 27
フランチャイズ ………………… 119
フランチャイズ契約 ……… 116, 118, 123, 140, 141, 207, 208, 279
プラント建設契約 ……………… 299
プラント輸出 ………………… 187, 210
プラント輸出契約 ……… 75, 296, 300
プラント輸出入契約 …………… 306
不良債権 ……………………… 203-4, 209
フレンドリ（Henry Friendly）…… 32
プロッサー …………………… 84, 85
不渡りの通知 …………………… 189

紛争解決 ………………………… 22
分離可能性（severability）条項 ……… 20
米語と英語の違い ………………… 22
ヘッジ・ファンド ……………… 213
弁護士 ……………………… 230, 233
――の事務処理 ………………… 233
弁護士登録 ……………………… 111
ペンシルヴァニア州 …………… 146
報酬請求権 ……………………… 111
法曹倫理（legal ethics）……… 292
法廷地（venue）……………… 260
法と経済学 ……… 85, 90, 123, 314
――の理論 ……………………… 83
法律用語 ………………………… 22
保険業者 …………………………… 76
保険契約 ………………………… 297
保険契約約款 …………………… 63, 67
保険証券 ………………………… 297
保険料 …………………………… 297
保証（guaranty）………………… 74
保証（warranty）……… 69, 71, 134
補償（indemnity）…………… 134
保証責任 ………………… 82, 84, 95
保全手続 ………………………… 123
ホテル …………………………… 113
ホームズ ……… 14, 23, 90, 98, 230, 314
ホールト（Holt）………………… 51

ま 行

マクニール（Macneil）…………… 30
マサチューセッツ州 ……………… 15, 83
マネージメント契約 …………… 127
豆の取引 ………………………… 194
マルチまがい商法 …… 111, 170, 172, 206
マンション建築 ………… 32, 273, 288
マンション新築販売 …………… 71-72
マンスフィールド（Mansfield）… 23, 41, 48, 41, 110, 130

337

ミズーリ州·················· 140, 146
未成年者 ··················· 37, 102
見本売買 ························ 72
ミミズ取引 ····················· 286
無限連鎖の防止 ················ 170
無効（void）···················· 111
明示的保証（express warranty）······ 71, 73, 74
名誉毀損 ······················ 233
メイン ····················· 92, 283
メーン州 ················ 92, 191, 283
免責条項 ················· 62, 84, 85
黙示的保証 ······················ 70
目的適合性の保証 ················ 83
目録見書 ······················ 206
モーゲージ（mortgage）··········· 156

や 行

約因（consideration）··· 23, 29, 39, 42, 256
約束手形 ······················ 178
約束による禁反言（promissory estoppel）
 ·························· 53, 102
山本孝夫 ························ 19
有価証券 ······················ 178
優先権 ···················· 150, 151
ユーザンヌ ······················ 97
ユタ州 ························ 262
傭船契約 ························ 76
要素の錯誤 ················ 106, 107
預金銀行 ······················ 188
預金証券 ······················ 178

ら 行

ライセンス（使用許諾）··········· 117
ライセンス契約 ················· 252
ラングデル ······················ 23
リアリズム ··· 15, 16, 23, 36, 91, 133, 314
「利益（benefit）／不利益（detriment）」

理論 ··························· 28
リーエン（先取特権）········· 150, 156
履行確約請求権 ················· 116
リース ··············· 158, 160, 161
リース契約 ····· 157, 158, 159, 161, 240
リスク回避 ···················· 299
リスク引受（assumption of risk）の法理
 ······························ 225
リスク負担 ······················ 99
リステイトメント ··········· 23, 276
──（契約法）·················· 24
──（第1版）契約法 ··········· 242
──（第2版）契約法 ············ 48
──（第3版）不法行為法 ········ 88
利息制限法 ···················· 169
リボルビング取引 ··············· 169
流通証券 ··········· 177, 178, 186, 214, 243
流動資産 ······················ 149
旅行契約 ······················ 279
ルイジアナ州 ······ 15, 102, 124, 207, 212, 261
レター・オブ・インテント ········ 65
連邦コモン・ロー ··············· 261
連邦準備金システム ············· 193
連邦法 ··············· 8, 224, 225, 248, 283
連邦労働法 ···················· 135
ロイヤルティ ········ 8, 141, 142, 188, 206, 301, 302
労働協約 ························ 67
労働法 ························ 224
ロー・スクール ·················· 17
ロスアンジェルス ················ 11
ロスコー・パウンド ·············· 30
ローマ法王 ······················ 41
ロンドン仲裁 ·············· 250, 258

わ

和解契約の効力 ················· 254
ワシントン州 ··················· 137

事項索引

アルファベット

acknowledgement ……… 61
adhesion contract ……… 63
agriculural labor exemption ……… 163
Anson ……… 14
anticipatory repudiation ……… 120
arbitrary and capricious ……… 135
assumpsit ……… 229
bargain 理論 ……… 40
battle of the forms ……… 59
beneficiary ……… 242
browse-wrap ……… 61, 191
business days ……… 166
calender days ……… 21
Cardozo, Benjamin Nathan ……… 85, 86, 90, 242
caveat emptor の法理 ……… 70, 105
center of gravity ……… 10
Cheshire ……… 14
CHIPS ……… 193, 199
Chitty ……… 14
CIF 契約 ……… 75, 94, 97, 296, 297
CIF 約款 ……… 96, 99
CISG（国際物品売買条約）……… 77, 308
clear and convincing proof ……… 32
click-wrap ……… 61, 191
Component Sales Agreement ……… 255
consotium ……… 228
contract contra bonos mores ……… 110
Corbin, Arthur Linton ……… 16
corporate governance reform ……… 203
culpa in contrahendo ……… 273
demise clause ……… 76, 77
diligence ……… 231
duress ……… 128
eisenberg ……… 17
E-mail ……… 58

Employment Agreement ……… 20
English ルール ……… 243
entire agreement ……… 20
escrow ……… 137
Exclusive Distributorship Agreement
　（総代理店契約）……… 245
Exclusive Licensing Agreement ……… 20
Expect where 〜；Except as provided
　in section 〜 ……… 79
F.A.S. ……… 95
Fedwire ……… 193, 199
Fifoot ……… 14
first-to-file-or-perfect の原則 ……… 150
FOB 契約 ……… 44, 76, 296, 297
foreclosure（失権手続き）……… 135
fuller ……… 17
general contractor ……… 153
general manager ……… 46
gross negligence ……… 231
guaranty ……… 172
hardship ……… 132
if ……… 79
Kansas ……… 150
knowingly ……… 110
last shot doctrine ……… 61
law of agency（代理法）……… 46, 47
L/C ……… 297
letter of comfort ……… 104
letter of credit ……… 297
letter of intent ……… 31, 52, 104
letter of understanding ……… 65
limited liability company（責任制限会社）
　……… 141, 145
Massachusetts ルール ……… 243
memorandum agreement ……… 65
mirror image rule ……… 61
misrepresentation ……… 128
Montana ……… 150

N.Y. ルール ································· 243
nemo dat qui non habet の法理 ········ 246
Nondisclosure ···························· 128
parole evidence（口頭証拠）··············· 20
partnership（組合）······················· 141
Pennsylvania ····························· 150
Provided, however, that ～ ·············· 79
Puerto Rico ······························ 249
referee ··································· 131
rule nisi（仮判決）························ 289
rule of reason（合理性の基準）········ 144
sales agreement ·························· 20
severability ······························· 21
shrink-wrap ························ 61, 191
Subject to ································· 78

supreme court ··························· 261
suretyship ······························· 172
trespass ································· 229
Trietel ···································· 14
UCC（Uniform Commercial Code）··· 17,
　　　　　　　　　　　23, 41, 115, 209
ultra vires ······························· 231
UNCITRAL ····························· 258
Undue Influence ······················· 128
Uniform Customs and Practice for
　Documentary Credits ················ 195
Unless otherwise provided in ～ ········ 79
Williston, Samuel ························ 16
Wyoming ································ 150
Yuba Power Products 判決 ········ 83, 240

■著者紹介

田島　裕（たじま・ゆたか）

昭和15年4月30日，愛知県に生まれる。東京大学大学院博士課程終了後，昭和49年4月より平成2年3月まで，大阪市立大学法学部に勤務（助教授，教授）。平成2年4月より，筑波大学大学院ビジネス科学研究科企業法学専攻教授，平成17年4月より，獨協大学教授。
ケンブリッジ大学（ブリティッシュ・カウンシル，フェロー），ハーバード・ロー・スクール，キャリフォーニア大学（バークレー），バーミンガム大学など，客員教授。筑波大学名誉教授，OBE（英国）。

■主著作

『議会主権と法の支配』（有斐閣，1981年，第2刷・1991年），『英米法』（筑摩書房，1985年）［伊藤正己氏と共著］；『イギリス法入門』（有斐閣，1991年），『比較法の方法』（信山社，1998年），『イギリス法入門』（信山社，2001年），『UCCコメンタリーズ(1)〜(3)』（雄松堂出版，2006年－2009年），『英米の裁判所と法律家（著作集3）』（信山社，2009年），『刑法・証拠法・国際法（著作集7）』（信山社，2010年）。
【翻訳】スカーマン『イギリス法―その新局面』（東京大学出版会，1981年）；ダイシー『憲法序説』（学陽書房，1983年）［伊藤正己氏と共訳］；ポパー『確定性の世界』（信山社，1996年，文庫版・1998年）など。

法律学講座

◆ ◆ ◆

アメリカ契約法

2013（平成25）年10月30日　第1版第1刷発行
8042-01011:P368　¥4200E-012:010-002

著　者　田島　裕
発行者　今井　貴　稲葉文子
発行所　株式会社　信山社
　　　　編集第2部

〒113-0033　東京都文京区本郷 6-2-9-102
Tel 03-3818-1019　Fax 03-3818-0344
info@shinzansha.co.jp
笠間才木支店　〒309-1611　茨城県笠間市笠間 515-3
Tel 0296 71 9001　Fax 0296 71 9002
笠間来栖支店　〒309-1625　茨城県笠間市来栖 2345-1
Tel 0296 71 0215　Fax 0296 72 5110
出版契約 2013-8042-5-01011 Printed in Japan

©田島裕，2013　印刷・製本／ワイズ書籍・牧製本
ISBN978-4-7972-8042-5 C3332　分類101-322-900-c001 アメリカ契約法

JCOPY 《(社)出版者著作権管理機構　委託出版物》
本書の無断複写は著作権法上での例外を除き禁じられています。複写される場合は，そのつど事前に，(社)出版者著作権管理機構（電話 03-3513-6969，FAX 03-3513-6979，e-mail: info@jcopy.or.jp）の許諾を得てください。

◇ 法律学講座 ◇

憲法講義（人権）
赤坂正浩

行政救済法
神橋一彦

信 託 法
星野 豊

防 災 法
生田長人

国際労働法
小西國友

実践国際法
小松一郎

外国法概論
田島 裕

アメリカ契約法
田島 裕

――― 信山社 ―――

法律論文の書き方と参考文献の引用方法

田島 裕 著

英文の「論文はどう書けばいいのだろう?」学生にとって大きな壁となる英文での論文作成の、基本的心得・実際の書き方や文献表記の統一的ルールを解説する。法律を専門としない院生・学部生にも参考となる。いつでも持ち運べるポケットサイズで、普段の生活はもちろん、留学先にも持って行くことが出来る、日本語論文の最終チェックの仕方も含め、学生の心強い味方となる1冊。

¥840(税込)

信山社

― 信山社 ―

田島 裕 著作集（全8巻）

アメリカ憲法――連邦憲法の構造と公法原理――
◇第1巻 合衆国憲法の基本構造、基本的人権、統治機構 一〇,五〇〇円
◇第2巻 議会の機能、立法と法の支配 予価八,〇〇〇円

イギリス憲法――議会主権と法の支配
◇第3巻 司法制度、改革、裁判官、弁護士、陪審 一〇,〇〇〇円

英米の裁判所と法律家
◇第4巻 その形成と展開を探る 予価八,〇〇〇円

コモン・ロー（不法行為法と契約法）
◇第5巻 英米の土地法・信託法・家族法 八,〇〇〇円

エクイティの法理 一一,五〇〇円

英米企業法
◇第6巻 会社、銀行、担保、消費者保護 一二,〇〇〇円

刑法・証拠法・国際法
◇第7巻 刑法、証拠法、仲裁法他
◇第8巻 判例が語る英米法 六,〇〇〇円

英米法判例の法理論

別巻
◇第1巻 比較法の方法 本体二,九八〇円
◇第2巻 イギリス憲法典――一九九八年人権法の制定
◇第3巻 イギリス法入門〔第2版〕 三,二〇〇円
◇第4巻 アメリカ法入門 続刊予定